우리 아이와 함께하는
엄마표 ABA

자폐와 발달 지연 아동들을 위한 ABA 안내서

함께웃는시리즈6

우리 아이와 함께하는
엄마표 ABA

자폐와 발달 지연 아동들을 위한 ABA 안내서

메리 바베라 지음
김유미, 이지수 옮김

ABA부모회

우리 아이와 함께 하는 **엄마표 ABA**
: 자폐와 발달 지연 아동들을 위한 ABA 안내서

발 행 일	2023년 7월 7일
지 은 이	메리 바베라
옮 긴 이	김유미, 이지수
펴 낸 이	김상민
일 러 스 트	김소이
편 집	박아영
등 록 번 호	2018년 3월 28일 제2018-000008호
주 소	대전광역시 유성구 대학로 31 유성한진오피스텔 612호　**전화** 010-2932-4612
이 메 일	aba@abahome.org
홈 페 이 지	http://abahome.org
카 페	http://cafe.naver.com/abahome
한국어판 출판권	ⓒ ABA부모회, 2023
I S B N	979-11-963557-2-2

TURN AUTISM AROUND
Copyright © 2021 Mary Lynch Barbera
English language publication 2021 by Hay House Inc. USA
All rights reserved.

Korean translation copyright © 2023 ABAHOME Books
License arranged through KOLEEN AGENCY, Korea.
All rights reserved.

이 책의 한국어판 저작권은 콜린 에이전시를 통해 저작권자와 독점 계약한 ABA부모회에 있습니다. 저작권법에 의해 한국 내에서 보호를 받는 저작물이므로 무단 전재와 무단 복제를 금합니다.

일러두기

이 책에서 소개된 아동의 나이는 모두 만 나이이다.
이 책에서 소개하는 방법들은 원제 *Turn Autism Around*에 따라
TAA 접근법 등으로 축약하여 실었다.

"

이 책을 내 두 아들 루카스와 스펜서에게 바친다.

아이들은 내게 다음과 같은 것들을 가르쳐 주었다.

세상에 "정상"이란 없다.

인생은 단거리 경주가 아니라 롤러코스터를 타고 마라톤을 하는 것과 같다.

그리고 마지막으로…… 나와 같은 부모에게 결승선이란 없다.

나는 더 나은 스승, 옹호자 그리고 엄마가 되기 위한 연구를 멈추지 않을 것이다.

나는 너희 둘 모두를 사랑한다!

"

한국어판 서문

한국의 독자들에게

나는 내 최신작인 『우리 아이와 함께하는 엄마표 ABA: 자폐와 발달 지연 아동들을 위한 ABA 안내서(Turn Autism Around)』가 한국어로 번역되어 출판된다는 소식에 반가움과 함께 이 서문을 쓸 수 있게 되어 매우 영광으로 생각한다.

이 글을 읽는 독자는 아마도 아이의 발달에 대한 걱정스러운 마음을 가진 부모이거나 조기 개입 또는 자폐 분야의 전문가일 것이다. 나는 아이의 일탈적인 발달 양상으로 걱정이 한가득이었던 부모였으며 또한 관련 전문가이기 때문에 여러분이 앞으로 나아갈 수 있도록 힘을 실어 주고 이끌어 줄 수 있다고 생각한다.

나는 자폐 또는 그 징후를 보이는 유아나 아동들이 자신의 잠재력을 최대한 발휘할 수 있는 가장 좋은 기회는 부모가 조기에 행동을 취했을 때 얻을 수 있다고 진심으로 믿고 있다. 자폐의 징후나 지연을 보이는 아이가 있다면 최대한 빨리 적절한 도움을 제공하는 것이 최선의 결과를 낳을 것이다.

나는 종종 인생의 여정에서 부모는 자녀에게 최고의 스승이자 옹호자가 될 수 있으며 그렇게 되어야 한다고 말해 왔다. 내 사명은 전 세계 수백만 명의 부모들과 전문가들에게 효과가 입증된 나의 4단계 접근 방식을 아이들에게 적용하여 자폐를 조기에 선별하고 치료하는 것이다.

『우리 아이 언어 발달 ABA 치료 프로그램』이라는 나의 첫 번째 책을 출간한 이후, 나는 또 다른 경험과 지식을 계속해서 쌓아 왔다. 이를 바탕으로 업데이트한 최신의 치료

기법들과 자폐 아동을 둔 후배 부모들에게 들려주고 싶은 나의 조언을 담은 이 책 『우리 아이와 함께하는 엄마표 ABA: 자폐와 발달 지연 아동들을 위한 ABA 안내서』는 단연코 내게 있어 최고의 책이다.

    이 책은 진단평가하고, 계획을 수립하며, 직접 가르치고, 진전도를 알아보는 방법 등의 네 가지 주요 단계로 구성되어 있다. 내가 소개한 치료 기법은 모두 아동 친화적이고, 부모가 따라 하기 쉽게 고안되어 있다. 일단 이 책을 읽고 나의 TAA 접근법을 시작한다면 후회하지 않을 것이라고 확신한다. 이 책이 당신에게 큰 도움이 되기를 바란다.

메리 바베라
MaryBarbera.com

역자 서문

자폐는 범주성장애라고 합니다. 자폐는 하나의 기준으로 "자폐다" "아니다"를 진단할 수 없으며 자폐의 범주는 여러 가지 속성들로 구성되어 있으므로 다양한 모습을 가진 아이들이 존재합니다. 따라서 아이들마다 필요로 하는 지원의 유형이 다양합니다. 이러한 자폐범주성장애는 신경발달장애로서 조기에 발견이 가능하며 조기 개입을 한다면 긍정적인 예후를 기대해 볼 수 있는 장애입니다. 이에 날로 조기 개입의 중요성이 강조되고 있으며 이에 대한 관심이 뜨겁습니다. 그러나 저자가 글에서 강조하듯 미국이나 우리나 자폐를 조기에 진단받기에는 참으로 어려운 문제들이 산적해 있습니다.

부모의 강한 부정, 진단 시스템상의 문제……. 이 모든 어려움을 뚫고 조기에 진단을 받았다 하더라도 치료센터의 문 역시 높기만 할 뿐입니다. 별다른 경험이 없는 부모가 아이의 이상을 알아차리고 의사를 만나기까지 많은 시간이 소요됩니다. 그 사이 아이들의 자폐를 뒤집을 골든타임은 끝나 버린다는 것이 저자의 주장입니다. 저자는 책에서 자폐 중재를 일찍 시작함으로써 전형적인 발달을 따라잡아 일반 학교에 진학하게 된 많은 케이스들을 이야기합니다. 이들의 이야기에서 보면 결국 자폐 중재에서 가장 중요한 것은 조기 개입이며 진단 여부와 상관없이 아이의 이상을 발견했다면 그 즉시 중재를 시작해야 한다는 것을 깨달을 수 있습니다. 저자는 저자의 아들 루카스도 조기 개입을 하지 못하였기에 그 중요한 기회를 영영 잃었음을 이 책 전반에 걸쳐 역설하면서 조기 개입의 중요성을 설파하고 있습니다.

저자는 전작 『우리 아이 언어 발달 ABA 치료 프로그램』에서 언어 행동 분석이란 무엇인가를 이야기하였다면, 이번 책에서는 구체적으로 어떤 중재를 해야 할지를 자세하게 부모들에게 알려 주고 있습니다. 이 절차란 비싸고 힘든 것이 아니고 하루 단 15분간의 간단한 접근법으로 부모가 가정에서 꾸준히 실행하기만 하면 되는 것입니다.

특히 현장에서 아이들을 대하는 치료사로서 가장 도움이 되었던 것은 자조 부분이었습니다. 자폐범주성장애를 가지고 있는 아이들에게 흔히 보이는 안전 관리, 수면 장애, 배변, 편식, 병원이나 미용실 가기 등을 본격적으로 다루어 주어 정말 많은 도움이 되리라 기대합니다.

부모가 직접 "배의 선장"이 되어 아이들을 가르치며 새로운 길로 안내를 시작하라는 바베라의 말을 꼭 부모님들께 전해드리고 싶습니다. 저자가 국제행동분석가이기 이전에 선배 자폐 엄마로서 후배 자폐 부모님들께 꼭 전하고 싶었던 말을 한마디로 요약하자면, 부모가 직접 아이의 스승이 되자는 메시지일 것입니다. 가끔 부모님들은 한탄합니다. 이렇게 많은 치료를 거금을 들여 일주일 내내 받고 있는데 왜 아이는 나아지지 않을까요? 무슨 치료를 어떻게 더 해야 할까요? 답은 이 책 안에 있습니다.

"아이가 나를 '엄마'라고 불러 주는 날이 올까?", "아이가 자신의 몸을 해하는 행동 대신 말로 해 주는 날이 올까?", "내가 어떻게 도와야 우리 아이가 좋아질까?" 등의 의문으로 밤새 고민하는 부모님들께 긴 시간은 아니지만 현장에서 아이들을 만나 온 치료사로서 "그날은 반드시 옵니다."라고 말씀드리고 싶습니다. 이른 나이에 치료를 시작할수록, 치료사와 부모가 한 팀이 되어 함께 아이를 가르칠수록 눈부신 발전을 이루어 낸다는 것을 경험적으로 알고 있습니다. 한 손에 늘 기린 인형을 쥐고 다니며 기린 꼬리를 이리저리 비틀면서 각도를 재듯 눈앞에 두고 쳐다보던 아이가 치료사와 눈을 맞추며 인사하고, 놀이를 하며 한바탕 웃는 날이 오기도 했습니다. 치료사를 응시조차 하지 않던 아이가 "이 아이가 이런 말을 할 수 있는 아이였구나."라는 놀라움을 선사하는 날이 오기도 합니다. 그런 날이 오도록 이 책과 현장에 있는 많은 치료사들에게 도움을 받으시길 바랍니다.

마지막으로 늘 묵묵히 지원해 주는 나의 가족과 선뜻 교정을 도와준 혜진에게 특별한 감사를 전합니다.

2022년 여름
김유미, 이지수

서문

내가 세 살이 될 무렵, 엄마는 나에게 무언가 문제가 있다는 사실을 깨달았다. 나는 옆집 여자아이처럼 말하거나 행동하지 않았다. 나를 둘러싼 어른들이 하는 말은 너무 빨라서 무슨 말인지 알아들을 수 없었다. 나는 어른들은 그들만의 특별한 언어가 있다고 생각했다. 나는 대화를 주고받을 수 없다는 것에 좌절감을 느끼고 소리를 지르거나 탠트럼을 했던 것을 기억한다.

내가 두 살이었던 1949년에 자폐는 아직 널리 알려지지 않았기 때문에, 신경과의사는 나에게 "뇌 손상"이라는 진단을 내린 후 나에게 말하는 법을 가르쳐 줄 언어재활사를 구하라고 권유하였다. 그러자 엄마는 내가 하루 종일 도움을 받을 수 있도록 베이비시터를 고용했다. 베이비시터는 내 탠트럼을 어떻게 하면 막을 수 있는지를 알아냈고 내게 게임을 할 때 기다리기와 차례를 지키는 방법을 가르쳐 주었다. 그녀가 나를 포기하지 않았기에 나는 자유롭게 말할 수 있게 되었고 나아가 다른 아이들의 발달을 따라잡을 수 있었다.

나는 항상 미술과 동물을 사랑했고, 엄마와 선생님들은 내가 이 분야에 관심을 계속 가질 수 있도록 어릴 때부터 격려해 주었다. 나는 심리학 학위와 함께 동물학 박사 학위도 받았다. 나는 콜로라도주립대학에서 수년 동안 동물학 교수로 재직했으며, 축산업 분야에서 발명품과 연구로 괄목할 만한 성과를 이루어 내었다.

내가 쓴 자폐에 관한 책들, 내가 연설한 강의들, 내 삶을 그린 영화로 받은 에미 상 덕분에 많은 사람들이 나를 세상에서 가장 유명한 자폐인이라고 말하고는 한다. 많은 부모들은 내게 말을 하지 않거나 다른 자폐 징후를 보이는 자신의 두세 살짜리 아이들에게 무엇을 해 주어야 할지 묻고는 한다. 아이들이 정확한 진단이나 적절한 도움을 받는 데 1년까지도 걸리기 때문이다. 나는 그런 부모들에게 희망을 주고, 아이들이 무엇을 할 수 있을지 보여 주기 위해서 나 자신을 내세우고는 한다.

그러나 가장 중요한 것은, 부모들이 아이에게 자폐 징후가 있음을 알았을 때 가급적 빨리 조치하고 가르치는 것이라고 말하고 싶다. 나는 발달이 지연된 아이에게 가장 중요한 것은 조기 개입이라고 굳게 믿고 있다. 자폐, 언어 지연, 감각처리장애에 관한 치료는 매우 유사하다. 당신이 할 수 있는 가장 나쁜 일은 아무것도 하지 않고 기다리는 것이다.

메리 바베라는 이 책에서 아이가 자폐로 진단을 받았든 아니든 간에 이러한 중재들을 어떻게 시작해야 할지 알려 준다. 무발화나 다른 발달장애 아동을 키우는 부모들에게 이 책은 매우 큰 도움이 될 것이다. 메리는 중증자폐 아동을 키운 엄마이자, 간호사 그리고 행동분석전문가로서 이러한 아이들을 키우는 엄마들을 어떻게 도와야 할지 잘 알고 있다. 우리는 이 책에서, 메리가 어떻게 자폐 앞에서 어찌할 바를 몰랐던 보통 엄마에서 전문가로 변신할 수 있었는지를 보게 될 것이다.

메리가 이 책에서 추천하는 전략 중 하나는 아이에게 천천히 그리고 재미있고 생동감 있게 말을 하라는 것이다. 또한 부모들과 치료사들에게 말할 때 단어를 사물 혹은 사진과 연결 지어 보여 주라고 권한다. 천천히 말하기와 시각화해서 보여 주는 것은 나에게 무척 효과적이었으며 다른 아이들에게도 마찬가지일 것이다.

만약 아이가 말을 아직 하지 못하거나 할 수 있는 말이 아주 적거나 다른 종류의 지연이 있다면 이 책은 매우 도움이 될 것이다. 부모들은 아이들에게 배변 훈련을 어떻게 시켜야 할지, 아이를 어떻게 먹이고 재워야 하는지, 탠트럼을 할 때 어떻게 대처해야 할지를 나에게 묻고는 한다. 메리는 이 책에서 이러한 문제들에 대해 단계적으로 지침을 알려 준다.

만약 이미 우리 아이에게 문제가 있다는 생각이 든다면, 당신의 아이를 도와줄 누군가를 빨리 찾아야 한다. 메리의 책은 그 "누군가"가 바로 당신이 될 수 있다는 것을 알려 준다.

템플 그랜딘
『나는 그림으로 생각한다』와 그 외 여러 책들의 저자

추천사

당신의 아이가 아직 말을 하지 않거나 할 줄 아는 말이 몇 개 없다면 또는 어떠한 지연이 있다면 메리의 이 책이 도움이 될 것이며, 배변 훈련, 식이, 탠트럼 등에 대한 단계별 지침도 제공받을 것이다.

_ 템플 그랜딘, *The Way I See It* 등 다수의 책을 낸 저자

바베라 박사의 이 책에서는 자폐나 자폐가 의심되는 아이들을 위해 어떻게 해야 하는지 정말 잘 알고 있는 저자가 자폐 아동을 둔 부모에게 "무엇을 해야 하는지"를 일목요연하게 제시해 준다. 지금 우리에게 꼭 필요한 책이다.

_ 마크 L. 선드버그, 박사급 국제행동분석전문가, 『언어 행동 발달단계 진단 및 수준별 중재 프로그램』의 저자

자폐 아이를 둔 수백만 가족이 새로운 길로 나아갈 수 있도록 이끌어 주는 메리의 노력은 실로 경이롭다. 이 책은 전 세계의 수많은 아이들과 가족들의 삶을 바꿀 것이다.

_ 제프 워커, 「뉴욕타임스」 베스트셀러 1위 *Launch*의 저자

뇌인지과학 교수이자 24주 만에 태어난 쌍둥이의 엄마로서, 나는 단순히 답뿐만 아니라 안내 지침을 찾고 있는 겁에 질린 부모들을 돌봐 주고 힘을 북돋워 주는 바베라 박사의 헌신에 깊이 감사드린다. 바베라 박사는 제대로 작동하지 않는 의료 체계 속에서 전문가들과의 만남을 그저 기다려야 했던 부모에게 그들 스스로 즉시 아이를 돕기 시작할 수 있도록 필요한 도구를 준다. 『우리 아이와 함께하는 엄마표 ABA』는 절대적으로 꼭 읽어야 할 책이다.

_ 수전 퍼스 톰프슨, 「뉴욕타임스」 베스트셀러 『완벽한 식사법』의 저자

최근에 자폐 진단을 받은 유아의 부모로서 단언컨대, 이 책의 조언과 전략은 우리 가족의 삶을 완전히 바꾸어 놓았다. 두 살배기 우리 딸 엘리나는 의사를 만나기 위해 그저 "대기해야" 했던 초기의 그 귀중한 몇 달 동안에 이 책의 지침을 따라 행동한다면 눈부신 발전을 이뤄 낼 수 있다는 살아 있는 증거이다. 이 책은 아이의 발달 지연을 걱정하는 부모라면 반드시 읽어야 한다.

_ (이 책에서 등장하는) 엘리나의 부모 미셸 C.

메리 바베라가 쓴 이 책은 아이의 발달을 걱정하는 부모들에게 어떻게 해야 하는지 알려 주는 "행동 지침서"이다. 그녀의 삶의 경험에서 나온 일화들로 가득 찬 이 책에서 바베라는 자폐 진단의 첫 몇 년 동안 치료의 방향을 잡을 수 있는 실제적이고, 연구에 근거한 방안을 알려 준다. 또한 그녀의 권고는 자폐 아동을 둔 가족들이 혼자가 아님을 깨닫고, 부모 스스로가 아이를 도울 수 있는 역량을 키우는 데 의심할 여지없이 도움이 될 것이다.

_ 브릿지 테일러, 알파인학습그룹의 공동 설립자이자 대표자

우리 날이 세 살이 되기도 전에 말과 행동 그리고 사회성에서 문제를 보이기 시작했을 때 나는 어떻게 해야 할지 몰랐다. 아이에게 문제가 있다는 것을 깨달을 무렵, 다행스럽게도 아이에게 도움이 되는 중재 방법을 우연한 기회에 발견했다. 그리고 후에 밝혀진 것처럼, 의사의 진단을 받을 때까지 무작정 기다리지 않았던 것은 당시 상황에서 가장 좋은 선택이었다! 정말 운이 좋았다. 그러나 단순히 운이 있고 없고에 관한 것은 아니다. 그리고 이제, 그럴 필요가 없다! 이 책은 내가 가지고 싶었고, 많은 부모들이 절실히 필요로 하는 자폐에 대한 안내서이다.

_ 줄리 앤 케언스, 엄마이자 *The Abundance Code*의 저자

이 책은 학습을 증진하고 문제 행동을 감소시키는 데 유용한 자료와 전략으로 가득 차 있다. 양식들, 지침 및 실제적인 예시들은 의사소통, 사회성, 행동 및 일상생활과 같은 영역에서 도움이 필요한 사람들을 돕는 이들에게 엄청난 도움이 될 것이다.

_ 린 케른 쾨겔, 스탠퍼드대학교 의과대학 임상교수

메리의 새 책, 『우리 아이와 함께하는 엄마표 ABA』는 아이의 지연을 알게 된 모든 부모에게 삶의 변화를 가져올 것이다. 그녀의 쉬운 단계별 행동 계획을 따르면서 나는 우리 아들들을 도울 수 있는 길을 걷게 되었다. 절망에서 벗어나 희망을 찾고 힘을 얻고자 한다면, 이 책은 당신을 위한 것이다.

_ 켈시 G., 책에 등장하는 두 자폐 아동의 엄마

나는 운이 좋게도 메리 바베라 박사와 거의 20년 동안 알고 지냈고, 그녀의 연구가 불러일으키는 긍정적인 효과를 직접 목격할 수 있었다. 『우리 아이와 함께하는 엄마표 ABA』에서 그녀는 아이의 자폐 앞에서 엄청나게 두렵고 외로운 가족들에게 자신의 풍부한 경험을 공유한다. 그녀는 부모와 가족들이 조기 개입의 힘을 이해하도록 도울 뿐만 아니라 효과적으로 실행할 수 있도록 그들의 역량을 키워 준다. 『우리 아이와 함께하는 엄마표 ABA』는 버겁거나 벅차지 않으며 많은 정보와 조언을 제시하는 몇 안 되는 책이다.

_ 마이클 J. 머리, 펜실베이니아주 보건부 자폐 및 정신의학부 부장

『우리 아이와 함께하는 엄마표 ABA』는 아이가 배우고 성장하게 하는 실행 가능한 조치를 부모들에게 상세하게 소개한 책이다. 메리는 부모가 배의 선장이 되어 아이의 의사소통, 기술, 행복을 증진하는 여정을 떠날 수 있도록 부모의 역량을 키워 준다.

_ 로즈 그리핀, ABA Speech의 대표

이 책은 모든 부모가 반드시 읽어야 할 책이다! 중요한 조기 단계에서 징후를 확인하고 아이에게 힘이 되어 주며 자신 있게 앞으로 나아가는 데 도움이 될 것이다. 아이가 자폐가 아니더라도 메리가 제시하는 따라 하기 쉬운 단계적 지침은 아이와의 관계를 더욱 돈독하게 할 것이다. 24년 전 우리 아들 샘이 자폐의 징후를 보이기 시작했을 때 내가 절실히 필요로 했던 책이기도 하다. 이 책은 분명히 전 세계 수백만 가정에 변화를 가져올 것이다.

_ 셜리 브랜더, 대학 졸업한 자폐 아이를 둔 엄마이자 *Move Needle: Yarns from Unlikely Entrepreneur*의 저자

전문가가 무엇이 잘못되었고 어떻게 고칠지 알려 줄 때까지 무작정 기다리는 동안 점점 심해지는 아이의 퇴행을 지켜보는 것보다 부모에게 무서운 것은 없다. 메리 바베라 박사는 자폐로 진단받는 아이들이 급속하게 증가하고 있는 현 시점의 우리에게 깨달음과 희망의 목소리를 전해 준다. 그녀는 더 이상 지체해서는 안 되는, 얻을 것이 너무나 많은 시기를 보내는 모든 부모가 의지할 수 있는 책을 집필하였다.

_ 우나 덩컨, 엄마이자 베스트셀러 *Healthy As F*ck*의 저자

30년 넘게 어린아이들을 치료해 온 작업치료사로서 나는 조기 개입 전문가뿐만 아니라 부모들도 조치할 수 있도록 부모의 역량을 키워 주는 메리의 새 책을 추천하게 되어 기쁘다. 부모와 전문가는 이 책에서 매우 쉽고 간단한 조처로 아이와 아이들의 문제 행동을 줄이면서 언어와 사회성 그리고 자조 기술을 향상시키는 방법을 배우게 될 것이다.

_ 도어 블란쳇, Step Pediatric Therapy Inc. 대표

메리 바베라 박사의 책은 자폐의 초기 징후가 있는 아이들을 양육하는 기술을 향상시켜 주는 명쾌한 안내서이다. 과학과 감정을 결합하는 것은 행동 분석의 진정한 핵심일 뿐만 아니라 모든 아이의 성장을 돕는 인도적이고 친절한 교수법이다.

_ 릭 커비나, 펜실베이니아주립대학교 교수

나는 수년간 자폐 옹호자로서 메리 바베라의 연구에 감탄해 왔다. 현재 나는 자폐 성인으로서 이 책의 주요 초점인 조기 개입이 나의 발달에 얼마나 기여했는지 말할 수 있다. 부모, 교육자 그리고 자폐 공동체에 대해 더 알고 싶은 사람이라면 누구나 이 책을 읽어야 한다.

_ 케리 매그로, *Defining Autism from the Heart*의 저자

이 책은 놀이부터 수면까지, 아이들과 관련된 광범위한 발달 영역을 쉽게 다룬다. 우리는 많은 부모들이 길을 잃고 좌절감을 느끼는 시대에 살고 있다. 이 책은 우리 모두에게 자신감을 되찾고 사회적 부담을 줄일 기회를 제공한다.

_ 메건 밀러, *Do Better Collective*의 저자이자 설립자

메리 바베라의 책과 프로그램은 우리 가족이 자폐를 이해하고 새로운 길로 나아갈 수 있도록 아이를 이끌어 줄 힘을 주었다. 이 책에서 나는 의사의 진단과 그에 따른 전문가의 도움을 마침내 받기까지 기다리는 동안 손자에게 의사소통과 적합한 행동을 하는 방법을 바로 가르칠 수 있는 도구를 얻었다. 메리의 접근법은 배우기 쉬웠으며 할머니인 내가 도저히 불가능할 것 같았던 우리 손자의 발달과 발전을 이루게 하는 데 도움을 주었다.

_ 다이앤 H., "열혈" 할머니

메리 바베라의 행동 지침서, 『우리 아이와 함께하는 엄마표 ABA』는 자폐의 초기 징후를 알아차리고 중재 및 교육 프로그램과 관련하여 중요한 결정을 내려야 하는 부모를 위한 완벽한 "긴급 조치"이다. 이 책은 부모에게 공식적인 평가가 완료되기 전에도 즉시 사용할 수 있는 실용적인 도구와 전략을 제시해 준다. 그리하여 낭비될 수 있는 시간을 조기 개입이 이루어지는 소중한 시간으로 활용할 수 있다.

_ 게리 S., *Autism's Declaration of Independence*의 저자

메리 바베라 박사는 응용 행동 분석의 내재된 역량을 보여 주면서 잘 훈련된 전문가의 치료 없이도 재미있게 아동 친화적인 중재를 구현하는 방법을 부모에게 알려 준다. 그녀의 책에 설명된 대로 이러한 방법은 아이에게 평생 영향을 미치는 긍정적인 효과를 가져오는 한편 부모로서 다시 힘을 낼 수 있도록 해 줄 것이다.

_ 아만다 N. 켈리, 팟캐스터 Behaviorbabe

『우리 아이와 함께하는 엄마표 ABA』는 실제적이고, 부모의 역량을 키워 주며, 긍정적이고, 읽기 쉬운 책이다. 이 책은 자폐 아동을 키우는 부모를 위해 아직 그 수는 적지만 점차 증가하고 있는 과학적인 방법에 근거한 귀중한 자료로 자리매김하고 있다.

_ 윌리엄 L. 히워드, 오하이오주립대학교 교육 및 인간생태교육대 명예교수

차례

저자 서문 6
역자 서문 8
추천사 12

1. 자폐의 조기경고신호 – 우리는 왜 기다리는가? 23
자폐와 관련된 세 가지 위험한 오해 28
TURN AUTISM AROUND 접근법 29
자폐의 세계로 떨어지다 33
형제, 쌍둥이 그리고 의학적 문제들 38
중요한 것은 시간이다 40

2. 자폐일까, ADHD일까, 아니면 "단순히" 언어 지연일 뿐일까? . 43
눈여겨봐야 할 징후들 47
지금 할 수 있는 조치 3단계 54
부모로서의 힘 되찾기 59

3. 가정, 학교, 사회에서 우리 아이 안전하게 지키기 61
가정에서의 안전 63
학교와 어린이집에서의 안전 67
지역사회에서의 안전 70
안전장치는 당신의 마음을 편하게 해 준다 72

4. 출발점을 파악하는 손쉬운 진단평가 73
진단평가지 76
건강 상태 정보 76
자조 기술 76
말하기/표현 언어 82
요구하기/맨드 82
이름 대기/ 택트 83
구어 모방/에코익 83
질문에 대답하기/인트라버벌 84

듣기/수용 언어 84
모방 85
시각/매칭 기술 85
사회성과 놀이에 대한 염려 86
문제 행동 86
비디오 녹화하기 87
기초선 언어 샘플 88
자신감을 가져라 91

5. 자료를 수집하고 계획을 세우기 93
계획서: 강점과 요구 95
페어링과 강화 103
가장 중요한 단일 페어링 전략: 한 단어×3 사용하기 ... 106

6. 탠트럼을 멈추고 배우기 시작하라 109
행동의 기능들 113
ABC 데이터를 이용해 문제 행동 평가하기 116
달력 시스템 119
당신의 계획과 중재들: 예방 전략들 122
탠트럼을 "잠재우는" 반응 전략 이용하기 125
손쉬운 활동 전환을 도와주는 중재들 127
조금만 더 힘을 내 보자 129

7. 사회성과 놀이 기술 개발하기 131
유치원, 어린이집에서 유예되거나 쫓겨나거나 133
어린이집, 유치원, ABA 치료 중 무엇이 잘 맞을지 결정하기 134
전형적인 아이들에게 노출하는 것만으로는 부족하다 135
사회성 기술 진단평가 139
사회성과 놀이 기술 발달단계의 핵심 139
진단평가 142
계획 세우기 143
중재: 기초적 사회성 기술들 144

8. 말하기와 지시 수행 **151**
아기들이 언어를 배우는 방법...153
진단평가 및 계획: 아이의 초기 언어 능력 154
중재: 테이블 활동의 힘 157
포기란 없다...169

9. 말은 하지만 대화는 하지 못한다: 언어 확장 전략 **171**
대화란 무엇인가? 175
진단평가: 출발점 찾기...176
계획하기: 올바른 목표 선정의 중요성 177
에코익 통제를 발달시키는 힘..179
실수를 바로잡고 올바른 언어 방향 잡기 180

10. 편식 해결하기... **193**
빌리와 잭의 식이 문제...195
식이 문제 평가...197
음식 일지 및 TAA 음식 리스트..198
음료 마시기 관련 중재 202
젖병과 고무젖꼭지 떼기 204
식이 중재 207
아이에게 식사도구 사용법 가르치기 210
평가, 재평가와 새로운 계획 수립 211

11. 잠 못 드는 밤은 이제 그만: 수면장애 해결하기 **213**
자신만의 수면 중재법을 개발하라..217
수면평가 질문지...218
당신만의 수면 계획을 만들어 보라 219
당신의 취침시간 루틴 체크리스트..224
취침시간 루틴 체크리스트의 샘플..226
맥스의 취침시간 루틴 고치기..227
당신의 데이터를 수집하라..229

12. 기저귀 떼기 233
진단평가: 당신의 아이는 유아용 변기 훈련을 할 준비가 되었는가? 235
당신의 진단평가 데이터 시스템 238
유아용 변기 훈련 계획 세우기..239
유아용 변기와 화장실을 페어링하기 240
당신이 사용하는 말...240
스케줄 짜기 241
자료와 강화제 241
유아용 변기 중재들 243
독립을 격려하기 245
대변 훈련과 닦기 중재들 247
손 씻기 중재들..248
밤 기저귀 떼기 훈련과 배변 실수를 하고 난 후 대처 방법........................249

13. 일반 병원, 치과 그리고 미용실 방문을 둔감화시키기 253
당신의 평기와 계획..256
머리 자르기를 더 잘하게 만들기 257
일반 병원과 치과 방문하기...261
어떤 것이든 페어링과 리페어링을 하기 위한 일반적인 팁 264

14. 아이에게 최고의 스승이자 삶의 옹호자가 되기 267
필요한 도움 받기...268
삶을 옹호하기...272
TAA 접근법의 네 가지 단계 274
아이의 행복과 가족의 행복이 가장 중요하다...277

감사의 글 280
용어 해설 282
참고 문헌 288
주석.. 290

1

자폐의 조기경고신호 – 우리는 왜 기다리는가?

이 책을 집어 든 당신은 아마도 아이의 발달 지연 때문에 스트레스를 받고 어쩔 줄 몰라 하며, 걱정하고 있을 것이다. 더 심각하게는, 평가나 중재(intervention. 생활에 필요한 기술의 습득을 위하여 대상자를 돕는 일련의 활동을 말한다.—역주)를 받으려면 긴 시간을 기다려야 한다는 사실에 좌절하고 있을지도 모른다. 만약 아이가 이미 자폐 진단을 받았다면, 어느 누구도 당신에게 이 상황을 나아지게 할 방법을 알려 주지 않는다는 것에 분노하고 있을 수 있다. 당신이 통제할 수 없는 아이의 탠트럼(tantrums. 소리를 지르고 마구 뛰어다니는 등의 문제 행동이 복합적으로 나타나는 것.—역주) 앞에 무력감을 느끼고 있든지, 아이의 말이 느린 것을 걱정하고 있든지, 그것도 아니라면 소아청소년과의사나 치료사가 아무런 답을 주지 않아서 혼란을 느끼고 있든지, 나는 이 모든 것을 이해할 수 있다. 나 역시 부모로서, 그런 경험을 해 보았기 때문이다.

당신은 스스로 이렇게 질문해 볼 수 있다.

> 우리 아이는 그냥 고집이 센 것일까?
> 우리 아이는 그저 기다려 주면 되는 말 늦은 아이(late talker)인 것일까?
> ADHD(주의력 결핍 과다행동장애)의 초기 증상인 것일까?
> 떠올리기도 무서운 "자"로 시작하는 그 단어—자폐인 것일까?
> 진단명이 무엇이든, 내가 아이를 도울 방법이 있기는 한 것일까?

20년이 넘도록 국제적인 자폐 전문가이자 자폐 아들을 둔 엄마로서 나는 아주 많이 진저리쳐야만 했다. 현재 사회에서는 자폐와 다른 발달장애를 초기에 선별해 낼 수 있는 체계가 제대로 작동을 하지 않고 있다. 이 때문에 아이에게 무엇을 해 주어야 할지 몰라 갈팡질팡하는 부모들의 모습을 보면 마음이 미어진다.

제대로 된 전문가를 만나기 위한 대기는 길기만 하다. 그리고 아이가 자폐로 진단되었더라도 적절한 치료를 받으려면 다시금 기나긴 대기시간을 견뎌야 한다. 하지만 여기 좋은 소식이 있다. 이제 당신은 더 이상 기다리지 않아도 된다. 사실은, **기다리면 안 된다.**

당신이 이 책을 읽으면서 가장 중요하게 생각해야 할 말은 다음과 같다.

> 말과 사회성이 지연된다면(이는 자폐증의 초기 징후로) 비상사태다.
> 치료를 시작하기 위해 꼭 진단을 받거나 전문가로 이루어진 팀을 만나야 하는 것은 아니다.
> 더 뒤처지기 전에 아이들에게 의사소통하는 방법과 문제 행동 줄이는 법을 가르쳐야 한다.

여기 대부분의 부모가 모르는 비밀이 있다. 발달장애[1]는 생각보다 흔하게 발생한다. 3-17세 사이의 어린이의 6명 중 1명(또는 17.8%)은 ADHD, 자폐범주성장애(ASD), 뇌성마비(CP), 청각장애, 지적장애(ID), 학습장애, 언어장애 등의 발달장애가 있다는 진단을 받는다. 따라서 아이의 언어 지연, 주의력 부족, 심한 탠트럼 등으로 걱정하고 있다면 그 걱정은 당연하며, 나만 겪는 일은 아니다.

발달장애의 비율이 이렇게 높은 것에 더해, 자폐 비율은 더욱더 급증하고 있다. 현재 어린이 50명 중 약 1명은 자폐로 진단받고 있다. 우리 아들 루카스가 자폐 진단을 받았던 1999년에는 자폐가 500명 중 1명에게서 발견되었다. 다음 그래프를 보면, 1970년대에는 자폐가 10,000명 중 1명에게서만 발생한다고 여겼음을 알 수 있다. 무엇 때문에 이렇게 많은 아이들이 자폐, ADHD, 다른 발달장애로 진단받는지에 대해서는 많은 논란이 있지만, 분명한 것은 그 숫자가 엄청나다는 것이다.

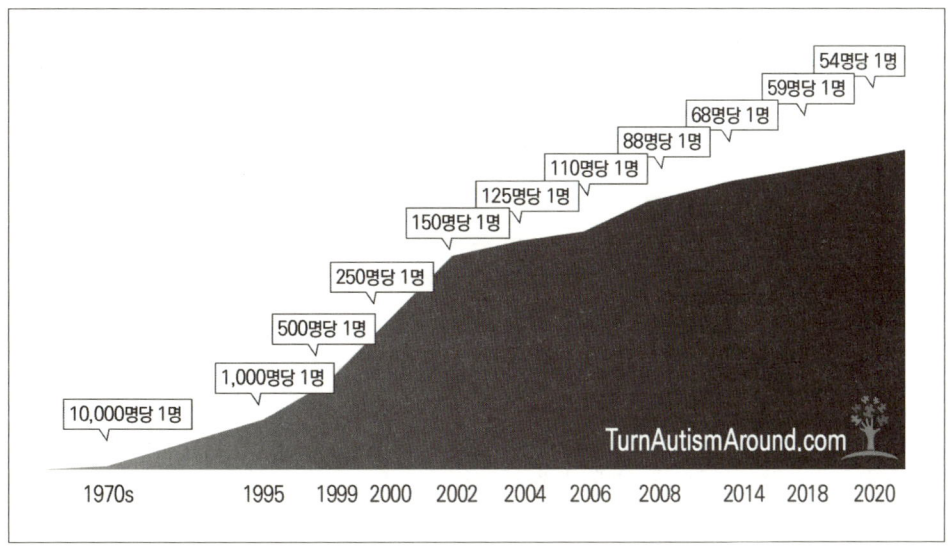

자폐 발생의 추정 비율
출처: 질병통제예방센터

지난 20년간 박사급 국제행동분석전문가(Board Certified Behavior Analyst: BCBA. 공인 국세행농분석전문가. BCBA의 자격 요건으로는 학위와 별도의 자격 과정을 수료하고 슈퍼바이저의 감독하에 임상 경험을 수료한 후 해당 시험에 합격해야 한다.—역주)로 일하면서, 나는 전 세계적으로 정신 건강 면에서 비상사태가 대두되는 것을 지켜보아 왔다. 자폐와 다른 발달장애의 비율은 급격히 증가했지만, 자폐 아동을 평가하고 진단을 내릴 수 있는 의료 관계 종사자 —즉 소아청소년과의사, 신경과의사, 소아정신건강의학과의사 그리고 임상이 풍부한 심리학자들은 여전히 심각하게 부족한 실정이다. 아이가 그냥 "단순히" 느린 것뿐인지, 아니면 자폐나 ADHD처럼 더 심각한 문제를 가졌는지 평가를 받기 위한 예약 대기에만 9개월에서 2년 이상 걸리기도 한다. 그리고 대부분의 경우 발달장애의 증상들이 복합적으로 나타나기 때문에 아이를 평가한 의사 중에는 부모에게 6개월을 기다렸다 다시 오라고 하는 의사들도 있다.(게다가 의사가 "단순 지연"으로 진단을 내렸지만 사실은 자폐였던 경우도 종종 일어난다.) 아이의 성장에 따라 각기 다른 다양한 진단이 여러 번 내려지기도 한다. 예를 들면, 아이가 2살 때에는 언어 지연과 감각처리장애(SPD)로 진단을 받았지만 4살에는 ADHD, 6살에는 자폐로 진단을 받기도 한다.

많은 경우, 부모에게는 걱정하며 기다리는 것 외에 다른 선택의 여지가 없다. 아이가 암이 의심되어 소아청소년과에서 암 전문의에게로 보내지는 상상을 해 본 적이 있는가? 그런 경우 평가를 받기 위해 9개월을 기다려야 한다면 우리는 부모로서 어떻게 해야 할 것인가? 게다가 암으로 진단이 내려져도 항암 치료를 받기 위해 더 오래 대기해야 한다면 말이다. 조기에 정확한 진단과 치료를 받지 못해 애태우는 부모들을 보고 있으면, 가슴이 찢어진다.

연구에 따르면 대체로 아이들은 몇 년 동안 자폐의 징후가 있었음에도 평균 4-5세가 될 때까지 제대로 된 자폐 진단을 받지 못한다고 한다. 실제로 자폐 아동의 50%는 초등학교에 들어가기 전까지 적절한 치료를 받지 못하고 있다. 그때쯤이면, 아이들은 이미 언어와 행동에 심각한 장애를 겪고 있으며, 경우에 따라서는 지적장애(IQ 70 이하)가 함께 나타나기도 한다. 이는 조기에 자폐를 선별하고 중재하지 못했기 때문에 일어나는 현상이다.[2]

성별 표기와 개인 정보 비공개에 관한 안내

남자아이들은 여자아이들보다 자폐 진단을 받을 확률이 네 배 이상 높다.[7] 이런 이유로 나는 이 책에서 자폐 아동을 "그"라고 부를 것이다.{저자는 이 책에서 "그(he)"라고 자폐 아동을 지칭하였으나 역자들은 성별에 맞게 바꾸었다.—역주} 마찬가지로 자폐 아동을 돌보는 주 양육자, 교사, 치료사의 대다수가 여성이기 때문에 나는 자폐에 대한 도움을 받으려고 이 책을 읽는 독자들을 지칭할 때 "그녀"라고 부를 것이다. 이는 글쓰기 과정을 그저 단순화시킨 것일 뿐 자폐를 진단받거나 징후를 보이는 어린 소녀들의 치료의 필요성을 부정하거나 자폐 세계에서 남성들을 엄청나게 보살피거나 옹호하고자 하는 것이 결코 아니다.

나는 또한 이 책을 읽는 당신이 자폐를 진단받았거나 장애의 징후를 보이는 1살에서 5살 사이의 유아 또는 미취학 아동의 엄마라는 가정하에 독자라고 부를 것이다. 그러나 이

> 책은 대화를 나누지 못하는 모든 연령의 아이(그리고 5세 미만 언어 능력인 아이)를 다루는 조기 개입 전문가 또는 다른 분야의 전문가뿐 아니라 문제 행동이나 수면, 식사 및 배변 훈련에 어려움을 겪고 있는 아이들에게 도움이 될 것이다. 이 전략은 일반적으로 유아, 미취학 아동들에게 효과가 있다. 따라서 발달 지연 여부와 상관없이 1세에서 5세 사이의 아이(생활연령이거나 발달연령)를 알고 있거나 함께 살아가거나 사랑한다면 상황을 되돌리는 데 도움이 될 지식이 담긴 이 책을 읽어야 한다.
>
> 또한 책 전반에 걸쳐 언급되는 일부 가족과 아이들의 사생활 보호를 위해 이 책 안에서 그들의 이름을 바꿨음을 알린다.

안타깝게도, 아이가 유색인종인 경우 상황은 더욱 심각하다. 미국의 유색인종 아이들은 백인 아이들에 비해서 평균적으로 늦게 중재와 치료를 시작한다고 한다. 최근 발표된 논문에서 미국의 자폐범주성장애인 백인 아이들은 그중 27%만이 지적장애를 동반하는 반면, 아프리카계 미국인 아이들은 47%, 히스패닉 아이들은 36%가 자폐와 지적장애를 동반하는 것으로 알려졌다.[3]

최근 참석했던 강연에서 발표된 에이미 클린(Ami Klin)과 동료들이 함께 쓴 2020년 논문에 따르면, 자폐는 유전적 특성이 매우 높지만 자폐 징후나 발달 지연을 발견하자마자 중재를 매우 일찍 시작한다면, 지적장애, 언어장애 그리고 자폐에 수반되는 심각한 문제 행동을 예방하거나 줄이는 것이 가능하다고 한다. 클린과 동료 연구자들은 부모들에게 아이가 자폐 진단을 받을 때까지 기다리지 말고, 전형적인 발달 형태 궤적에서 벗어나는 즉시 부모가 아이에게 사회적 상호작용이나 의사소통하는 방법을 가르치는 것이 가장 좋다고 조언한다.[4]

추가 연구에 따르면 자폐를 조기에 발견하여 집중적인 치료를 받게 한 경우 일부는 자폐에서 벗어나거나 전형적인 발달을 하는 또래들과 구별할 수 없게 되었다고 한다.[5] 케네디크리거연구소의 자폐 협력 네트워크(Interactive Autism Network)에서 실시한 두 차례의 전국 규모의 연구에 따르면, 조기 집중 개입을 받은 경우 8살이 되었을 때 자폐였던 아동의 4-13%는 언어 지연 또는 ADHD 등은 여전히 있었지만 자폐 진단에서는 벗어날 수 있었다.[6] 비교적 증상이 심하지 않은 **30개월 이전에 자폐 진단을 받은 아이들은 자폐에서 회복될 가능성이 가장 높았다.**

우리 아들 루카스가 자폐의 징후를 보이기 시작했던 1990년대 후반에 나는 자폐에 관해 아는 것이 거의 없었다. 그리고 우리 아이를 돕기 위해 행동해야 할 사람이 나라는 것을 깨닫지 못했다. 나는 자폐를 되돌릴 수 있다는 것도 몰랐다. 이제 나는 자폐 진단을 받았거나 자폐의 징후를 보이는 모든 아이들이 더 나은 삶을 살도록 하는 것을 내 사명으로 삼고 있다.

자폐와 관련된 세 가지 위험한 오해

자폐와 발달 지연의 세계에는 부모들이 그들의 아이에게 필요한 조기 개입을 하지 못하게 만드는 세 가지 중요하면서도 위험한 오해가 있다.

오해 1: 당신은 아이의 미래를 통제할 수 없을 것이며, 아이가 "정상적"인 삶을 살아갈 희망은 사라졌다. 기다리는 것 말고는 어떤 선택지도 없다.

하지만 진실은 부모가 조기에 개입한다면, 아이의 상태는 확실히 **호전될 수 있으며** 심지어 자폐나 지적장애 진단을 피할 수도 있다는 것이다. 지난 몇 년간 내가 배운 것은 "정상적인" 아이란 세상 어디에도 존재하지 않는다는 사실이다. 인간은 모두 저마다의 독특한 장점과 도전 과제를 가지고 있다.

오해 2: 치료에는 꼭 전문가의 공식적인 진단과 보험 혜택이 필요하다.

치료를 받기 위해 굳이 이런 것들을 기다릴 필요는 없다. 집에 있는 학습자료들만으로 오늘부터 당장 치료를 시작할 수 있다. 아이를 호전시키는 데 꼭 전문가의 진단이 있어야 되는 것은 아니다. 내가 제공하는 간단한 검사도구를 이용해서 아이에게 무엇이 필요한지 평가만 하면 된다. 만약 아이가 이미 진단을 받았고 전문가로 구성된 팀과 함께하고 있다 하더라도 이 정보가 여전히 필요할 것이다. 나의 TAA 접근법[이 책 『우리 아이와 함께하는 엄마표 ABA(*Turn Autism Around: TAA*)』에서 소개하는 Turn Autism Around 접근법. 이하 TAA 접근법.—역주]은 임상 경험이 없고 교육학 학위가 없더라도 누구든지 어느 곳에서라도 사용할 수 있다. 나의 단계적 접근법은 수십 년의 연구 결과를 기반으로 한 응용 행동 분석(Applied Behavior Aanlysis: ABA. 사회적으로 중요한 행동을 향상시키기 위해 체계적인 개입을 통해 적절한 행동은 늘리고 도전적 행동은 줄이는 학문이다.—역주)과 B.F. 스키너(B.F. Skinner)의 언어 행동 분석(Verbal Behavior Analysis: VBA. 언어가 말하는 사람과 듣는 사람의 행동에 미치는 영향에 중점을 둔 언어 소통 이론. 사회적 도구로서의 언어 사용을 중시하며 언어 활용에 초점을 둔다.—역주)에 기반을 둔 전략이기 때문에 효과적이다. 더구나 이 전략들은 아동 친화적이며 재미있고 실행이 쉽다는 이점이 있다.

오해 3: 변화를 일으키기에는 시간이 부족하다.

매일 15분간의 간단한 연습만으로도 아이의 삶의 경로를 바꿔 줄 수 있다. 전형적인 발달 정도를 따라잡기 위해 아이를 가르치는 데 꼭 주당 20-40시간의 치료(적어도 당장)를 시작해야 할 필요는 없다.

TURN AUTISM AROUND 접근법

연구에 따르면, 어떤 아이들은 자폐에서 벗어날 수 있으며 가장 심각한 형태의 자폐(인지 및 행동 장애를 동반한)의 경우에도 상태가 호전될 수 있다고 한다. 개인적으로 나 역시 이런 경우를 종종 보아 왔다. 내가 아는 몇몇 가족들은 TAA 접근법을 따른 덕분에 아이의 언어 지연을 역전시킬 수 있었고 주요 문제 행동을 감소시켰으며 여러 상황에서 아이의 자폐로 빚어지는 사태의 심각성을 완화시켰다.

박사급 국제행동분석전문가로서 지내 온 시간 동안, 나는 나의 독창적 접근법이 거듭해서 효과를 거두는 것을 보아 왔다. 나는 탠트럼이 너무 심해서 그 어떤 사회적 모임에도 가족과 동반해서 나갈 수 없었던 아이들에게 진단 여부와 상관없이 치료를 시행해 왔다. 그중 일부는 어린이집이나 유치원에서 쫓겨나기도 했던 아이들이었다. 그러나 이 아이들은 나의 접근법을 이용해서, 몇 주 사이에 말을 하고 포인팅(pointing. 아이가 집게손가락으로 원하는 사물이나 사람을 가리키는 행동을 말한다.—역주)을 했으며 이름을 부르면 대답을 했다. ……어떨 때는 겨우 **며칠 만**에 이런 일이 가능해진 적도 있었다. 몇 달 혹은 몇 년 동안의 정형화된 치료를 해 왔음에도 진전이 없었던 아이들도 얼마 안 가 좋은 결과를 보여 주었다.

나의 직업인 행동분석전문가로서가 아닌 부모로서, 아주 어렸을 때 전문가들에게 자폐를 진단받았지만 나이가 들면서 전형적인 발달을 한 아이들도 여럿 만나 보았다. 물론 나도, 다른 그 어떤 전문가들도 마녀의 수정 구슬 같은 것은 가지고 있지 않다. 당신이나 전문가들이 어떻게 부르든 간에 우리 모두는 변화할 수 있고 배울 수 있다. 자폐에는 결승선이란 없으며 자폐를 진단받고 치료받는 것은 매우 복잡한 일이다.

자폐가 회복될 수 있다는 것을 믿지 않으며 이것을 재능이라고 생각한다는 사람들도 있다. 이 자폐의 옹호자들은 이 아이들(대부분 일상적 대화가 가능한 고기능 자폐인들)을 변화시키거나 세상의 기준에 "맞추려고" 해서는 안 된다고 주장한다. 하지만 나의 접근법은 아이의 개성을 바꾸거나 아이의 특별한 재능을 없애는 것이 아니다. 대신 부모들이 자기 아이와 좀 더 효과적으로 의사소통하고, 더 쉽게 잠들 수 있게 하고, 더 건강한 음식을 먹을 수 있게 하고, 배변 훈련을 좀 더 쉽게 하며, 더 차분하고 행복해지도록 할 수 있게 힘을 실어 주려는 것이다. 궁극적으로는, 아이가 자폐이든 아니든 자신의 잠재력을 충분히 발휘하면서 안전하고 행복하며 독립적인 삶을 영위하는 것이 내 소망이다.

내가 제공하는 정보는 몇십 년간 응용 행동 분석 분야에서 자폐 아이들을 대상으로 한 치료들을 종합했을 뿐 아니라 지난 이십 년간 자폐뿐 아니라 관련 장애가 있는 몇천 명의 아이들을 치료하며 얻은 내 경험에 기반한다. 그러나 내 접근 방식과 전통적 ABA 프로그램[Traditional ABA Program. 아이바 로바스(Ivar Lovaas)의 연구를 바탕으로 한 치료 프로그램. 주로 전문가들이 팀을 이루어 주당 약 26시간에서 40시간씩 집중적 중재를 하는 방식을 말한다.—역주] 사이에는 몇 가지 중요한 차이점이 있다.

TAA 접근법은 전적으로 아동 친화적이며 긍정적일 뿐만 아니라, 그 가족 구성원 모두의 삶의 질을 향상하는 데 초점을 맞춘다. 나는 아이들에게 무엇인가를 시키기 위해 벌을 주거나 체벌하는 것을 권하지 않으며 아이를 "울리는" 관습에 반대한다. 이런 방법들 대신에, 나는 응용 행동 분석과 행동심리학자인 스키너의 언어 행동 분석 그리고 간호사이자 행동분석전문가이자 부모로서 배운 경험의 모든 것을 활용했다. 그 결과 나는 부모들이 직접 "배의 선장"이 되어 아이들과 바른길로 여행하는 데 도움이 되는 실행 가능한 일련의 단순한 프로그램을 만들었다.

자폐를 진단받았지만 눈에 띄는 발전을 보인 아이들에 대해 말해 보자. 내가 치료했던 페이스는 2살 무렵에는 하루에도 10번씩 바닥을 뒹굴며 소리를 지르고는 했다. 그러나 지금은 3살 반 어린이집을 다니며 그 어떤 문제 행동도 보이지 않는 잘 자란 3살이 되어 있다. 내가 담당했던 또 다른 아이인 앤드루는 한마디도 하지 못하는 상태에서 나를 만났지만 1년 후 짧은 구절을 말할 수 있게 되었다.

내가 만난 적이 없는 아이들도 상당수가 변화를 맞았다. 파커의 부모는 파커가 무발화(nonverbal. 말을 전혀 하지 못하거나 드물게 사용하며 한 단어 또는 상대의 말을 따라 하기만 하는 것.—역주)인 것을 걱정했지만, TAA 접근법을 온라인에서 배우고 실행한 후 몇 주만에 자발화(spontaneous speech. 자발적으로 의사소통을 위해 언어를 사용하는 것.—역주)가 나오는 것을 볼 수 있었다.

내가 담당했던 치노라는 어린 소년은 내 기억에 오래도록 남아 있는 아이다. 치노가 처음 나를 만난 것은 20개월 때였는데, 이 아이는 내가 만났던 수백 명의 아이들 중에서도 유독 우리 아들 루카스를 떠올리게 했다. 루카스가 21개월이었을 때 남편은 아이가 자폐일지도 모른다고 처음으로 내게 말했다. 하지만 그때의 나는 조기 집중 행동 개입의 효과에 대해서 전혀 몰랐기 때문에 루카스에게 시기적절한 치료를 해 주지 못했다. 반면 치노는, 두 살이 되기 전에 내 도움을 받기 시작하면서 놀랍도록 변화했다.

내가 치노의 어머니를 만났을 때 그녀는 세 살이 되지 않은 아이들을 세 명이나 키우고 있었다. 치노의 어머니는 치노의 발달이 느리다는 걱정에 사로잡혀 무엇을 어떻게 해야 할지 판단할 수 없는 상태였다. 나는 치노의 어머니가 조기 개입 서비스를 신청했을 때 그 집을 방문한 치료사였다.

내가 치노를 만났을 때, 나는 4장에서 거론할 진단평가와 더불어 표준화된 검사인 "영유아 자폐 선별 검사(Screening Tool for Autism in Toddlers & Young Children: STAT.)"로 평가하였다. 웬디 스톤(Wendy Stone)이 개발한 이 상호 반응적인 도구에는 아동의 사회적 상호작용 기술과 자폐 위험을 측정할 수 있는 12가지의 활동이 포함되어 있다. 이 평가는 아동에게 어떤 강점이 있으며, 무엇이 필요한지 정보를 제공해 주고, 기술을 향상하기 위한 목표와 활동에 어떤 것이 있는지 알려 준다.

STAT에는 유아들이 인형에 관심을 가지고 놀이하는 능력을 평가하는 항목이 있다. 인형 침대, 의자, 병, 컵 등의 물건들과 함께 인형을 주었을 때, 전형적인 발달을 하는 2살의 아이들은 인형을 들고 말을 걸거나 음식을 먹여 주는 시늉을 하기도 하고, 재워 주거나 인형을 껴안아 주기도 하면서 어른들이 아기에게 하는 모든 일을 해 주려고 한다. 그러나 평가를 위해 치노에게 인형을 주었을 때 치노는 인형을 그의 옆에 떨어뜨려 버렸다. 치노는 인형을 쳐다보지도 않았고, 30분의 전체 평가 시간 동안 한 번도 인형과 말하거나 놀지 않았으며 나와 상호작용하려고 하지도 않았다. 치노는 자기만의 작은 세계에 갇혀 있었다. 치노는 자폐의 징후를 보이고 있었으며 즉시 중재가 필요한 것이 분명했다.

6개월 후 치노는 중증자폐 진단을 받았다. 이에 따라 치노의 가족은 주당 20시간 동안 ABA 치료를 받을 수 있는 보험 혜택을 받게 되었다. 나는 치노에게 제공되는 ABA 프로그램을 진행하는 동안 치노의 가족들과 함께 계속 노력을 기울이면서 그들에게 진단평가하는 방법과 행동 중재, 사회성 기술을 발달시키는 방법 등을 가르쳐 주었다. 이 책에 소개한 도구와 전략들을 사용하여 치노를 가르친 1년 후-거의 정확히 그때쯤 해서-치노에게 다시 STAT 인형 테스트를 시행해 보았다. 치노는 1년 전 이 평가를 한 이후로 이 인형이나 나의 다른 평가 도구들을 다시 보지 못한 상태였다. 이번 차례의 평가에서 치노에게 인형을 건네주자 치노는 즉시 인형을 침대에 눕히고는 "자장자장" 하고 말했다. 치노가 잠든 인형을 뽀뽀로 깨우고 "자장자장 끝."이라고 하는 모습을 보며 치노의 어머니는 기쁨과 안도의 눈물을 흘렸다. 치노는 초등학교 2학년이 되자 완벽하게 대화할 수 있었으며, 이중 언어도 구사할 수 있었고, 학교에서는 일반 교육 과정에서 공부할 수 있었다.(치노가 어떻게 변화했는지 보고 싶다면, Turn Autism Around.com에서 무료 책자와 동영상을 볼 수 있다.)

자폐의 세계로 떨어지다

우리 아들 루카스는 20개월 때 치노와 매우 비슷한 증상을 보였지만 그 후의 행보는 완전히 달랐다. 루카스가 아기였던 1990년대 무렵, 루카스는 나를 따뜻이 껴안아 주는 행동을 하기도 했지만, 말을 거의 하지 않았고 글자에 이상할 정도로 집착하는 모습을 보였다. 당시 나는 둘째 스펜서를 임신하고 있었는데 루카스는 서서히 퇴행하더니 첫 번째 생일이 지난 후부터는 자폐의 이상 징후를 하나둘씩 보이기 시작했다. 루카스는 서서히 손을 흔드는 것을 그만두었고, 더 이상 사람들에게 "안녕"이라고 인사하지 않았으며, 노래에 맞춘 율동을 그만두었다. 아이는 점점 편식이 심해졌고, 고무젖꼭지와 TV에 심각한 집착을 보이기 시작했으며, 잠을 잘 자지 못했다. 엄마 역할이 처음이었던 당시의 나는 루카스가 그저 성장의 한 단계를 지나고 있다고만 생각했다. 나는 루카스가 전형적인 발달을 벗어나 퇴행하고 있다는 것을 알지 못했다.

루카스가 18개월이 되면서 동생이 태어났지만 아이는 동생에게 그 어떤 관심도 없었다. 응급의학과의사인 남편 찰스는 스펜서가 태어난 후, 루카스가 집에 아기가 있다는 것을 알아채지 못하는 것을 보고 내심 경악하고 있었다. 돌이켜 보면 그때의 나는 아직 루카스가 남동생을 알아채지 못한다는 것이 문제라는 것을 깨닫지 못하고 있었다. 아마도 그때 아기를 플라스틱 인형으로 바꿔도 루카스는 전혀 알아채지 못했을 것이다.

몇 달이 지나, 루카스가 21개월이 되었을 때 찰스는 처음으로 "자—"로 시작하는 말을 꺼내며 폭탄을 터뜨렸다. 찰스는 내게 "당신, 루카스가 자폐라고 생각 들지 않아?"라고 물었다.

나는 루카스에게 문제가 있을 것이라는 생각을 전혀 해 보지 않았기에 놀라 공포에 질렸다.

"**다시는 자폐**라는 그런 말은 듣고 싶지 않아."라고 찰스에게 말했다.

나는 자폐에 관해 거의 알지 못했으며, 특히 유아의 자폐가 어떤 것인지 전혀 알지 못했다. 나는 자폐가 치료가 가능한 것인지, 자폐에서 회복되려면 무엇을 해야 할지 알 수 없었기에 방어적인 자세를 취할 수밖에 없었다. **우리 아이에게 이런 식의 사형선고 같은 진단은 필요 없다고** 생각했다.

다시 1년이 지날 때까지, 찰스는 내 바람대로 이 이야기를 다시 꺼내지 않았다. 그러나 "자—"로 시작하는 그 단어는 내 머릿속에 단단히 자리를 잡았다. 루카스가 말을 비롯한 다른 기능들이 사라진 것처럼 보이자 나는 자폐의 가능성을 떠올릴 수밖에 없었다. 루카스가 어린이집을 가기 시작하고 몇 달이 지나지 않아 언어치료를 받았음에도 두 살 때까지 구문으로 말하지 못하는 것을 보자 다시 자폐를 떠올리게 되었다. 루카스의 발달은 계속 뒤처졌고 나는 무력감을 느꼈다.

자폐만은 아니기를 1년이 넘도록 혼자 기도하며 고민한 끝에 나는 말하기 전에 글자와 단어부터 읽는 과독증(hyperlexia)에 대해 알아내었다. 이 조사 중에 나는 자폐와 과독증을 모두 가진 아들을 둔 엄마를 만나게 되었다. 그녀는 나에게 루카스가 단지 말이 느릴 뿐이라고 생각할지라도 ABA 치료에 대해 알아보라고 조언해 주었다. 그녀는 "만약 이 치료가 중증자폐 아이들을 회복시킬 수 있다면 당신 아들의 언어 지연 정도는 쉽게 치료할 수 있을 거예요."라고 말했다.

그녀는 나에게 캐서린 모리스(Catherine Maurice)가 1993년에 펴낸 *Let Me Hear Your Voice*라는 책을 읽어 볼 것을 추천했다. 나는 이 책 속의 자폐에 대한 묘사가 루카스와 그대로 일치한다는 것을 알게 되었다. **세상에! 나는 아이가 자폐임에도 1년이 넘도록 아무것도 하지 않고 부정만 하고 있었던 것이다.** 나는 자폐 아동에게 희망이 있다는 것을 전혀 몰랐지만, ABA 치료의 효과에 대해 설명한 이 책을 통해 자폐 아이의 절반이 조기에 집중적인 중재를 받았을 때 전형적인 아이들과 "구별할 수 없을 정도로 나

아진다."라는 것을 알게 되었다. 그 결과, 나는 드디어 이 문제를 직면하기로 마음먹었다.

나는 즉시 진단받는 데 3개월이 걸린다는 필라델피아아동병원에 루카스를 예약했다. 그리고 루카스는 3살 생일을 맞기 하루 전날 자폐 진단을 받았다.

어느 정도 마음의 준비를 하고 있었지만, 자폐라는 최종 진단은 여전히 우리 부부에게 충격이었다. 게다가, 찰스와 나는 루카스가 경증자폐이라고 예상했지만, 발달 전문의는 중증자폐 진단을 내렸다. 내가 가장 두려워했던 일이 현실이 되어 나타난 셈이었다.

ABA 치료가 도움이 될지 물었지만, 의사는 낙관적인 대답을 들려주지 않았다. 의사는 자신의 오랜 경력을 비추어 볼 때 루카스와 같은 발달장애가 있는 아이들이 전형적인 아이를 완전히 따라잡는 것은 본 적이 없다고 말했다. 의사가 직접적으로 말하진 않았지만, 내가 루카스의 조기 평가와 치료를 거부하고 미룬 것은 크나큰 실수였다.

의사를 만나고 집으로 돌아오는 길에, 루카스는 침묵에 싸여 있었다. 루카스는 카시드에서 몸을 잔뜩 웅크린 채 창밖을 바라보고만 있었다. 아무런 말도, 옹알이도 없이 그저 침묵뿐이었다.

나는 남편이 앞으로 루카스가 절대로 하지 못할 것이라고 말하는 목록들을 들으며 눈물을 흘렸다. 루카스는 앞으로 **절대 대학에 가지 못할 것이고, 또 절대 결혼을 하지 못할 것이며…… 절대……**.

나는 찰스에게 애원했다. "이제 제발 그만해."

그러나 나는, 이런 슬픔 속에서도 루카스가 나아질 것이라는 희망에 매달렸다. 그것만이 내가 바라는 것이었기에 그 희망을 포기할 수 없었다. 나는 루카스가 발달을 따라잡을 수 있도록 내가 할 수 있는 한 최선을 다하기로 했다. 나는 그동안 루카스가 자폐가 아니라고 부정해 왔던 것에 깊은 죄책감을 느꼈다. 내가 마치 자폐의 세계로 "추락"한 것 같았다. 왜냐하면 나와 루카스가 같이 깊고 어두운 구멍에 빠진 것처럼 느껴졌기 때문이다. 나는 내가 기필코 이 구멍에서 빠져나와 아이를 돕는 것만이 아이의 삶을 달라지게 하는 길이라고 생각했다.

어떻게 시작해야 할지도 몰랐지만, 나는 자폐를 파고들기 시작했다. 루카스를 치료받게 하고, 치료만으로 충분치 않다는 것을 알게 된 후에는 스스로 행동분석전문가가 되어 루카스를 더 많이 도와주려고 했다. 이러한 노력 끝에 나는 다른 사람들도 도울 수 있게 되었다.

2003년 이래, 나는 수백 명의 아이들을 직접 만나 치료해 왔으며, 전 세계 수천 명의 부모와 전문가들을 교육시켰다. 그리고 소아청소년과의사와 의료 종사자들에게 자폐증의 조기경고신호에 대해 교육했다. 나는 자폐에 대한 전반적인 인식을 높이며 조기 진단과 치료에 대한 필요를 알리기 위해 여러 가지 그룹 활동을 시작했다. 나는 내가 배운 것들을 『우리 아이 언어 발달 ABA 치료 프로그램(*The Verbal Behavior Approach*)』이라는 제목의 책으로 펴냈다. 이 책은 부모와 조부모, 치료사 및 교육자들에게 10년 이상 읽히고 있으며, 현재 12개국 이상의 언어로 번역되었다.

그러나 나는 앞의 책에서는 자폐의 조기경고신호, 장애의 예방, 증상의 호전과 회복에 대해서는 많이 서술하지 않았다. 어린아이들을 점점 더 많이 치료하면서, 나는 조기 개입으로 수백 명의 아이들이 한계를 넘어 도약해 가는 모습을 지켜보았다. 그 아이들 중 일부는 21개월에 자폐 징후를 처음으로 보였던 루카스와 매우 유사했다. 이런 경우는 적어도 발달장애를 알리는 빨간 불이 켜지자마자 바로 조치를 시작할 정도로 능동적인 부모가 있는 1세에서 5세 사이의 아이들에게서 특히 많이 나타났다.

나의 연구를 통해 TAA 접근법을 사용한 조기 집중 행동 개입이 단순 언어 지연으로 진단받은 아이들에게도 빨리 전형적인 발달을 따라잡을 수 있게 하는 데 효과가 있다는 것 역시 분명해졌다. 몇몇의 경우 아이들이 빨리 치료를 받을수록 또래들과 같은 발달단계에 더 빨리 도달할 수 있었다. 전형적인 발달을 하는 또래들을 완전히 따라잡지는 못했던 자폐 아이들에게도 보다 큰 진전이 이루어졌다. **아무것도 하지 않고 기다리기만 하는 것은 아이들을 점점 뒤처지게 할 뿐이다.**

그렇다면 루카스는 어땠을까? 집중적인 ABA 프로그램을 시작하고 이후 언어 행동적 접근법을 적용한 치료로 전환한 루카스는 일단 상당한 진전을 보였다. 그러나 루카스의 치료는 처음으로 자폐의 징후를 보인 후 2년간 진단받기를 거부한 나의 대처와 그에 따라 더 길어졌던 대기로 더욱 지연되었다. 그래서 그의 발전은 안정적이었지만…… 느렸다.

물론, 루카스가 좀 더 일찍 치료를 받았다고 해서, 일반적인 또래 아이들과 구별할 수 없게 되거나, 치노처럼 발전했으리라고 장담할 수는 없다. 하지만 내가 루카스가 자폐일지도 모른다는 가능성을 부인하는 데 1년 이상을 허비하지 않았더라면 아이가 좀 더 많은 진전을 이루었으리라는 점은 분명하다.

좀 더 일찍 개입했다면 지금 루카스의 삶은 좀 더 나은 방향으로 나아갔을 것으로 생각한다. 루카스는 중증자폐와 가벼운 지적장애가 있어서 많은 감독과 보호가 필요하다. 그러나 루카스는 적절한 치료를 받은 덕분에 자신이 필요로 하는 것을 요구할 수 있으며, 샤워하거나, 아침 식사를 하고, 신발을 묶을 수도 있으며, 질문에 대답하고, 노래를 부르는 등의 이 모든 일들을 할 수 있게 되었다. 이제 루카스가 성인이 된 만큼 가급적 나는 아이가 안전하게 독립적이며 행복하게 안정적으로 지내는 삶을 목표로 한다. 이것은 루카스의 동생이면서 성인이기도 한 스펜서와 동일하면서 자폐가 있든 없든 다른 모든 아이들이 가지는 목표와 동일한 것이기도 하다.

이것이 내가 부모들에게 **기다리지 말고** 먼저 행동할 것을 권하는 주장의 옹호자가 된 이유이기도 하다. 나는 부모들이 희망을 잃지 않길 원하며 현실을 직면해야 한다고 생각한다. 루카스의 문제가 저절로 해결되기를 바라며 기다리는 것만으로는 그의 자폐를 뒤집을 수 없었고 그건 당신의 아이들에게도 마찬가지일 것이다.

하지만 "TAA 접근법"은 아이들에 따라 조금 다르게 보일 수도 있다는 것을 기억하기 바란다. 결과는 흑백처럼 뚜렷이 나타나기보다 희미한 회색으로 보일 것이다. 따라서 이 프로그램이 자폐 진단을 예방한다거나 아이의 언어 지연을 고칠 수 있다고 약속할 수는 없다. 당신의 아이는 이미 루카스처럼 중증자폐와 지적장애를 진단받았을 수도 있을 것이다. 그리고 그것은 평생 동안 누군가의 도움이 필요하다는 의미이다. 혹 당신의 아이는 어떤 진단도 받지 않을 수도 있다. 그러나 시간이 지남에 따라 최종적인 진단이 언어 지연, 학습장애, ADHD, 자폐로 바뀔 수도 있다. 당신의 아이는 단순히 지나치게 민감하고 탠트럼을 심하게 부리는 것뿐일 수도 있다. 하지만 진단이나 능력의 부족함과 상관없이 철저히 준비하는 것은 아이와 부모의 삶을 더욱 개선해 준다. 어떤 연령과 단계에서도 도움이 되는 아동 친화적인 TAA 접근법을 아이가 이용한다면, 아이는 어려운 행동으로부터 앞서 나가고, 언어와 사회성 기술을 따라잡음으로써 자폐 진단과 더욱 멀어질 것이다.

"자"로 시작하는 그 단어

부모가 극복해야 할 과제 중 하나는 "자"로 시작하는 그 단어를 마주 보는 것이다. 루카스가 단순 언어 지연이라도 ABA 프로그램을 해 보자고 권했던 그분은 내게 자폐에 대해서도 알아보라고 조언해 주었다.

이 책에 요약된 전략은 사회적 의사소통 지연, 감각 처리 문제, 심한 탠트럼과 수면 문제, 식이 문제, 배변 훈련 문제 또는 지역사회에 통합되는 데 어려움이 있는 아이들에게 보호자나 전문가들이 도움을 주고자 할 때 효과적이다.

그렇기 때문에 나는 이 책을 읽고 있는 당신이 자폐란 단어를 사용하거나 읽고 싶지 않다고 하더라도 이해할 수 있다. 하지만 그냥 계속 읽어 보길 권한다.

형제, 쌍둥이 그리고 의학적 문제들

당신은 이미 자폐로 진단받은 아이가 있기 때문에 이 책을 읽고 있을지도 모른다. 또한 당신은 아이의 다른 어린 형제들에게도 자폐에 따른 지연이나 징후가 나타날까 봐 걱정하고 있을지도 모른다. 연구에 따르면 자폐인 형제를 둔 아이들이 자폐로 진단받을 가능성은 16-36%라고 한다.[8] 이는 자폐로 진단받은 형제가 있을 경우 5명 중 1명의 아동이 자폐 진단을 받게 될 것이라는 의미이다. 형제들은 또한 자폐는 아닐지라도 다른 발달장애 진단을 받을 가능성이 있다. 이러한 것들을 고려해 볼 때 지연의 양상은 형제들에게 매우 다르게 나타날 수 있으므로 자폐 진단을 받은 아이를 키우는 부모라면 다른 형제들의 행동들이 큰아이의 행동과 매우 다르더라도 조기 개입이 필요한 징후가 나타나지 않는지 주의 깊게 관찰을 해야 한다. 어떨 때는 동생이 먼저 진단을 받은 후 손위 형제가 더 가벼운 형태의 장애가 있다는 것이 밝혀지기도 한다.

자폐를 연구하는 주요 기관과 병원에서는 형제에 대한 연구를 시행하기도 한다. 만약 당신이 사는 곳 근처에 이런 연구기관이 있으며, 당신의 아이에게 자폐의 징후가 있는지 전문가들에게 좀 더 자세히 상담받길 원한다면 신생아나 유아 형제들을 무료로 등록할 수 있다.(미국의 경우에 해당한다.—역주)

이런 연구기관에 어린 형제를 등록했을 때 직접적으로 누릴 수 있는 이점은 연구원이 몇 달마다 발달 검사를 시행하면서 어떤 부분에 지연이 있는지를 확인해 준다는 점이나. 이는 아기가 지연을 보인다면 가능한 한 빨리 치료를 시작할 수 있게 해 준다.

나는 아이들 중 한 명 이상의 아이가 자폐로 진단받은 가족들을 치료한 경험이 많이 있다. 비록 증상과 징후는 매우 달랐지만 세 아이가 모두 자폐로 진단받은 가족을 치료한 적도 있다. 그중 둘째 아이인 제레미가 가장 도움이 많이 필요한 듯했다. 제레미는 4살 때부터 내게 치료를 받았다. 제레미의 IQ는 70 이하였고, 자폐 외에도 공식적으로 지적장애 진단을 받은 상태였다. 그러나 1년 동안 나에게 치료를 받은 후 제레미의 IQ가 30점이나 상승하면서 아이는 더 이상 지적장애가 아니게 되었으며, 같은 해 완벽하게 대화를 나눌 수 있게 되었다. 그 후 제레미는 현재 일반 고등학교에 다니며 친구를 사귀고 스타 운동선수가 되어 대학 진학을 앞두고 있다. 그의 다른 두 형제들 역시 무척 잘 성장해서 다들 자폐가 자신들의 주요 진단명이 아니게 되었다.

그렇다면 쌍둥이는 어떨까? 둘 다 자폐 진단을 받을 가능성이 높을까? 자폐 진단을 받은 쌍둥이에 대한 연구에서는 그들에게 매우 강력한 유전적 요소가 있음을 보여 주지만, 일란성 쌍둥이라고 해서 자폐증이 100% 같이 나타나지는 않는 것으로 보아 여기에는 환경적 요인도 관련되어 있음을 알 수 있다.

여기에 우리가 짚고 넘어가야 할 또 다른 중요한 시사점이 있다. 우리 아들을 포함해 자폐로 진단받은 내가 치료했던 아이들 대부분은 소화기 문제(변비, 설사, 위산 역류), 알레르기, 천식, 습진, 발작, 자가면역장애 등 자폐를 촉진시키거나 문제를 더욱 복잡하게 만드는 의학적 문제들이 있다. 비록 나는 정식 면허가 있는 간호사이며 의사와 결혼했지만, 아이들에 대한 의학적 평가와 치료가 내 전문 분야가 아니므로 나는 이 책에서 이런 주제를 많이 다루지는 않을 것이다. 그러나 나는 이렇게 말할 수 있다. 당신의 아이는 자폐나 ADHD, 설사와 같은 문제를 가볍게 여기거나 다른 사람의 탓으로 돌리지 않는 의료 전문가를 필요로 한다. 아이의 소아청소년과의사가 아이의 의학적 문제를 해결해 주지 못한다면 이 문제에 대해 당신을 이끌어 줄 수 있는 전문가나 의학 전문가를 찾아야 할 수도 있다.

중요한 것은 시간이다

중요한 점은 진단과 치료를 기다리고 있는 아이들이 기하급수적으로 늘어나고 있다는 점이다. 아이들이 진단을 받고 치료를 받는 시점은 대부분 4살에서 5살 사이다. 이것은 자폐 징후가 나타난 지 최소한 3년이 지나야 내 접근법을 이용하여 행동에 관한 가장 효과적인 치료를 하고 언어와 놀이 기술을 가르칠 수 있다는 뜻이 된다.

자폐의 징후를 보이는 아이들에게 이는 정말 긴급사태라고 할 수 있다.

그러나 아이가 나이가 들거나 중증장애가 있다고 해서, 당황하거나 죄책감을 느낄 필요는 없다. 그것은 부모의 잘못이 아니다. 첫 번째 책에서 나는 내가 열심히 일한 것만으로 아이의 자폐가 나아질 수 있다면, 루카스는 더 이상 자폐가 아닐 것이라고 썼다. 나는 이제 어떤 경우는 심각한 신경학적 손상으로 자폐가 영구적일 수 있다는 것을 알고 있다. 그리고 그 사실이 당신이 아이에게 도와줄 수 있는 것이 없다거나 당신의 아이가 더 이상 의미 있는 진전을 이룰 수 없다는 것이 아니라는 것 역시 알고 있다.

다음 장에서부터 TAA 접근법에 대해 설명할 것이다. 당신은 이 책에서 식사, 수면, 배변 훈련, 말하기, 모방, 놀이, 안전 및 문제 행동 없애기에 도움을 받을 수 있을 것이다. 자폐에서 호전된 아이들을 키워 본 사람들을 만나게 될 것이고, 자폐를 예방할 수 있다고 확신하는 사람들을 만날 것이다. 아이가 가진 기술을 어떻게 하면 신속하게 평가할 수 있는지를 배우고, 계획을 세우고, 매일 15분으로 구성된 세션(session. 아이에게 직접적인 중재를 실행하는 시간.—역주)을 시작하고, 올바른 전문가를 찾고, 아이를 옹호해 줄 방법을 찾을 수 있을 것이다.

따라서 아이의 나이나 현재 기능 수준과 관계없이 이 책은 당신을 위한 것이다. 나는 아이를 옹호하고 아이에게 최고의 스승이 되려고 앞을 향해 나아가는 부모에게 힘을 보태고 싶다. 나는 가능한 한 빨리 자폐와 다른 발달장애들을 조기에 발견하고 치료할 수 있는 명확한 해법을 지금 이 책을 읽는 당신과 전 세계 부모들에게 제시함으로써 가능한 한 많은 경쟁의 장이 평등해지기를 바란다.

당신은 자폐라는 산을 오르는 여정의 시작에 서 있을 수도 있고 아니면 이미 반쯤 올랐을 수도 있다. 당신은 짧은 등산을 할 수도 있고 반대로 가파른 산을 올라야 하는 힘난한 등산로를 마주하고 있을 수도 있다. 하지만 당신이 그 길 어디쯤에 있더라도, 나는 그 길을 안내해 줄 것이다.

20여 년 전, 나 역시 두렵기만 했던 아이의 진단을 받아들고 같은 산을 오르기 시작했던 엄마였기에 당신이 무엇을 해야 할지 알고 있다. 그때의 나는 지도가 없었기에, 내가 직접 만들어야만 했다. 이 책이 바로 그 지도이다.

만약 당신의 아이가 문제 행동, 언어 지연, 수면 문제 그리고 그 외 다른 문제들이 있다면 지금 바로 아이를 도와주어야 한다. 두려움을 희망으로 바꿔서 현재의 상태를 발전하도록 만들자. 할 수 있는 한 가장 강력하고 능동적인 부모가 되어 아이들을 도와주자. 자폐의 초기 징후들을 포착해서 치료하고 아이의 삶의 궤도를 바꾸어 주자!

2

자폐일까, ADHD일까, 아니면 "단순히" 언어 지연일 뿐일까?

부모 입장에서 우리 아이가 또래보다 발달이 뒤처진다는 생각이 든다면 혼란스러워지는 것은 당연하다. 발달 지연일까? 단지 "끔찍한 두 살(Terrible Twos. 우리나라의 미운 네 살.—역주)이 일찍 시작했거나 세 살까지 계속되는 것일까? 자폐일까? 이 문제가 "저절로 해결"될까?

자폐 아동뿐 아니라 전형적인 아동도 다양한 요인들로 "정상적인(normal)" 지연을 보일 수 있다. 이른둥이(premature)로 태어난 아이들은 어떤 면에서 자연발생적으로 지연을 보인다. 또 형제자매가 없는 외동아이는 좋은 행동이든 나쁜 행동이든 보고 따라 할 수 있는 형제자매가 있는 아이보다 발달이 느린 경우가 많다. 또한, 남자아이는 여자아이보다 말이 늦된 경향이 있다.

자폐 아동은 종종 탠트럼을 하는데 이는 전형적인 아동도 마찬가지다. 그리고 아이들은 저마다 자신만의 고유한 성격과 기질이 있다. 나는 만일 태어날 때부터 느긋한 성격을 가진 루카스가 아니라 항상 더 예민하고, "손이 더 많이 갔던" 스펜서가 자폐였다면 우리는 눈코 뜰 새 없이 바빴을 거라고 남편에게 말하고는 했다.

언어 지연 또는 다른 영역에서 지연을 보이는 많은 아동들은 스스로 발달단계를 따라잡거나 약간의 조기 개입으로 발달단계를 따라잡기도 한다. 지능지수가 높거나 발달 지연이 없는 아동들도 종종 사회성이나 감각적인 면에서 또래와 차이를 보인다. 한편, 유아기 자폐와 ADHD는 주의력 부족, 특정 주제에 대한 과도한 집중, 과잉 행동, 충동성 그리고 기다리고 공유하고 교대하기를 거부하는 것 등 몇몇 징후가 동일하게 나타난다.

나는 자폐, ADHD, 언어 지연 및 정신건강장애의 초기 징후들이 정말 많은 부분에서 서로 중첩된다는 것을 알게 되었다. 1장의 우리 아들 루카스의 이야기에서도 언급되었지만 퇴행에 관한 문제는 우리를 더욱 혼란스럽게 한다. 어쩌면 어릴 때는 손을 흔들어 다른 사람과 인사를 나누던 당신의 아이가 갑자기 더 이상 인사하지 않거나 거의 하지 않을 수도 있다. 어쩌면 아이의 언어 능력 또한 퇴행했을 수도 있다. 자폐 및 발달장애 모니터링 네트워크(Autism Developmental Disabilities Monitoring Network)의 자료에 따르면 자폐 아동 중 적어도 20%는 발달단계에서 어느 순간 능력의 상실을 경험한다. 한 소규모 연구에서는 최종적으로 자폐 진단을 받은 아동 중 86%는 생후 6개월에서 3년 사이에 사회적 기술이 퇴행하는 것으로 나타났다.[9]

그렇다면 **당신의** 아이가 자폐인지, ADHD인지, "단순히" 언어 지연인지, 아니면 전형적인 유아기 탠트럼을 보이는 것인지를 어떻게 구별할 수 있을까? 당신이 무언가 조치를 해야 한다고 어떻게 확신할 수 있을까?

이 장에서는 주의 깊게 보아야 할 행동이나 증상의 목록들을 다룰 것이다. 이 목록을 확인하면서 당신은 더욱 불안에 휩싸일 수도 있다. 더구나 설명을 읽던 도중 당신의 아이가 연상되는 내용을 발견한다면 말이다. 하지만 이러한 설명이 자폐를 확정 짓거나 진단하는 것은 아니다. 당신이 이 책을 읽고 있다는 것은 당신이 자녀를 위해 조치하고 옹호할 수 있는 준비가 되어 있다는 것을 의미한다.

아이가 어떤 문제에 직면해 있더라도 당신은 이제 아이에게 필요한 것을 곧 발견하게 될 것이다. 다음 목록에 기재된 모든 행동 또는 증상에 대해 여러 페이지에 걸쳐 그 증상을 개선하거나 심지어 완화할 수 있도록 돕는 중재 및 전략을 배우게 될 것을 유념해두어야 한다.

내가 예전에 담당했던 맥스에 대해 생각해 보자. 맥스의 가족은 뉴저지의 해변에 살았는데 어느 날 15개월이던 맥스가 갑자기 기겁하더니 모래에 손을 대지 않게 되었다. 맥스의 부모는 아이가 두 살이 다 되어 가는데도 여전히 말을 못하고, 눈 맞춤이 안 되며, 하루에도 몇 번씩이나 심한 탠트럼을 한다는 사실이 몹시 걱정스러웠다. 맥스의 엄마는 1년 동안 걱정하며 기다린 끝에 맥스를 데리고 의사의 평가를 받으러 갔다. 하지만 맥스가 1시간 30분 동안이나 주체할 수 없을 정도로 비명을 질러 대는 통에 의사는 검사를 할 수조차 없었다.

한 달 후 맥스네 가족은 펜실베이니아로 이사했고, 나는 맥스의 조기 개입팀의 ABA 치료사가 되었다. 처음 만났을 때 맥스가 할 줄 아는 말이라고는 **"피자"** 딱 하나였다. 맥스의 엄마는 아이가 피자를 좋아하지 않는다고 했지만, 맥스는 무언가를 지칭할 때마다 그 단어를 사용했다. 맥스는 한 시간 동안 젖병을 10차례나 달라고 했고 엄마가 안 된다고 할 때마다 엄마를 때렸다. 이사한 후에도 맥스는 STAT를 받으려 하였으나 실패하였고, 이에 소아청소년과의사는 맥스가 임상적으로 자폐 진단을 받을 것이라고 확신했다.

맥스가 2세 6개월이 되고, STAT 수행에 실패한 후, 나는 매주 3시간씩 4개월 동안 아이를 치료하는 동시에 맥스의 어머니를 대상으로 내가 개발한 방법을 교육하기 시작했다. 중재는 굉장히 성공적이었고, 맥스는 놀라운 변화를 보였다. 맥스는 포인팅과 말을 하기 시작했고, 탠트럼이 줄어들었으며 결과적으로 자폐 진단을 받지 않게 되었다. 5살이 될 즈음에 맥스는 모든 면에서 전형적인 발달 수준에 이르게 되었다. 맥스는 더 이상 어떠한 치료적 지원을 받을 필요가 없는 수준이 되어 유치원에 입학했다. 맥스의 부모는 이제 걱정을 떨쳐 버릴 수 있었고, 마음껏 기뻐할 수 있었다.

"맥스가 두 살이었을 때 메리가 도와주지 않았다면 맥스는 자폐 진단을 받았을 것이고, 우리 가족은 전혀 다른 삶을 살았을 거예요."라고 맥스의 엄마는 말했다.

물론 1장에서 분명히 밝혔듯이, 나는 모두가 맥스와 같은 결과를 보일 것이라고 약속할 수는 없다. 하지만 TAA 접근법을 사용하면 많은 아이들이 극적으로 향상될 수 있다는 것을 확신한다.

자폐범주성장애란 무엇일까?

자폐범주성장애는 정식 진단은 훨씬 나중에 내려지기도 하지만 일반적으로 3세 이전에 증상이 나타나는 발달장애를 말한다. 아동이나 성인을 진단하는 과정에서, 전문가들은 종종 언어 지연이나 반복적인 관심사가 생애 초기에 있었는지를 묻는다.

루카스가 진단을 받았을 때, 정신장애 진단 및 통계 편람(Diagnostic and Statistical Manual of Mental Disorders: DSM.)은 4판이었다. 당시 불특정 전반적 발달장애(PDD-NOS), 아스퍼거 증후군(AS), 자폐성장애는 모두 전반적인 발달장애(PDD)의 하위 범주에 포함되었다. 현재, 정신장애 진단 및 통계 편람 5판에서는 이러한 장애가 있는 모든 사람들에게 자폐범주성장애의 진단이 내려진다. 이전에 아스퍼거 증후군이나 불특정 전반적 발달장애로 진단받은 아이에게 이제 그 용어를 사용하면 안 된다고 할 사람은 없지만 더 이상 별개의 장애로 진단되지는 않는다.

2013년에 발표된 정신장애 진단 및 통계 편람 5판은 자폐를 세 가지 수준으로 분류한다. 수준1에 속한 사람들은 약간의 지원이 필요하고, 수준2는 더 많은 지원이 필요하며, 수준3은 상당히 많은 지원이 필요한 중증자폐를 나타낸다. 이 수준은 꽤 주관적이며, 개인의 수준은 시간이 지남에 따라 확실히 바뀔 수 있다. 당신의 아이가 수준3에서 시작하더라도 적절한 치료를 받으면 수준1로 이동할 수도 있다. 나는 이러한 경우를 매우 많이 보았으며, 특히 어린 나이에 수준1이나 수준3을 받는 경우 더 많은 변화를 보였다. 또한 아이들은 시간이 지남에 따라 더 나빠질 수 있는데, 특히 지연이 늦게 발견되어 치료를 받지 못했다면 더욱 그러하다. 이러한 내용에서 알 수 있듯이 자폐는 분명히 범주성장애이다.

자폐 세계에서는 저기능 대 고기능에 대한 많은 이야기가 있다. 많은 부모들이 두 살짜리 아이가 앞으로 어떻게 되는가 예측할 수 있는지를 묻는데, 그 질문에 대한 나의 대답은 "아니오"이다. 내가 1장에서 말했듯이 가벼운 증상을 보이는 어린아이가 자폐 진단을 면하거나 중재를 통해서 발달을 따라잡을 가능성이 높은 것은 사실이다. 나는 개인적으로, 어릴 때는 할 줄 아는 것이 거의 없어 생활 능력이 낮아 보였지만 성인이 되어서도 계속 잘 살아가고 있는 많은 아이들을 알고 있다. 예를 들어, 내가 치료했던 아이

> 들 중 몇몇은 운전을 배우거나 대학에 갔다.
>
> 우리는 아이의 미래를 예측할 수 없지만 가능한 한 빨리 중재를 시작함으로써 최대한의 잠재력을 발휘할 수 있는 최선의 기회를 제공할 수 있다.

눈여겨봐야 할 징후들

다음에 소개되는 행동이나 증상은 자폐를 알리는 위험 신호(red flags)이다. 다시 한 번 말하지만, 성급히 결론을 내리고 공포에 떨지 않기를 바란다. 하지만 만일 아이가 이 증상들 중 하나라도 해당되는 것이 있다면, 이 장에서 알려 주는 행동을 취할 것을 강력히 권고한다.

아이가 이미 자폐로 진단되었더라도 징후들을 알면 각 증상과 관련하여 아이를 평가하는 데 도움이 될 수 있다. 그 지식은 당신이 목표를 설정하고, 책을 계속 읽으면서 무엇을 가르쳐야 하는지 이해하며, 아이를 도울 최고의 전문가를 선택하는 데 도움이 될 것이다.

• 포인팅(pointing, 가리키기)

나는 간호사였음에도 불구하고, 우리 아들 루카스가 어렸을 때 포인팅의 중요성에 대해 전혀 알지 못했다. 루카스가 진단을 받고 나서야 나는 포인팅을 제대로 하지 않는 것이 자폐의 결정적인 위험 신호라는 것을 알게 되었다. 18개월 된 아이나 2살 된 아이를 평가할 때, 나는 제일 먼저 "아이가 포인팅을 하나요?"라는 질문을 한다. 또한 당신이 하는 포인팅에 아이가 어떻게 반응하는지도 중요하다. 예를 들면, 방 건너편에 있는 동물 인형이나 TV를 가리키며 "저것 봐, 조니!"라고 말했을 때, 아이의 시선이 포인팅하는 방향을 향하는가? 아이가 15개월 또는 18개월이 되었을 때나 늦어도 2세 경에는 일상적으로 집게손가락으로 포인팅을 해야 한다. 이 연령의 아이들은 주스나 장난감처럼 자신이 원하는 것을 가리키고, 높이 떠 가는 비행기와 같은 것을 당신에게 보여 주려고 포인팅을 해야 한다.

　루카스가 15개월쯤 그랬듯이 아이들은 포인팅을 하다가 멈출 수도 있다. 루카스는 포인팅 대신 종종 어른의 손을 잡아 자신이 원하는 물건 위에 올려놓고는 했다. 이러한 행동은 "손 끌기(hand leading)"라고 하는데, 이것은 포인팅이 부족하고 포인팅에 잘 반응하지 않는 것과 더불어 자폐를 알리는 또 다른 위험 신호다.

　그러나 포인팅이 중요한 위험신호이기는 하지만, 일부 자폐 아동은 18개월 이전에 포인팅을 하므로 이것만으로 진단하기에는 충분하지 않다는 것을 기억해야 한다. 나는 3살 때 중증자폐 진단을 받은 아들을 둔 한 언어재활사를 알고 있다. 그녀의 사례에서 보면 자폐의 첫 번째 징후는 아이가 한 살 때 나타났는데, 그녀는 아이가 장난감에 관심이 없다는 것을 알아차렸다. 그리고 곧이어 아이의 언어 지연을 알아챘다. 그녀가 소아청소년과 의사에게 건강검진을 받으며 염려되는 부분에 대해 말했을 때 의사는 그녀에게 "아이가 포인팅을 할 수 있다면, 자폐가 아닙니다."라고 말했다. 단도직입적으로 말하자면 그 의사는 틀렸다. 만약 당신의 아이가 18개월이나 2세가 되어도 포인팅을 하지 않는다면 이 책에서 배우게 될 방법들로 조치하여 아이에게 이 중대한 기술을 가르치는 것이 중요하다.

• 말과 언어 지연

　말을 시작하기 전에도 아기들은 어른들에게 미소 짓고, 옹알이와 쿠잉(cooing. 생후 2-3개월에 나타나는 초기 옹알이로 모음과 비슷한 소리나 목 울림소리들을 말한다.—역주)을 해야 한다. 이것이 사회적 언어의 시작이다. 제한된 옹알이, 미소 짓기, 얼굴에 대한 관심은 영아기 자폐의 조기 위험 신호가 될 수 있다. 또한 아이들은 아주 어린 나이부터 언어를 이해하기 시작해야 한다.

　루카스가 2살이 되었을 때, 가족사진을 촬영하려고 사진사가 집에 온 적이 있다. 사진사가 루카스에게 휴지 조각을 건네주며, "아가야, 이것 좀 버려 줘."라고 말했을 때 루카스는 그가 무슨 말을 하는지 도무지 이해하지 못했다. 사진사는 루카스가 이 정도의 말은 충분히 이해할 나이라고 생각했기에 우리 아들의 반응에 어리둥절해 했다.

그 당시 나는 두 살배기 아이가 그런 것을 알아야 하는지 몰랐기 때문에 무시해 버렸다. 나는 나중에 루카스가 사진사의 지시를 수행하지 못했던 것이 다른 사람이 아이에게 말을 걸었을 때 그 언어를 이해하는 능력인 수용 언어 능력과 관련 있다는 것을 알게 되었다. 수용 언어 지연은 말(speech)과 관련 있는 표현 언어 지연과는 다르다. 당신의 아이에게 표현 언어 지연이 있는지 아니면 언어 사용에 문제가 있는지, 또는 언어 이해에 어려움이 있는지를 확인하는 것이 중요하다. 자폐 아동에 있어 수용 언어와 표현 언어의 발달이 모두 지연되는 것은 매우 흔한 일이다.

어떤 아이들은 말을 하기도 하지만, 일반적이지 않거나 기능적으로 사용하지는 못한다. 당신의 아이는 10까지 수를 셀 수 있고, 글자를 식별할지는 몰라도, 당신이 어떤 물건을 찾아오라고 했을 때는 찾아오지 못할 수도 있다. 아이가 당신을 "엄마"라고 부르지 않거나, 영화의 대사나 당신이 한 말을 자꾸 반복할지도 모른다. 랜든이 3살 때 랜든의 엄마 니콜은 TAA 접근법을 아이에게 적용하기 시작했다. 대부분 영화에서 외운 대사들로 구성된 짧은 구절로만 이야기하다 보니 랜든이 하는 말은 상당히 반복적이었다. 그의 언어와 놀이 능력 모두 나이에 맞지 않았다. 니콜이 내 전략을 사용하기 시작하자마자 그녀는 아들의 언어 결함 및 지연 문제를 해결할 수 있었다.

이 밖에도 고무젖꼭지의 남용과 같이 언어 지연을 일으키는 원인이거나 언어 지연에 일조하는 간단한 문제들이 있다. 두 살배기 에이미는 고무젖꼭지 없이는 못 사는 아이처럼 끊임없이 "젖꼭지를 빠느라 입을 다물고" 있었기 때문에 말을 많이 하지 않았다. 에이미의 엄마가 내가 고안한 고무젖꼭지 떼는 법을 배우고 적용하자 아이의 언어 지연 문제는 자연스레 해결되었다.

어떤 사람들은 언어 지연이 동생을 대신해서 말을 해 주는 큰아이 때문이거나 아이가 울자마자 성급히 원하는 것을 해 주는 어른들 탓이라고 비난한다. 사실, 이런 행동들이 언어 지연의 요인이 될 수도 있다. 당신은 이 책을 읽으면서 아이에게 말과 언어 지연이 있는지 여부를 평가하는 방법과 이에 대해 당신이 할 수 있는 조치를 자세히 알아볼 수 있을 것이다.

• **과도한 탠트럼**

전형적인 아동도 탠트럼을 많이 하지만, 자폐 아동은 더욱더 지나치게 많이 하는 경향이 있다. 탠트럼은 주로 의사소통 기술이 부족하기 때문에 나타난다. 주위 어른들에게 자신이 원하는 것을 제대로 전달하지 못한다면 아이는 당연히 좌절감을 느낄 수밖에 없으며, 아이에게는 탠트럼 밖에 해결 방법이 없을 것이다. **탠트럼**은 사람마다 다를 수 있는 상대적인 용어이지만, 자폐 아동에게는 종종 칭얼거리고, 울고, 비명을 지르고, 바닥에 쓰러지거나, 심지어 공격적으로 행동하는 것을 의미한다. 어떤 아이들은 물건을 던지거나 종이를 찢거나 벽에 낙서하기도 하는데 이런 행동을 ABA 분야에서는 "물건 파괴(property destruction)"라고 한다. 일부는 자신을 때리거나 물어뜯음으로써 자해 행동(SIB)을 할 수도 있다. 만일 당신의 아이가 심하게 공격적이거나, 물건을 파괴하거나, 생명을 위협하거나, 위험한 자해 행동과 같은 심각한 문제 행동을 보인다면, 즉시 의료적 처치를 해야 한다. 지금 당장 아이가 심각한 문제 행동을 보이지 않더라도, 아이가 더 자라기 전에 당신이 이러한 문제에 대한 예방으로 언어 및 사회적 기술을 가르치는 방법을 배우는 것이 매우 중요하다.

• **호명 반응이 없는 것**

호명 반응이 없는 것은 자폐를 알리는 또 하나의 흔한 위험 신호이다. 보통, 자신의 이름에 반응하지 않는 일부 아이들은 다른 소리에 반응하기 전까지는 청각장애가 있는 것으로 여겨진다. 모든 말과 언어 지연에서 청각장애의 유무를 확인하고 배제하는 것은 중요하지만 자폐의 징후를 보이는 대부분의 어린아이는 자신만의 세계에 있는 경향이 있고 종종 "선택적 청력(selective hearing)"을 보인다는 것도 유념해야 한다. 나는 루카스가 두 살 때 청력을 잃은 것이 아닌가 걱정하고 있었는데, 청력 테스트를 며칠 앞두고 루카스가 자신이 좋아하는 프로그램 주제가가 작게 흘러나오자 TV를 보려고 방으로 뛰어 들어가는 것을 목격한 적이 있다. 이 책을 계속 읽다 보면, 아이가 (이미 자폐 진단을 받았다 할지라도) 자신의 이름에 반응할 수 있게 하는 쉽고 재미있는 방법을 배우게 될 것이다.

• **놀이 행동**

놀이 행동 역시 자폐의 가능성을 알리는 신호로 볼 수 있다. 아이가 다양한 장난감을 적절히 가지고 노는가? 아니면 항상 가지고 다녀야 할 정도로 하나의 물건 또는 일련의 물건에 매우 집착하는가? 블록 쌓기나 자동차 줄 세우기 등 동일한 장난감을 가지고 몇 분 또는 몇 시간씩 계속해서 가지고 노는가?

STAT의 하위 검사 중에는 뚜껑이 단단히 닫힌 비눗방울 통을 아이에게 건네주는 것이 있다. 전형적인 아동은 뚜껑을 여는 데 도움이 필요하다는 것을 전달하고자 옹알이를 하고 눈을 맞추려 하며 비눗방울 통을 당신에게 건네줄 것이다. 자폐 아동은 통을 다시 당신에게 돌려준다 해도 눈을 마주치거나 옹알이를 하지 않으며 얼굴은 전혀 보지 않고 당신의 손을 응시할 것이다.

3-4세가 되면 대부분의 아이들은 하루 종일 장난감을 가지고 같이 놀거나 게임을 하며, 가상놀이를 한다. 놀이하는 동안 아이들은 다른 또래들과 말을 주고받으며 의견을 나눈다. 자폐 아동의 경우 가상놀이와 노래에 대한 관심이 매우 지연된다. 아이들은 다른 또래와 함께 어울리지 못하고 옆에서 혼자 따로 노는 병행놀이(parallel play) 수준에 머무르는 경향을 보이며, 물건을 공유하는 것을 어려워하기도 한다.

• **상동행동**

자폐 아동은 자신의 얼굴 앞에서 손을 흔들거나, 물건을 줄 세우거나, 몸을 빙글빙글 돌리거나 회전하지 않는 장난감을 억지로 돌린다. 나는 하루 종일 작은 인형 뭉치를 가지고 다니며 쌓아 두는 한 아이와 하루 종일 몸을 흔들며 표면이 단단하건 부드럽건 간에 상관없이 머리를 박는 또 다른 아이를 치료한 적이 있다. 하지만 루카스처럼 상동행동이 그렇게 분명하게 나타나지 않는 경우도 있다. 루카스는 동일한 드라마를 반복해서 보는 것을 좋아하기는 했지만 어릴 때 걱정할 만한 상동행동은 없었다.

1장에서 나는 말을 하기 전에 글자를 인식하고 읽는 능력인 **과독증**에 대해 언급했다.

과독증을 보이는 아이들은 글자와 숫자에 대해 과도한 관심을 보이고, 글자 블록으로 낱말을 만들기 위해 강박적으로 블록을 재배열하거나 알파벳 노래를 부르는 모습을 보인다.

언어 능력이 더 좋은 아이들은 기차나 지도에 꽂히거나, 동일한 유튜브 영상을 반복적으로 시청하거나, 앞서 소개된 랜든처럼 영화의 대사를 반복하는 "스크립팅(Scripting.지연반향어. 의미 이해 없이 영화의 단어, 구, 문장들을 반복적으로 말하는 것.—역주)"을 하기도 한다.

- **동일성**

같은 그릇에 음식을 먹거나, 매일 같은 셔츠를 입거나, 항상 같은 길로 놀이터에 가고 싶어 하는 것과 같이 동일성을 고집하는 것 또한 하나의 지표가 될 수 있다. 자폐 아동은 변화를 좋아하지 않고, 변화가 생기면 스트레스를 받아 탠트럼이 발생하기도 한다.

- **감각 문제**

감각장애 아동과 자폐 아동은 종종 감각적 자극에 대해 유달리 과민반응하거나 과소반응을 한다. 예를 들어, 어떤 아이들은 밝은 빛을 아주 싫어하며 시각적 자극에 과민하게 반응한다. 아이들은 또한 주변에 사람이 너무 많거나 시끄러운 환경에 노출되었을 때 주어지는 감각에 과민반응하여 귀를 막거나 탠트럼을 보일 수도 있다. 우리 아들 루카스는 소음에 고통을 느끼기 때문에 루카스에게는 지나치게 큰 소리를 막기 위해 헤드폰을 자주 쓴다.

그러나 어떤 아이들은 말소리와 소음에 둔감할 수도 있다. 예를 들면 앞에서 설명했듯이 자신의 이름에 반응하지 않을 수 있다.

어떤 아이들은 피부에 닿는 것을 참지 못한다. 우리 대부분은 알아차리지 못하는 옷에 붙어 있는 상표에 과민반응을 보일 수도 있다. 또 다른 아이들은 촉각이 둔감하여 무거운 압박이 필요하기도 하다. 그들은 종종 점프하거나 벽에 부딪히거나 소파 쿠션 안에 몸을 쑤셔 넣으며 자극을 찾는다.

아이들의 음식에 대한 반응에서도 문제점이 나타날 수 있다. 아이들은 음식의 모양, 색깔, 맛, 질감 또는 온도에 반응하기도 한다. 예를 들어, 다른 브랜드의 마카로니와 치즈의 모양에 너무 예민하게 반응하는 문제를 보일 수 있다.

• 운동 지연 및 까치발 걷기

연구에 따르면 자폐 아동은 전형적인 아동에 비해 평균적으로 늦게 걸으며, 일부는 어릴 때 발끝으로 걷는 것으로 나타났다. 발달 지연 및 장애 아동은 옷 단추 끼우기, 수저 사용하기와 같은 자조 기술(self-care skill. 독립적인 일상생활을 하는 데 필요한 기술로 식사하기, 옷 입고 벗기, 대소변 가리기, 양치하기, 목욕하기, 몸단장하기 등의 기술을 말한다.—역주)에 영향을 미칠 수 있는 소근육 운동 발달 지연과 움직임을 계획하는 운동 계획(motor planning)에 문제를 보인다. 내가 담당했던 코디(5장에서 더 많이 소개할 예정이다.)는 운동 발달 문제로 한 살 이전에 물리 치료와 작업 치료를 받기 시작했고, 18개월에 자폐 진단을 받았다.

• 모방

마지막으로, 단순한 행동 모방은 보통 약 8개월 정도에 시작되며, 2세가 되면 대부분의 아이들이 모든 행동을 모방한다. 언어와 놀이는 일반적으로 이렇게 발전한다. 내가 중재한 대부분의 자폐 아동들은 모방 기술이 크게 지연되어 있었다.

이상의 설명에서 아이가 해당하는 것이 있다면 당신은 무엇을 해야 할까? 가장 중요한 것은 내가 했던 것처럼 현실을 외면하지 말아야 한다는 것이다.—아무리 아이가 한두 가지에만 지연을 보이고 대부분 정상 궤도에 오른 것처럼 보일지라도 말이다. 나처럼 가족이나 전문가들로부터 잘못된 안도감을 얻고 있다 하더라도 이 책에 나오는 중재는 아이의 성장에 도움이 될 것이다. 내가 그랬던 것처럼 당신이 몇 달 또는 몇 년 동안 현실을 부정했더라도 스스로 너무 자책하지 말기를 바란다. 당신은 지금 이 책을 읽고 있고, 나는 오늘부터 자폐(또는 자폐의 징후)를 완화하는 방법을 안내할 것이다.

아이가 이미 진단을 받았거나 아이에게 어떤 일이 일어나고 있는지 알기 위한 평가를 시작했는지 여부와 관계없이 당신이 할 수 있는 3단계 조치가 있다.

지금 할 수 있는 조치 3단계

당신이 아이의 평가를 기다리며 걱정을 하고 있거나 아이가 이미 진단을 받고 지금 여러 치료를 받고 있다 하더라도 상황을 개선하기 위해 다음의 조치를 할 수 있다.

1단계: 이 책을 끝까지 읽고 TAA 접근법을 배워라

TAA 접근법을 통해 당신은 가정에서 아이를 가르치고 이끌어 주는 것을 시작할 수 있을 뿐만 아니라 당신이 선택할 수 있는 전문가와 치료를 더 잘 평가할 수 있는 확고한 토대를 마련할 수 있다. 다음 장에서부터는 안전 및 조기 진단평가(early assessments), 특정 행동을 위한 전략 및 옹호에 대해 설명할 것인데, 당신은 이 장들을 읽으면서 어떤 전문가가 당신의 아이에게 더 도움이 될 것인지 훨씬 더 잘 알게 될 것이다.

행동분석전문가로서 처음 일하기 시작했을 무렵, 나는 모든 사람들에게 발달 지연의 첫 징후를 알았을 때 즉시 소아청소년과의사를 만나고 모든 아이들을 가능한 한 빨리 조기 개입 전문가와 ABA 전문가에게 데려갈 것을 권장했다. 나는 ABA를 비롯한 조기 개입 서비스라면 어떤 것이든지 받는 것이 받지 않는 것보다 낫다고 믿었다. 하지만 수년간의 경험으로 나는 그것이 사실이 아니라는 것을 잘 알게 되었다. 나는 어떤 종류의 치료, 처치 또는 전문가는 아이에게 좋을 수도, 그저 그럴 수도 있으며 심지어 나쁠 수도 있다는 것을 너무 잘 알게 되었다.

아이가 포인팅을 할 수 있다는 이유에서 자폐의 가능성을 실수로 간과한 소아청소년과의사의 예에서 알 수 있듯이 상당수의 전문가들은 자폐에 대해 충분히 알지 못한다. 나쁜 의도로 한 것은 아닐지라도 의사, 국제행동분석전문가, 작업치료사, 언어재활사, 가족, 친구 등은 모순된-종종 잘못된-조언을 줄 수도(이미 줬을 수도) 있다. 나는 많은 전문가들이 부모들에게 다음과 같은 말하는 것을 들었다.

> 기다려 보세요.
> 아이가 진정할 수 있게 고무젖꼭지를 물리세요.
> 그냥 울게 내버려 둬요.
> 아이가 당신을 때린다면 아이를 타임 아웃(time out. 문제 행동 발생 시, 아이의 행동을 멈추게 한 후 생각하는 의자에 앉히거나 다른 장소로 격리하는 것.—역주) 시키세요.
> 사회성을 기르기 위해 어린이집이나 유치원을 보내세요.
> 걱정 마세요. 시간이 지나면 자연스럽게 따라잡을 거예요.
> 모든 것을 전문가에게 맡기세요.

안타깝게도 이 모든 말들은 당신을 나와 우리 아들과 같은 처지에 놓이게 할 수 있다. 첫 번째 지연 징후가 있을 때 중요한 조치를 하지 않는 것, 또는 더 나쁜 상황-효과가 없거나 오히려 해가 되는 치료를 받는 것-에 처하게 할 수도 있다.

온라인 커뮤니티의 한 엄마는 두 살짜리 아이를 데리고 차로 한 시간 이상을 달려 가며 언어치료를 받으러 다녔다고 한다. 그들의 "방침"에 따르면, 그녀는 대기실에서 기다려야 했고, 아들과 함께 치료실에 입실하여 치료사가 하는 것을 보고 배울 수 없었다. 그녀는 아이가 적절한 보살핌을 받는지, 긍정적인 방식으로 배우는지를 확신할 수 없었다. 아이가 아직 말을 하지 못하기 때문에 그녀의 걱정은 더욱 컸다. 아이는 치료실에 들어가기 전부터 울기 시작하여 치료 세션 내내 울부짖는 일이 많았다. 그녀가 치료사에게 걱정스러운 마음에 말을 꺼내자 치료사는 아이가 치료를 받는 동안 "쇼핑이나 다녀오세요. 아이는 이러다가 울음을 멈출 거예요."라고 말했다. 얼마 후, TAA 접근법을 사용하여 아이에게 어떻게 해야 하는지를 배운 그녀는 치료실을 다니느라 길거리에서 시간을 낭비하는 일을 멈추게 되었다. 또한 아이는 배우는 동안 더 이상 울지 않았다. **어떤 아이도 치료 중에 울거나 비명을 질러서는 안 되며, 부모는 아이의 교육에 적극적으로 참여해야 한다. 아이가 그 시간을 싫어한다면 교수법에 무언가 문제가 있는 것이다.**

내가 아는 또 다른 부모는 값비싼 상담료를 내는데도 아이는 치료 세션 내내 울기만 하는 치료를 1년이나 받았다고 한다. 12개월 동안 유일한 진전이라고는 아이가 박수 치기를 배운 것뿐이었다. 그러나 "박수"라는 단어뿐만 아니라 아이는 누가 자신에게 무슨 말을 하든지 박수를 쳤다. 따라서 이른바 진전은 실제로는 진전이 아니었다. 반면 아이는 1년 내내 배운다는 것은 정말 끔찍하다는 것을 알게 되었다.

안타깝게도 TAA 접근법을 아는 부모와 전문가는 극소수에 불과하다. 이 접근법은 당신이 사는 지역에서 가능한 치료가 무엇이든지 간에 적용할 수 있고, 적용해야만 한다. 특히, 아이가 자폐 진단을 받았거나 받으려고 한다면 더욱더 그러하다. 일단 나의 TAA 접근법을 배우면 당신은 "배의 선장"이 될 것이며, 다음 달이나 내년 그리고 그 이후에 아이에게 필요한 치료가 무엇인지, 아이에게 맞는 전문가가 누구인지를 알게 될 것이다.

책 전반에 걸쳐, 당신은 치료의 측면에서 아이에게 필요한 것과 아이를 위한 최선의 팀을 선택하는 방법에 대해 많은 것을 배울 것이다. 당신은 또한 아이를 가장 잘 옹호하는 방법을 배울 것이다. 그러나 좀 더 깊이 있는 논의를 하기 전에, 몇 가지 옹호 팁을 알려 주고자 한다.

- 당신은 아마도 "네가 건너온 다리를 불태우지 마라."(Don't burn your bridges. 이전의 상황으로 돌아가는 것을 불가능하게 만드는 말과 행동을 하지 말라는 의미로, 특히 인간관계에서 관계를 망치거나, 손상시키지 않도록 조언할 때 쓰인다.—역주)라는 말을 들어 봤을 것이다. 나는 당신이 자폐 중재와 옹호의 세계로 들어가면서 이 말을 가슴 깊이 새겨 두기를 바란다. "우리 대 그들" 식의 사고방식을 피하라. 당신은 적극적이고 똑똑해야 하지만 공격적이어서는 안 된다.

- 당신의 아이에 대한 계획과 목표는 아이의 능력을 기반으로 해야 한다. 나는 치료사들이 아이의 능력을 훨씬 뛰어넘는 어려운 과제를 수행하도록 시도하는 것을 보았다. 아이가 기본적인 욕구를 분명히 표현하지 못하는데 전치사나 대명사 또는 색깔을 배우는 데 시간을 할애할 필요는 없다.

- 당신은 아이를 가르치는 방법을 배워야 한다. 그래야만 다른 사람의 의견에 전적으로 의존하는 것을 중단할 힘을 갖게 될 것이다.

- 당신의 아이에게 집중해야 한다. 너무 많은 의견들로 혼란스러워지면 뒤로 물러서서 아이를 관찰해 보라. 그런 다음 아이에게 가장 적합한 것을 선택하라.

2단계: 전형적인 발달단계에 대해 배우고 아이의 발달과 비교하라

질병통제예방센터 웹사이트에는 언어, 자조 기술, 자기 조절(자기 스스로 진정할 수 있는 능력) 및 기타 영역의 발달단계에 대한 색인이 포함되어 있다. 물론, 세상에 똑같은 아이는 없으므로 색인은 당신이 기대해야 하는 발달단계의 연령대를 제공할 뿐이다.

아이가 8개월, 18개월, 3세 또는 그 이상의 연령에서, 신체적, 인지적, 언어적 측면에서 현재 무엇을 할 수 있어야 하는지 파악할 수 있다. 예를 들어, 아이는 질병통제예방센터에서 제공하는 연령 기준에 맞게 스스로 먹고, 뚜껑이 없는 컵으로 음료를 마시고, 자기 조절을 할 수 있는가? 또는 주변에서 일어나는 일을 이해하지 못하여 자주 탠트럼을 보이고 문제 행동을 하는가?

아이가 2세가 되었을 때 일반적인 18개월 아이가 도달하는 모든 발달단계의 기술을 습득했지만 아직 제 연령대에는 미치지 못했다면 그 아이는 약간 늦된 것일 수 있다. 하지만 아이가 2세가 되었는데도 일반적인 12개월 또는 15개월 아기의 기술을 갖추지 못했다면 심한 지연일 수 있다.

아이가 이미 어린이집이나 유치원에 다니고 있다면 교사에게 아이가 또래보다 뒤처지는지 확인해 보라. 교사는 아이가 대집단에서 어떻게 반응하고 있는지, 주요 발달단계에서 뒤처진 것이 있는지 여부를 알려 줄 수 있다.

만일 당신의 아이가 어느 한 부분에서라도 발달 지연을 보인다면 이 책에 소개된 전략을 계속 사용하고 권장하는 조치를 해야 한다.

3단계: 당신만의 진단평가를 시작하라

우리 온라인 커뮤니티의 한 엄마는 아들의 능력이 퇴행하는 것을 알아차리자마자, 즉시 전문적인 조기 진단평가(early assessment)를 받았고, 세 가지 평가(evaluation)를 더 받으려고 대기를 걸어 놓았다. 그렇다. 비상사태라고 말한 것은 맞지만, 패닉에 빠져 모든 것을 한꺼번에 하려고 시도하지는 말자. 첫 번째 단계는 이 책을 다 읽는 것이다. 아이가 조금 늦된 정도라면 여기서 알게 될 전략만으로도 충분할 것이다. 만일 당신이 아이에게 진정으로 필요한 것이 무엇인지 파악하기 전에 서둘러 전문가들을 만난다면 그리고 그들의 진단평가 방법이 "구식"이라면, 내가 앞서 언급한 몇 가지 좋지 않은 조언을 받을 수도 있다.

4장과 그 이후 내용에서는 아이가 조기 진단평가를 받아야 할 필요가 있을 때 어떻게 대처해야 할지와 적절한 전문가를 확보하는 방법에 대해 자세히 설명할 것이다. 그러나 지금 당장, 나는 당신이 유아기 자폐증 체크리스트(Modified Checklist for Autism in Toddlers: M-CHAT.)를 작성해 보기를 권장한다. 이 선별도구는 18개월 또는 24개월에 이루어지는 "영유아 건강검진"을 할 때 소아청소년과의사가 흔히 사용하는 것으로 m-chat.org에서 무료로 엠챗(M-CHAT)을 다운로드하여 쓸 수 있다. 검사의 대상은 16개월에서 30개월 사이의 유아이며 단 몇 분 만에 검사를 마칠 수 있다.

엠챗은 다음과 같은 23가지 질문으로 구성된다. 아이는 당신에게 무언가를 보여 주기 위해 집게손가락을 사용하여 가리키는가? 당신의 아이는 "—하는 척"을 하거나 역할놀이를 하는가? 아이는 당신과 눈을 마주치는가? 아이는 당신의 무릎 위에 앉아 몸을 튕기며 노래를 부르는 것을 즐기는가? 당신의 아이는 또래보다 늦게 걷기 시작했는가? 이렇듯 엠챗은 예 아니오로 간단하게 대답할 수 있는 여러 질문들로 구성되어 있으며 최선의 조치가 무엇인지를 결정하는 데 도움을 주는 훌륭한 출발점이 될 것이다.

부모로서의 힘 되찾기

아이를 관찰하거나 치료와 관련하여 앞으로 해야 할 일을 평가하기 시작할 때, 내 목표는 당신에게 아이가 발전하도록 도울 수 있는 능력을 갖추게 하는 것이다. 조기 진단 평가와 관련한 정보를 안내하기 전에, 나는 보다 긴급한 주제, 즉 아이를 안전하게 지키는 방법에 대해 논의하고자 한다.

3

가정, 학교, 사회에서 우리 아이 안전하게 지키기

치노가 세 살이 채 안 되었을 때의 일이었다. 치노에게 옷을 입히려고 방으로 들어가 서랍을 열었던 엄마는 치노의 옷이 없어졌다는 것을 발견했다.

"치노 옷 어디 있어?"라고 엄마가 묻자 아빠가 대답했다.
"모르겠는데. 난 손도 안 댔어."

치노의 부모는 얼마 지나지 않아 치노가 2층에 있는 자신의 방 창문을 열고 옷을 전부 지붕 위로 던져 버렸다는 것을 알게 되었다. 그러고 나서 치노는 혼자 창문까지 닫아 버렸다.

중증자폐 진단을 받은 5살 샘은, 부모님과 함께 휴가를 보내러 뉴욕에 갔다. 샘의 가족이 자유의 여신상을 관람하는 여객선을 타러 줄을 서서 기다리고 있을 때였다. 아버지의 바지 벨트 때문에 금속 탐지기가 울리기 시작했다. 샘의 아버지가 검역대에서 바지 벨트를 빼느라 정신이 팔린 동안 샘이 쏜살같이 시야에서 사라져 버렸다. 샘이 사라지고 채 몇 초도 되지 않아 샘의 부모는 아이가 사라졌다는 것을 깨닫고 공황상태가 되었다. 뉴욕은 그들에게는 낯선 지역이었다. 샘은 어느 거리를 헤매고 있는 걸까? 부모 없이 여객선을 혼자 타 버린 걸까? 다행히 샘의 부모는 10분도 지나기 전에 샘을 찾아냈다. 하지만 이 10분은 그들의 삶에서 가장 긴 시간이었으며 자칫하면 전혀 다른 결과를 초래할 수도 있는 사건이었다.

우리 아들 루카스가 어린 시절 가족들이 모여 바비큐 파티를 할 때면, 나는 가끔 친척들에게 화장실에 다녀오는 동안 아이를 봐 달라고 부탁했다. 친척들은 물론 "그럼. 다녀와."라고 대답했다. 하지만 내가 볼일을 보고 오면 아이는 혼자 돌아다니고 있었고 친척들은 아이가 없어진 것도 모르고 있었다.

이는 친척들이 루카스를 전형적인 아이의 기준에서 돌보았기 때문이다. 그러나 자폐나 발달장애가 있는 아이들에게는 훨씬 더 많은 관심이 필요하다. 대부분의 서너 살짜리 아이들은 부모와 함께 횡단보도에 서서 기다릴 수 있지만, 심한 언어 지연을 가진 아이들은 거리에서 커브를 틀어야 한다거나 멈추라는 뜻의 표지판을 이해하지 못한다. 대부분의 발달 지연을 겪는 아이들은 위험을 감지하거나 지금 상황이 안전한지 판단할 능력이 부족하다. 그리고 이런 상황은 중증자폐가 있는 일부 성인에게도 그대로 적용된다.

당신을 겁주려고 이런 이야기를 하는 것이 아니다. 하지만 내가 거주하는 지역사회의 자폐나 발달장애 아동을 키우는 부모들을 대상으로 시행한 설문조사에서 부모들은 제일 걱정하는 것으로 아이들의 안전을 꼽았다. 그래서 이 장을 책에서 가장 먼저 다루고자 한다. 나는 당신 심중에 아이를 안전하게 지키고자 하는 마음이 제일 크다는 것을 잘 알고 있다.

부모로서 무엇보다도 먼저 해야 할 일은, 아이가 같은 연령대의 전형적인 아이들이 이해하는 것을 알 거라고 가정하지 말고 현실적으로 어떤 상태인지를 잘 파악하는 것이다. 예를 들어서, 아이들이 비록 말을 할 수 있다 하더라도 당신의 말을 그대로 따라 하는 것뿐이거나 무엇을 말하고 있는지 의미를 완전히 이해하지 못하고 있을 수도 있다. 아이들이 안전하려면 아이들은 말하는 능력뿐 아니라 좋은 언어 이해력도 갖추고 있어야 한다. 또한 아이들 중 주의력에 문제가 있고 충동적인 경우는 비일비재하다. 이 아이들은 발달 지연 때문에 항상 생각을 먼저 하고 행동에 옮기는 능력이 부족하다.

예를 들어, 루카스는 어렸을 때 위험을 감지하는 능력이 없는 것처럼 보였다. 루카스는 두세 살 때, 집이나 쇼핑몰에서 멋대로 나가 돌아다니고는 했다. 남편이 루카스와 스펜서를 쌍둥이 유모차에 태우고 쇼핑몰에 간 적이 있었다. 루카스가 갑자기 유모차에서 뛰어내리더니 가게 밖으로 달려 나가는 바람에 남편은 20분 동안 아이를 찾아 헤매야만 했다.

언어 능력이 뛰어나고 충동적이지 않은 아이들이라 할지라도 위험을 잘 알아차리지 못하여 안전에 문제가 생기기도 한다. 루카스가 나이가 들면, 아이에게 911에 전화하는 법을 가르칠 수는 있겠지만, 언제 911에 전화해야 하는지 판단하는 능력까지 가르칠 수는 없다.

발달 지연이나 자폐가 있는 아이를 키우면서 직접적인 위험이 많다는 생각이 들 수도 있지만, 가정, 학교 보육 시설, 지역사회에는 아이들을 안전하게 지키기 위한 많은 전략이 있다는 좋은 소식도 있다. 우선 가정에서부터 시작해 보자.

가정에서의 안전

"울타리가 있어야 할 거 같네요." 내가 두 살인 루카스(아직 진단을 받기 전인)와 한 살 스펜서(기어 다니더니 두 달 만에 달리기를 시작한)가 마당 밖으로 뛰어나가는 것을 막으려 애쓰는 것을 보고 이웃이 내게 말을 걸었다.

"아니에요. 남편이 울타리를 원하지 않아요."

나는 말로는 이렇게 대답했지만 늘 반대편으로 달려 나가는 아이들을 막느라 실상은 녹초가 되어 있었다.

"당신에겐 울타리가 필요해요." 내 이웃은 다시금 단호하게 말했다.

그녀가 옳았다. 나는 서서히 미쳐 가고 있었다. 나는 결국 울타리를 설치함으로써, 상황을 호전시킬 수 있었다. 울타리는 우리를 더욱 안전하게 지켜 주기 위해 추가해야 할 많은 물건들 중 하나일 뿐이었다.

아이가 커 감에 따라 위험을 감지하는 판단 능력보다 신체 능력이 더 높아질 수 있음을 알아야 한다. 예를 들어 아이의 키가 성장하면 문손잡이와 캐비닛에 손이 닿게 된다. 또한 아이의 소근육 운동 능력이 좋아지면 병이나 항아리를 열 수도 있을 것이다. 아이가 의자를 끌고 가서 높은 곳에 올려놓은 캐비닛을 열 수도 있다.

아래는 내가 부모들이 집에 설치하기를 추천하는 몇 가지 안전장치들이다.

• 열쇠와 경보기를 설치하라

한 연구에 따르면 자폐가 있는 아이들의 거의 절반 정도가 별로 안전하지 않은 상황에서 돌아다닌다고 한다.[10] 이를 막기 위해서는 물리적 장벽을 두는 것도 좋은 방법이 될 수 있다. 아이가 집 밖으로 나오지 못하게 하려면 안쪽에서는 열지 못하는 자물쇠나 문이 열릴 때마다 경보가 울리는 알람 또는 종을 설치하라.

• 집 안에 있는 문마다 문손잡이 안전 덮개와 안전 고리 장치를 설치하라

아이가 마음대로 조작할 수 없는 문손잡이 안전 덮개를 설치해라. 이런 장치들은 아이들이 마음대로 접근하면 위험한 화장실과 주방의 출입을 막는 데 가정 내에서 도움이 될 것이다. 자폐가 있는 아이 중 일부는 샴푸나 작은 물건(이식증이 있는 경우) 등을 먹기도 한다. 내가 상담했던 아이 중 하나는 형의 침실에 들어가 먹을 수 없는 물건들을 먹는 습관이 있었다. 아이의 부모는 아이가 누가 지켜보지 않을 때 혼자 방에 들어갈 수 없도록 손이 닿지 않는 문의 윗부분에 걸고리와 자물쇠를 설치했다.

• 캐비닛과 서랍에 잠금장치를 설치하라

아이가 손댈 수 있는 위험한 물건이 담긴(아이가 의자를 놓고 올라갈 가능성도 생각하라.)

캐비닛과 서랍에 모두 잠금장치를 해라. 아이는 자신의 머리 위에 있는 무거운 물건을 꺼낼 수도 있고, 날카로운 도구나 독성이 있는 청소도구를 만질 수도 있다. 아이는 이 물건들 중 그 어느 것에도 가까이 가서는 안 된다. 그리고 가급적 독성이 없는 청소 용품을 살 것을 추천한다. 이런 제품이 다른 가족들에게도 덜 위험하고 환경에도 좋다.

• 전기 콘센트에는 덮개를 씌워라

"콘센트를 만지면 안 돼."라고 말하며 일일이 쫓아다니는 것보다 콘센트 근처에 가지 못하게 하는 편이 훨씬 바람직하다. 이런 종류의 부정적 반응은 아이가 정적 강화{강화(reinforcement)는 행동 직후에 보상을 주어 계속적으로 그 행동이 더욱 많이 일어나게 하는 것을 말하며 정적 강화(positive reinforcement)란 반응에 "즉각적으로" 긍정적 자극이 뒤따라 주어지면, 이후에 아이의 긍정적 반응의 횟수가 늘어나는 경향을 뜻한다.—역주}에 반응하게 만드는 것을 더욱 어렵게 한다. 아이가 콘센트를 만지지 못하게 만들면 부모가 아이에게 긍정적인 태도를 유지할 수 있다.

• 이웃과 지역 경찰에게 아이가 자폐나 발달장애임을 알려라

당신의 이웃들과 경찰들이 당신의 아이가 집을 나갈 수도 있다는 것을 알고 있다면, 그들은 아이를 눈여겨볼 것이며 필요할 때 도와줄 것이다.

• 의료용 경보 팔찌나 GPS 추적기를 착용하라

의료용 경보 팔찌는 아이가 길을 잃었을 때 신원 확인에 도움이 될 수 있으며, 손목이나 발목에 착용하는 GPS 추적기는 아이가 있는 위치를 추적할 수 있으므로 아이가 길을 잃었을 때 쉽게 찾아낼 수 있다. 하지만 이런 안전장치는 아이에게 무슨 일이 일어나기 전에 누군가가 찾아내야만 의미가 있다. 애초에 아이가 밖으로 나가지 못하도록 하는 것이 훨씬 중요하다.

- **창문을 잠가라**

이 장의 앞부분에서 한 치노 이야기에서 분명히 알 수 있듯이, 창문도 더 안전하게 만들어야 한다. 세 살도 안 된 아이들이 창문을 열어서 당신을 놀라게 할 수 있다. 나는 아이들이 창문을 넘어 지붕에 올라갔다는 이야기를 들은 적이 있다. 아이가 잠긴 창문을 조작해서 열 수 없다는 것을 확인하는 것은 물론 불이 났을 때 집 전체의 창문을 열 수 있는지도 확인해야 한다.

- **화재에 대한 안전 계획을 세워라**

온 가족이 함께 화재 안전 계획을 세우는 것이 중요하며 어른과 지연이 없는 손위 아이들이 무슨 일이 생겼을 때 지체 없이 창문을 열 수 있는지도 확인해야 한다. 침대 밑에 연기와 일산화탄소 감지기, 소화기와 안전 사다리를 보관해 두는 것은 모든 가정에서 중요한 일이겠지만 특히 자폐 아이가 집에 있다면 더욱 중요하다.

- **계단에 차단문을 설치하라**

당신이 잠들었거나 주변에 없을 때 아이가 계단을 오르내리거나 내려갈 가능성이 있다면 계단의 시작 부분에 차단문을 설치하는 것이 좋다.

- **가구를 벽에 고정하라**

모든 아이들이 무거운 가구 위에 올라가는 위험한 행동을 하지만 전형적인 아이들은 어느 정도 나이가 들면 그러면 안 된다는 것을 이해한다. 그러나 자폐나 발달 지연이 있는 아이들은 그런 위험을 이해하지 못할 수도 있다. 그래서 나는 넘어질 수 있는 가구라면 벽에 볼트로 고정할 것을 추천한다. 이런 가구 사고를 예방하기 위해 가구를 고정하는 전도 방지 케이블을 구매하도록 한다.

- **조심해서 요리해라**

나는 요리를 할 때마다 루카스가 부엌에 있으면, 불을 쓸 때 인덕션을 사용했다. 당신도 직화장치를 인덕션 같은 전기 레인지로 바꾸거나 기존 화구에는 덮개를 씌우는 게 좋으며 그릴이나 벽난로와 같은 모든 열원에 아이가 가까이 가지 않도록 지켜야 한다.

- **온수 조절 장치를 설치하라**

아이가 혼자서 뜨거운 물을 틀어서도 안 되겠지만, 온수기의 최고 온도를 낮추거나 물의 온도가 변하는 것을 방지하는 온수 조절 장치를 설치하여 물이 위험한 온도가 되는 것을 예방한다면 더욱 마음이 평화로워질 것이다. 루카스가 혼자 샤워할 수 있는 나이가 되었을 때 우리는 물이 너무 뜨거워지지 않도록 욕실에 온수 조절 장치를 설치했다.

여기서 제안한 것 외에도, 집 안을 돌아다니면서 위험할 수 있는 것들을 모두 찾아보아라. 만약 아이가 전구를 만져 화상을 입을 가능성이 있다면 이러한 전구조차도 위험할 수 있다. 나는 부모로서 최악의 상황을 생각하고 싶지 않지만, 후회하는 것보다는 안전한 것이 더 낫다고 생각한다.

학교와 어린이집에서의 안전

켈시의 큰아들인 브렌틀리는 두 살 때 자폐 진단을 받았다. 켈시는 나의 TAA 온라인 프로그램(https://turnautismaround.com에서 제공하는 TAA 접근법을 기반으로 한 자폐 중재 프로그램.—역주)을 알기 전에는 브렌틀리와 일주일에 세 번 한 시간씩 운전해서 ABA 치료실에 가야 했다. 아이는 가끔씩 치료실에서 뛰쳐나와 거리로 달려나가고는 했다. 싱글맘인 켈시는, 브렌틀리의 안전뿐 아니라 자폐 증세를 보이기 시작한 한 살짜리 둘째 아들 링컨도 데리고 다녀야 했기 때문에 늘 정신이 없었다.

브렌틀리 같은 자폐 아동들이 거리에 뛰어드는 이야기나 학교에서 나와 방황하다 결국 실종되는 나이 든 자폐 아동들의 이야기를 신문이나 뉴스에서 읽어 본 적 있을 것이다. 이런 이야기들은 모든 부모에게 최악의 악몽이다. 불행하게도, 일부 학교와 어린이집에는 밖으로 나가 버리는 아이들을 위한 시설이 설치되어 있지 않다. 아이에게 갑자기 뛰쳐나갈 위험이 있다면 학교, 어린이집, 그 외 아이가 이용하는 시설에는 부모가 보고 있지 않을 동안 아이를 지켜봐 줄 성인 직원이 일대일로 배치되어야 한다. 언어 기술을 가르치는 것 외에도 훈련받은 일대일 보조직원이 아이가 안전하게 프로그램에 참여하여 다른 아이들과 어울릴 수 있도록 촉구(prompt. 아이가 바른 반응을 할 수 있게 힌트나 신호를 주는 것을 말한다.—역주), 강화, 안내를 제공해야 한다.

학교 또는 시설의 위험에 대해 평가해 본다면 아이를 보낼 시설을 고르는 데 도움이 된다. 아이가 하루 종일 머무르는 공간을 검토할 때 문의해야 할 몇 가지 질문이 있다.

- 볼트와 자물쇠는 집에서처럼 학교와 다른 시설에서도 중요하다. 그러나 가정과는 달리 학교들의 규정상 종종 문에 자물쇠를 채우는 것이 금지되기도 한다. 만약 우리가 문이나 교실 문의 잠금장치를 사용할 수 없을 경우 당신의 아이를 지키기 위해 직원을 문 앞에 배치할 수 있는가?

- 창문이 열린 채로 있는가? 아니면 직원 모르게 쉽게 열 수 있는가?

- 아이가 어른보다 먼저 손에 넣을 때 위험할 수 있는 물건들이 교실 안에 있는가?

- 화장실은 안전한가? 그리고 아이가 화장실에 있을 때 지켜봐 줄 수 있는가?

- 아이가 놀이터에 있는가? 그리고 그곳에 울타리가 쳐져 있는가? 놀이터 안에 위험 요소가 있다면 놀이터에 있는 동안 아이를 어떻게 지켜볼 수 있는가?

- 당신의 아이가 학교 버스를 탄다면, 버스 안과 버스를 내려 학교 건물로 들어올 때 지켜봐 줄 수 있는가?

이 중 하나라도 아이에게 영향을 미칠 수 있는 문제점이 있다면 이런 위험을 예방할 충분한 지원을 받을 수 있을지 확인해야 한다. 나는 이런 일들이 매우 힘든 것이란 걸 알고 있지만 꼭 풀어야 할 중요한 안전 문제이다.

자폐와 물

슬프게도, 익사는 자폐 아동들의 사망 원인 중 가장 큰 비중을 차지한다. 무엇 때문인지는 모르겠지만 아이들은 물에 끌리는 듯하며 우리 아들 루카스만 해도 확실히 그래 보인다. 나는 집을 나와 돌아다니던 여섯 살짜리 아이가 살짝 열린 문으로 이웃집에 들어가 수영장에서 빠져 죽은 일을 알고 있다. 아이는 아무도 없는 동안 옆집의 마당에 있는 수영장에 들어갔다. 이 아이의 엄마는 그 이후로 다른 부모들이 이 같은 일을 겪지 않는 방법을 알리는 옹호자가 되었다.

예를 들어, 만약 당신의 아이가 튜브를 탄 채로 물에 들어가 본 경험밖에 없다면 가능한 한 빨리 튜브 없이 수영하는 법을 가르쳐라. 이렇게 하면 아이는 누군가 지켜보지 않아도 수영장이나 물속에 들어갔을 때 수영을 하게 될 것이다. 아이는 수영장 가장자리를 잡고 움직이는 법을 알아야 하고 얼굴을 물에 넣고 숨을 참는 법을 배워야 한다. 가능하다면 일대일로 전문가에게 어떻게 물속에서 안전할 수 있는지, 어떻게 물 위에 누워서 떠 있는지를 배워야 하며 궁극적으로는 수영 교육을 받을 것을 권한다. 만약 당신 집에 수영장이 있다면 그 주변에 문을 설치하는 것이 좋다. 만약 당신 이웃들이 수영장이나 야외 월풀 욕조를 가지고 있다면 그들에게 문을 잠그고 경계해 달라고 부탁하라.

수영장뿐만 아니라 모든 수원지 주변에서는 어린아이들을 면밀히 지켜보아야 한다. 만약 당신의 아이가 루카스보다 더 심한 장애가 있다면, 아이의 나이와 상관없이 이런 안전 조치는 필수적이다. 수용 언어의 지연 외에도, 자폐 아동들은 발작의 위험이 높기 때문에 욕조나 아이 크기의 작은 수영장에서도 발작할 가능성이 있다.

다시 말해서, 이런 이야기들을 듣는 것이 무섭다는 것은 알지만, 만약 당신이 적절한 예방 조치를 한다면 아이가 자폐라고 해서 물속에서 즐거운 시간을 보내지 못할 이유는 없다.

지역사회에서의 안전

브렌틀리는 엄마인 켈시에게서 자주 달아나고는 했다. 켈시가 아이의 이름을 큰 소리로 부르며 "멈춰!"나 "돌아와!"라고 해도 대답하지 않았다. 때문에 동네를 외출할 일이 있으면 켈시는 브렌틀리를 아동용 캐리어에 메고 링컨을 앞에 세우거나, 링컨을 안은 채 브렌틀리를 미아방지끈으로 묶어서 데리고 다녔다. 켈시 같은 부모들은 작은 아이들이 사용하는 벗을 수 없는 배낭끈이나 큰 유모차를 큰아이에게도 사용하면서 어쩔 수 없는 일로 받아들인다.

그러나 켈시와 브렌틀리에게 좋은 소식은 TAA 전략을 실행한 후에 미아방지끈을 벗을 수 있었다는 것이다. 몇 달이 걸리긴 했지만, 브렌틀리는 자신의 이름에 대답하기 시작했고 도망가는 것을 멈출 수 있었다. 때때로, 아이가 어떤 지시에 대답할지 알아내는 과정에서 시행착오를 겪을 수도 있다. 내가 상담하는 아이들 중 한 명은 엄마가 "멈춰!"라고 하는 말에는 대답하지 않았지만 "손 좀 줄래?"라고 말하면 다가오기도 했다.

부모들은 나에게 종종 묻고는 한다. "어떻게 하면 아이에게 거리를 안전하게 다니도록 가르칠 수 있을까요? 언제 멈추고 언제 가도 되는지를 어떻게 가르칠까요? 어떻게 하면 낯선 사람을 피하라고 가르칠 수 있을까요?" 부모들은 아이에게 이런 것들을 가르치고 싶어 하지만 아이가 무엇을 진정으로 이해할 수 있을지 현실적으로 판단해야 한다. 아이가 당신이 가르쳐 준 것을 이해하지 못한 채 반복만 할 수 있다는 것을 기억하라. 아직 아이가 이런 위험들을 이해하는 것이 불가능하다는 것을 알게 될 것이다.

전문가들은 전형적인 아이들일지라도 10세가 될 때까지는 혼자 길을 건너는 것을 허락해선 안 된다고 말한다. 이는 물론 평균적인 나이를 말하는 것이다. 10살이 된 전형적인 아이들 중에 어떤 아이들은 이런 의사결정을 할 기술을 가지고 있지 못할 수도 있다.

그러나, 기능적으로는 유아들과 비슷한 아이들에게 거리에서는 멈추고, 자동차와 주차장을 인식하고, 뛰어내리지 않고, 어른의 손을 잡는다는 일반적인 안전에 대한 인식을 가르치려고 노력할 수는 있다. 아이가 이 모든 것들을 배웠더라도 부모는 아이 가까이에 있어야 한다. 아이는 길을 건널 수 있는 의사결정 능력이 없을 뿐 아니라 충동적으로 자동차가 다니는 길로 뛰어들 수 있다.

아이가 말을 할 수 있다면, 가능한 한 빨리 아이가 길을 잃을 경우를 대비해서 아이의 이름과 주소, 전화번호를 가르쳐 주어야 한다. 이 정보는 의료용 경보 팔찌와 GPS 추적기에도 입력해 두어야 한다.

당신에게 도움을 줄 수 있는 또 다른 팁이 있다. 아이와 함께 외출했을 때는 먹을 수 있는 강화제를 주거나 아이가 최대한 쉴 틈 없이 즐겁게 놀 수 있는 무엇인가를 미리 준비해라.(강화제란 "좋은 행동"이 늘어나도록 **강화**할 수 있는 것들을 말한다. 이 경우에 강화제를 사용하게 해 주고 자주 준다면 아이는 당신과 함께 있을 확률은 높아질 것이다.) 강화제는 아이가 산만해지고 부모에게서 도망가는 것을 막는 데 도움이 된다. 그리고 아이가 당신의 곁에 있다면, 그것을 칭찬해 주어라!

만약 야외에서 놀 기회가 있다면, 울타리를 친 공원이나 놀이터를 찾아보자. 당신이 사는 지역에서 좀 벗어나 먼 곳을 가더라도 아이가 뛰쳐나가지 못하도록 울타리로 막아둔 공원에 가는 것이 좋다.

멀리 휴가를 떠나 새로운 환경으로 여행을 가게 된다면, 가정에서처럼 안전장치를 해 둘 수 없으므로 특히 조심해야 한다. 루카스가 어린 시절 우리는 해변에 집을 빌린 적이 있었다. 이때 루카스가 집을 나가 버린 사건이 발생했다. 루카스는 물만 보면 좋아서 다가갔기 때문에 우리는 공포에 질렸다. 하지만 다행히도 우리는 아이를 집 근처의 횡단보도에서 발견할 수 있었다.

아이가 만약 GPS 추적기를 차고 있다면 여행하기 전에 그 범위를 확대해서 어디에서나 작동하도록 조정하라. 나는 아이를 거대한 유람선 안에서 잃어버린 가족을 본 적이 있다. 부모들은 공포에 빠져 아이를 찾아 유람선 안의 여러 층을 찾아 헤매야 했다.

안전장치는 당신의 마음을 편하게 해 준다

당신에게 필요한 이 모든 안전장치들이 집을 포트 녹스(Fort Knox. 미국 켄터키주 루이빌 남쪽에 있는 미국 군사기지이다. 포트 녹스는 미국 금 보유고의 상당량을 보관하고 있는 불리언 금고가 있는 장소로 보안이 철저한 곳으로 유명하다.—역주)처럼 만든다는 생각이 들 수도 있다. 하지만 가능한 한 아이를 안전하게 지키기 위한 최선의 장치라고 여긴다면 기분이 나아질 것이다. 이런 안전장치를 한 다음에야 아이의 삶의 **질**을 향상시키는 데 관심을 돌릴 수 있을 것이다.

다음 장에서는, 가장 좋은 출발점을 찾을 수 있도록 10분 안에 아이의 강점과 요구를 빠르게 평가하는 방법을 다루어 보자.

4

출발점을 파악하는 손쉬운 진단평가

"메리, 저는 가르치는 법을 배운 적이 없어요. 그런 제가 어떻게 제 아이를 평가할 수 있을까요?" 나는 항상 부모들로부터 이러한 질문을 받는다.

당신은 아이를 평가**할 수 있을** 뿐만 아니라 **해야만 한다.** 전문가, 교사 그리고 치료사들은 만났다가도 언젠가는 헤어질 사람들이지만 당신은 언제까지나 아이의 곁에 머무르며 아이에게 최고의 스승이자 옹호자가 될 것이다. 그 누구도 당신만큼 그 아이를 오래 보지 않았고, 당신만큼 그 아이를 아는 사람도 없다. 전문가의 진단평가를 기다리고 있다고 하더라도 당신의 진단평가는 아주 중요할 것이다. 아이가 이미 언어와 행동 면에서 평가 진행이 완료되어 치료를 받고 있어도 당신의 진단평가는 아주 중요한 부분이 될 것이다. 이전에 전문가들부터 수많은 평가를 받았다고 해도, 명확한 진단이 내려졌든 그렇지 않든 간에 당신의 진단평가는 중요할 것이다.

정기적으로 이뤄지는 당신의 진단평가는 내가 자주 보게 되는 문제-가정, 학교 그리고 치료사 간의 소통 부족-를 완화할 수 있을 것이다. 그리하여 가정에서 수행하는 중재가 아이가 다른 사람들로부터 받는 치료와 상호 보완적인지 알 수 있고, 그 반대의 경우도 마찬가지로 확인할 수 있다. 오직 당신만이 당신의 아이를 돕는 모든 사람들이 같은 생각을 가지고 발맞추어 나가고 있는지 확인할 수 있다.

아이가 진단평가나 치료를 받기 위해 대기 중인 경우, 바로 중재를 시작하는 것이 특히 중요하다. 당신은 그렇게 아이의 순서가 되기만을 기다리는 데 시간을 허비할 여력이 없다. 이것은 우리가 지난 장에서 논의했던 켈시와 그녀의 큰아들 브렌틀리에게도 분명한 사실이었다. 브렌틀리는 1년을 기다린 끝에 두 살이 되어서야 자폐 진단을 받았다. 그러고 나서 치료를 받기까지 3개월을 더 대기해야만 했다. 그러는 동안, 브렌틀리는 하루에 백 번도 넘게 단단한 바닥에 머리를 부딪치는 등 안전에 위협을 받았다. 앞서 말했듯이, 브렌틀리는 종종 거리로 뛰쳐나가 물을 향해 돌진했다. 켈시는 이러한 위험한 행동을 가능한 한 빨리 막아야 했기 때문에 아이를 평가하고, 계획하며, 그녀 혼자서라도 바로 중재를 실행하는 것이 절대적으로 필요했다.

켈시가 브렌틀리에게 TAA 접근법을 실행한 직후, 그녀는 이제 갓 한 살이 된 링컨에 대해서도 걱정하기 시작했다. 브렌틀리와는 전혀 다른 증상을 보이긴 했지만, 이번에는 진단도구를 가지고 있었으며, 그녀 스스로 링컨을 평가하고 전문가의 도움 없이 가정 내 중재 프로그램을 실행하려면 무엇을 해야 하는지 알고 있었다.

링컨이 진단받기까지는 1년이 걸렸다. 링컨은 브렌틀리와 같은 나이인 25개월에 진단을 받았다. 평가와 진단을 받은 후에야, 링컨은 자폐치료를 받을 자격이 생겼지만, 켈시가 이미 그 전부터 행동에 나선 덕분에 링컨의 언어는 또래의 발달 수준을 따라잡았다.

> ★ 간단한 TAA 진단평가지를 사용하면 교육이나 경험 수준에 관계없이 전체적인 그림을 빠르게 볼 수 있다. TurnAutismAround.com에서 이 평가지의 전자 사본과 책의 모든 양식을 확인할 수 있으며 인쇄할 수 있다.

믿을 수 없겠지만, 이 진단평가를 마치는 데는 10분 정도밖에 걸리지 않을 것이다. 그 후, 당신은 겉으로 드러나지 않은 문제들을 확인할 수 있다. 예를 들어, 말을 아직 못하는 아이는 십중팔구 식이와 놀이 및 모방에 어려움을 겪을 것이다. 아이가 자신이 원하는 것을 적절히 요구하지 못한다면, 아이는 또한 문제 행동을 보일 가능성이 높다.

이런 문제들은 종종 서로 관련되어 있으므로 전체적인 상황을 한눈에 볼 수 있는 거시적 안목을 빨리 갖추는 것이 특히 중요하다. 사람들은 자주 나에게 "어떻게 하면 제 아이가 ____하지 않게 할까요?"라며 문제 행동에 대해 질문을 한다. 다른 친구를 때리는 것, 바닥에 머리를 박는 것, 특정 음식을 거부하는 것 등 어떤 것이든지 빈칸에 채워 보자. 특정한 문제 행동에만 매달리기 쉽지만, 그래서는 안 된다. 아이의 재능, 언어, 식이, 수면, 배변, 자조 기술 등을 완전히 파악하는 평가 없이 이루어지는 치료는 거의 대부분 역효과를 낼 것이다.

당신은 아이의 능력이 향상하고 발달하는 것을 진단평가를 통해 보게 될 것이고, 아이의 진전을 계속 평가하고 새로운 계획을 세울 자신감도 생길 것이다. 나는 정기적으로 이 진단평가(다음 장에서 다룰 예정이다.)를 실시하고 그에 따라 계획을 새롭게 수정할 것을 추천한다.

진단평가를 진행할 때, 아이의 현재 능력과 동일 연령 아동에게 기대되는 기술(skill)이 무엇인지를 비교하기 위해 2장에서 논의한 전형적인 발달단계를 검토해야 한다. 이러한 과정은 당신이 현실적인 기대치를 세우는 데 도움이 될 것이다. 당신은 전형적인 발달을 하는 두 살짜리 아이도 아직 하기 힘든 것을 발달 지연이 있는 두 살짜리 아이가 할 수 있으리라고 무의식중에서라도 기대해서는 안 된다. 나는 전문가들조차도 발달 면에서 적절하지 않을 뿐만 아니라 너무 어려운 기술에 집중하는 모습을 보아 왔다. 이러한 잘못된 기대는 모든 사람들에게 좌절감을 느끼게 할 뿐이고, 당신 아이의 시간을 허비하는 것이다. 당신은 아이의 생활연령이 아니라 아이의 현재 발달 수준에 바탕을 두고 아이를 가르쳐야 한다는 것을 기억해야 한다. 예를 들어, 당신의 아이가 4살이고, 식사나 배변 훈련 중에 심한 탠트럼을 보이며, 의사소통 기술은 거의 없고, 18개월 수준의 표현언어 능력을 갖추고 있다고 해 보자. 당신은 진단평가를 직접 실시하면서 왜 아이의 언어 능력을 우선적으로 해결하고, 배변 훈련과 같은 기술은 나중에 다루는지를 이해할 수 있게 될 것이다.

진단평가지

진단평가지의 맨 위에는 진단평가 실시 날짜, 이름(부모나 전문가 누구든 상관없이 진단평가지를 작성하는 사람), 아이의 이름 및 생년월일을 적는다. 진단평가는 3개월마다 실시할 것이므로 생활연령에 따른 아이의 발달에 대한 정확한 기록을 남기기 위해 이 부분을 항상 작성하는 것이 중요하다.

건강 상태 정보

이 부분에는 아이가 현재 진단을 받은 후라면, 그 진단명을 쓰면 된다. 당신의 아이는 현재 자폐 진단을 받기 위해 대기를 걸고 기다리는 중일 수도 있고, 이미 여러 가지 평가 결과지 뭉치를 받았을 수도 있다. 3장에서 다룬, 아이가 현재 유치원이나 어린이집에 다니고 있는지, 치료나 특수교육을 받고 있는지, 약을 복용하고 있는지, 알레르기가 있는지, 식이 제한을 해야 하는지, 길을 잃고 헤매거나, 낯선 사람에 대한 경계심이 없거나, 이동 시 도로와 차 또는 물에 뛰어드는 것과 같은 안전상의 문제가 있는지를 포함한 가장 중요한 정보들을 간단히 적으면 된다.

자조 기술

이 부분에는 아이가 스스로 음식을 먹을 수 있는지를 빠른 시간 안에 평가하고, 아이가 먹는 음식의 질감과 종류를 간략하게 쓰면 된다. 아이는 젖병, 고무젖꼭지, 빨대, 식사도구 등을 사용하는가?

배변 훈련이나 어려움에 대해 짧게 메모할 수 있을 뿐만 아니라 수면 패턴이나 문제가 있을 경우에도 적는 칸이 있다. 식사, 수면 및 배변 훈련에 대한 자세한 평가 방법은 다음 장에서 다룰 것이다.

대부분의 부모들은 자폐의 징후와 발달 지연에 대해 생각할 때, 언어 지연, 눈 맞춤이 잘되지 않는 것 또는 이상한 행동이나 과도한 탠트럼을 떠올릴지도 모른다. 하지만 아이의 발달 수준, 강점과 요구를 진단할 때 가장 중요한 것은 옷 입기와 손 씻기를 어느 정도 독립적으로 하는지 알아보는 자조 기술 여부이다. 따라서 진단평가지에 아이가 스스로 지퍼나 단추가 없는 바지를 쑥 당겨서 입을 수 있는지, 손을 씻거나 양치질을 할 수 있는지 여부를 기록한다.(물론, 아이가 12개월에서 18개월이면 이러한 기술 중 일부는 전형적인 유아에게도 아직 기대되지 않는다는 것을 명심해야 한다.)

TAA 진단평가지
메리 바베라

작성 날짜 _____
작성자 _____
아이 이름 _____
나이 ____세 ____개월
생년월일 _____

- **건강 상태 정보**

진단명(해당되는 경우/알고 있는 경우)
진단 시기 ____세 ____개월
현재 학교에 다니고 있습니까? 또는 특수교육이나 치료를 받고 있습니까? 예□ 아니오□
만약 예라고 응답했다면 장소 및 시간을 써 주십시오.(가정, 학교, 병원)

현재 복용하고 있는 약물:
알레르기:
식이 제한:
안전에 관해 염려되는 점(모두 체크하시오)
배회하기□ 낯선 사람□
외부 이동 시 차와 도로 관련 □ 물□

- **자조 기술**

먹는 것과 마시는 것의 패턴에 대해 써 주십시오. 아이가 스스로 먹을 수 있는지, 어떤 질감/종류의 음식을 먹는지 써 주십시오.

또한 젖병, 고무젖꼭지, 식사도구 사용과 관련한 문제를 써 주십시오.

수면 패턴/문제에 대해 써 주십시오.

대소변 및 화장실 사용 문제에 대해 써 주십시오.
옷 입기/몸단장하기 관련 문제에 대해 써 주십시오.(이 닦기, 손 씻기 등)

- **말하기/표현 언어**

당신의 아이는 말을 합니까? 예□ 아니오□
만약 "예"라고 응답했다면 어느 정도 말을 하는지와 그 예를 들어 써 주십시오.

만약 "아니오"라고 대답했다면 아이는 옹알이를 합니까? 예□ 아니오□
만약 "예"라고 대답했다면 아이가 내는 소리의 목록을 써 주십시오.

- **요구하기/맨드**

아이는 원하는 것을 말로 요구할 수 있습니까? 쿠키, 주스, 공, 밀어 줘? 예□ 아니오□
만약 "예"라고 응답했다면 아이가 요구하는 물건 및 활동에 대해 써 주십시오.

만약 "아니오"라고 응답했다면 당신의 아이는 어떻게 원하는 것을 표현합니까?
해당하는 곳에 동그라미로 표시하십시오.
제스처 / 포인팅 / 어른을 잡아당기기 / 수어 / 사진 / 울음 / 잡아챔

- **명명하기/택트**

아이는 책이나 플래시카드에서 본 것의 이름을 말합니까? 그렇다면 이름을 댈 수 있는 사물의 개수와 예를 써 주십시오.

- **구어 모방/ 에코익**

아이는 당신이 말을 모방할 수 있습니까?
단어 수준 예□ 아니오□
구 수준 예□ 아니오□

아이는 당신이 했던 말이나 영화 대사를 기억하여 말합니까? 예□ 아니오□
만약 예라고 응답했다면 그 예를 써 주십시오.

• 질문에 대답하기/인트라버벌

아이는 노래의 일부분을 부를 수 있습니까?
예를 들어, 만약 "작은 별" 노래를 부를 때 "반짝 반짝 작은 __"에서 아이가 "별"이라고 합니까?
예□ 아니오□
아이가 노래의 일부분, 단어나 구를 알고 부를 수 있는 노래 제목을 써 주십시오.

아이가 재미있는 말이나 기능적인 구절 중 일부를 말할 수 있습니까?
예를 들어 "보롱 보롱 —"이라고 하면 "뽀로로"라고 하나요? "머리에 쓰는 —"이라고 하면 "모자"라고 합니까? 예□ 아니오□
아이가 의문사 "누가, 어디, 무엇, 왜, 어떻게" 질문에 대답합니까? (그림이나 시각적 단서 없이) 만약 "하늘을 나는 건 뭐야?"라고 한다면 아이가 "새" 또는 "비행기"라고 말합니까?

아이가 적어도 3가지 이상의 동물 또는 색깔 이름을 말합니까?

• 듣기/수용 언어

이름을 부르면 아이는 반응합니까? 해당하는 정도를 동그라미로 표시해 주십시오.
거의 항상 / 보통 / 가끔 / 거의 안 함
아무런 제스처 없이 아이에게 "신발 신어." 또는 "컵 들어."라고 말하면 아이는 지시를 수행합니까? 해당하는 정도를 동그라미로 표시해 주십시오. 거의 항상 / 보통 / 가끔 / 거의 안 함
아무런 제스처 없이 아이에게 "손뼉 쳐." 또는 "일어나."라고 말하면 아이는 지시를 수행합니까? 해당하는 정도를 동그라미로 표시해 주십시오.
거의 항상/ 보통/ 가끔/ 거의 안 함
예를 들어, "코를 만져 봐."라고 하면 아이는 신체 부위를 지적합니까? 예□ 아니오□
만약 예라고 응답했다면 지적할 수 있는 신체 부위의 이름을 써 주십시오.(단, 아무런 제스처 단서 없이 가능해야 함.)

• 모방

당신이 "따라 해."라고 말한 후에 장난감으로 동작을 보여 주면 아이는 따라 합니까?
예를 들어, "따라 해."라고 말하며 자동차를 앞뒤로 미는 동작을 보여 주면 아이는 당신의 동작을 따라 합니까? 예□ 아니오□
"따라 해."라고 말하며 손뼉을 치거나 발을 구르는 동작을 보여 주면 아이는 당신의 동작을 따라 합니까? 예□ 아니오□

• 시각/매칭

당신이 "똑같은 데에 놔."라고 하면 아이는 "물건을 똑같은 물건"에, "사진을 똑같은 사진"에, "사진을 똑같은 물건"에 놓을 수 있습니까?
예□ 아니오□ 잘 모르겠음□
아이는 연령에 맞는 퍼즐을 완성합니까?
예□ 아니오□ 잘 모르겠음□

• 사회성/놀이에 대한 염려되는 부분

해당하는 곳을 동그라미로 표시하십시오.
눈 맞춤 / 인사하기 / 장난감 가지고 놀기 / 함께 나누기(sharing) / 가상놀이(pretend play) / 호명 반응

• 문제 행동

아이는 어른과 함께 바닥이나, 테이블에 앉아 간단한 과제를 할 수 있습니까?
예□ 아니오□ 잘 모르겠음□
문제 행동(울음, 부주의함, 때리기, 물기, 장난감 줄 세우기, 자기 자극 행동, 봤던 영상에 나온 대사 줄줄 말하기 등)과 출현 빈도를 써 주십시오(예: 하루에 100번, 일주일에 10번, 하루의 80% 정도, 하루 한 번)

박사급 국제행동분석전문가인 마크 선드버그(Mark Sundberg)는 내 첫 번째 저서인 『우리 아이 언어 발달 ABA 치료 프로그램』의 서문을 썼으며, "언어 행동 발달단계 진단 및 수준별 중재 프로그램(Verbal Behavior Milestones Assessment and Placement Program: VB-MAPP.)"이라는 보다 심층적인 진단평가 및 커리큘럼의 개발자이기도 하다. 브이비맵(VB-MAPP)은 2008년에 발표되었으며 많은 ABA 전문가들이 사용하고 추천하는 진단평가이다. 선드버그는 브이비맵 진단평가와 더불어 몇 가지 보충 자료를 자신의 책에 포함하였다. 그는 고맙게도 사람들이 아이를 더 잘 평가하고 TAA 진단평가지를 작성할 수 있게 그 책의 자료 중에서 네 부분으로 구성된 자조 기술 체크리스트를 발췌하여 사용할 수 있게 해 주었다. 브이비맵과 자조 기술 체크리스트의 가장 좋은 점은 전형적인 아이들이 새로운 기술을 습득하고 학습하는 방법과 동일하지만 더 세분화된 발달단계 표를 사용한다는 것이다.

선드버그의 자조 기술 체크리스트의 일부분을 본 장과 이후의 장에서 볼 수 있다.(전체 자조 기술 체크리스트의 링크는 TurnAutismAround.com에서도 알 수 있다.) 이 네 가지 부분의 체크리스트에는 생후 18개월, 30개월, 48개월까지의 발달 순서에 따라 습득하는 옷 입기, 몸단장하기, 음식 먹기 및 대소변 가리기가 포함된다. 그러나 이 목록의 가장 유용한 점은 단계적으로 습득하는 기술의 순서를 보여 준다는 것이다. 이 체크리스트를 작성하면서 당신은 중요한 자조 기술에 대한 보다 상세한 평가를 완료할 수 있다.

예를 들어 선드버그의 옷 입기 체크리스트 일부를 사용하면, 각 기술의 사전 준비 기술(prerequisites)을 쉽게 알 수 있다. 아이가 18개월 아동이 습득하는 기술인 양말과 신발을 벗거나 바지를 내릴 수 없다면 전형적인 발달을 하는 대부분의 아이들도 그 후 1년이 더 지나가야 할 수 있는 기술인 신발을 신거나 바지를 입는 법을 가르칠 때가 아니다.

선드버그의 자조 기술 체크리스트: 옷 입기 부분

옷 입기—18개월 경

- □ 모자 벗는다.
- □ 양말 벗는다.
- □ 장갑 벗는다.
- □ 신발 벗는다.(신발 끈, 찍찍이 끈, 버클을 푸는 것은 도움이 필요할 수 있음.)
- □ 바지 내린다.(단추 빼기, 지퍼를 내리기에는 도움이 필요할 수 있음.)
- □ 바지 올린다.(기저귀 위로 바지를 올리거나 똑딱단추 채우기, 지퍼 올리기에는 도움이 필요할 수 있음.)

옷 입고 벗기—30개월 경

- □ 신발 끈을 푼다.
- □ 앞쪽에 있는 단추를 푼다.
- □ 똑딱단추를 푼다.
- □ 찍찍이 끈을 붙이거나 떼어 낸다.
- □ 지퍼를 내린다.(작은 지퍼는 어려울 수 있음.)
- □ 셔츠를 벗는다.(달라붙는 셔츠는 도움이 필요할 수 있음.)
- □ 바지나 치마를 벗는다.(지퍼를 내리거나 단추를 푸는 데 도움이 필요할 수 있음.)
- □ 신발을 신는다.(좌우 구별과 신발 끈 묶는 데 도움이 필요할 수 있음.)
- □ 바지를 입는다.(지퍼를 올리거나 단추 채우기에 도움이 필요할 수 있음.)
- □ 옷매무새 정돈하기.
- □ 자신의 양말의 짝을 찾는다.
- □ 자신의 신발의 짝을 찾는다.
- □ 더러운 옷을 빨래 바구니에 넣는다.

말하기/표현 언어

이제 TAA 진단평가지의 건강 상태 및 자조 기술 부분을 완료했으니, 언어 영역을 할 차례이다. 의사소통은 지극히 중요하기 때문에 언어 능력은 진단평가지의 대부분을 차지한다.

여기에, 당신은 당신의 아이가 말을 하는지, 만약 그렇다면 자주 사용하는 단어는 무엇인지 그 예를 적는다. 만약 아이가 말을 하지 않는다면 옹알이는 하는가? 만약 그렇다면, 아이가 냈던 소리를 적으면 된다.

요구하기/맨드

맨드(Mand)는 "요구하기"를 의미하는 용어이다. 행동심리학자인 스키너는 1957년에 발표한 그의 저서 『언어 행동(*Verbal Behavior*)』에서 이 용어를 처음 사용했다. 자폐나 지연을 보이는 많은 아이들은 그들이 무엇을 원하는지 요구하는 데 어려움을 겪는다. 맨드는 아이들에게 무언가 의미 있는 것이 존재한다는 면에서(개인적인 동기가 부여된다.) 매우 중요하다. 예를 들어 어른의 경우, 우리는 월급을 받고자 하는 동기가 있기 때문에 일을 한다. 아이들이 원하는 것을 요구할 수 없다면, 필연적으로 문제 행동을 보이기 마련이기에 만일 당신의 아이가 맨드를 하지 않는다면 그러한 문제 행동을 벌이느라 다른 언어 기능을 습득하는 것은 어렵다. 아이가 먼저 원하는 것을 요구할 수 없다면 사물의 이름을 대거나 질문에 대답하도록 하는 훈련하는 것은 무의미하다.

아이가 **쿠키나 물**과 같은 단어를 사용하여 원하는 것을 요구하는가? 만약 그렇다면 아이가 자주 요구하는 물품(item)을 적으면 된다.

아직 아이가 말로 맨드를 하지 않는다면, 당신에게 원하는 것을 다른 방법으로 전달하는가? 그렇다면 제스처나 포인팅 등의 아이가 하는 맨드 방법에 동그라미를 치면 된다.

이름 대기/ 택트

택트(tact) 역시 스키너가 만든 또 다른 용어로, 이름 대기(labeling)를 말한다. 이것은 맨드보다 더 어려운 기술이지만, 자폐나 언어 지연이 있는 일부 아이들 중에는 원하는 것이나 필요한 것을 요구하기 전에 택트 또는 사물의 이름을 댈 수 있는 경우가 있다. 아이가 책이나 플래시카드에 있는 실제 물건과 사진의 이름을 댈 수 있는가? 예를 들어, 아이가 바나나 사진뿐만 아니라 실제 바나나를 식별할 수 있도록 동일한 물품을 사물과 사진의 여러 가지 다른 조합으로 보여 주는 것은 아이의 평가에 도움이 될 수 있다. 진단평가지에는 아이가 이름 대기를 할 수 있는 단어를 적으면 되는데 만일 아이가 수십 또는 수백 가지의 물품의 이름을 댈 수 있다면 그 수를 쓰고, 몇 가지 예를 적으면 된다.

구어 모방/에코익

에코익(echoic)은 모방 기술이며, 일단 아이가 에코익을 하기 시작하면 종종 말문이 트이기 시작한다. 만약 당신이 "말해 봐, 공."이라고 하면 아이는 "공"이라고 말을 하는가? 만약 당신이 바나나를 들고 있든지 없든지 간에 "바나나"라고 말하면 아이가 "바나나"라고 말하는가? 아이가 당신이 과거에 했던 말이나 영화에 나온 구절을 외워서 반복하는가? 만약 그렇다면 아이는 "지연반향어(delayed echolalia)"를 하는 것이다. 영화에 나오는 대사를 그대로 따라 하는 "스크립팅"은 자폐를 알리는 경고신호지만, 아이가 말을 하고 있다는 사실은 좋은 일이다. 그러나 아이가 자발적으로 또는 누군가 아이를 가르치는 동안 단어와 구를 따라 하지 않는다면, 아이의 언어는 성장하지 않을 수 있다. 자폐나 심각한 언어 지연을 보이는 많은 어린아이들은 자발적으로 말을 따라 하지 못하므로 너무 염려하지 마라. 이 책의 뒷부분에서 당신의 아이가 에코익을 하게 하는 비결을 배우게 될 것이다. 그러니 진단평가지에 아이의 에코익 기술을 적으며 괴로워하지 말기를 바란다.

질문에 대답하기/인트라버벌

인트라버벌(intraverbal)은 질문에 대답하거나 노래나 구절의 공백을 채울 수 있는 능력을 나타낸다. 당신이 아이에게 색깔이나 동물의 이름을 물었을 때 아이는 대답을 하는가? 당신이 "반짝 반짝, 작은 ___"을 부를 때 아이는 "별"이라고 할 수 있는가, 또는 당신이 "머리에 쓰는 ___ "이라고 했을 때 아이는 "모자"라고 말할 수 있는가?

또한, 당신의 아이가 "하나, 둘, 셋, ___" 과 같은 구절에 빈칸을 채울 수 있는지 그리고 사진이나 시각적 단서 없이 "하늘을 나는 게 뭐지?"와 같은 간단한 질문에 대답할 수 있는지를 평가한다.

발달단계상 후기에 습득하는 언어(advanced language)를 다루는 장에서 인트라버벌에 대해서 배우게 될 것이지만, 여기에서는 당신의 아이가 인트라버벌 능력이 있는지를 기록하는 것이 중요하다.

듣기/수용 언어

맨드, 택트, 에코익 그리고 인트라버벌은 모두 언어 행동 또는 **표현 언어** 기능의 예이다. **수용 언어**는 다른 사람들이 아이에게 말을 걸 때 그들의 말을 얼마나 잘 이해하고, 시각적 촉구(visual prompts) 없이 지시를 얼마나 잘 따르는지를 나타낸다. 그러나 이러한 기능을 평가하는 것은 복잡하므로 부모는 종종 그 과정에서 실수한다.

루카스가 진단을 받기 전에 나는 아이가 신체 부위를 지적할 수 있는지 알아보고자 할 때마다 무심코 "머리, 어깨, 무릎, 발" 노래를 천천히 부르거나 말하면서 내 몸의 각 부위를 만졌다. 내가 머리를 만지면서 "머리"라고 노래 부르면, 루카스도 자신의 머리를 만지는 것을 수월하게 해냈다. 왜냐하면 (1) 나는 항상 같은 순서로 신체 부위를 불렀고, (2) 내 머리를 만지는 행동으로 모델링을 제공했기 때문이다. 아이는 단지 나를 흉내 내고 있었을 뿐 실제로는 신체 부위를 배운 것이 아니라 노래의 순서를 배웠던 것이다.

루카스는 노래를 불러 주지 않거나 신체 부위를 무작위 순서로 부르거나 또는 자신의 몸을 가리키는 사람이 없이 신체 부위를 지적해야 할 때는 수행할 수 없었다.

이런 실수는 부모들은 말할 것도 없고, 주의하지 않으면 전문가들도 하게 마련이다.

따라서 이 부분에서는 아무런 촉구 없이 언어를 이해하는 아이의 능력을 평가해야 할 것이다. 예를 들어, 당신의 아이는 자신의 이름에 반응하는가? 만약 그렇다면, 얼마나 자주 하는가? 당신이 행동을 보여 주지 않는 상태에서 아이는 일어서거나 손뼉을 치라는 것과 같은 간단한 지시를 따를 수 있는가? 당신이 당신의 신체 부위를 가리키는 것을 보여 주지 않고 말로만 물어보면 아이는 신체 부위를 짚는가? 수용 언어를 정확하게 평가할 수 있는 좋은 방법은 "코를 만져 봐." 또는 "코트 가져와."라고 말하면서 어떠한 단서도 제공하지 않도록 아무런 행동도 하지 않는 것이다.

모방

모방은 우리가 평가해야 할 가장 중요한 기술 중 하나이다. 왜냐하면 전형적인 아이들은 대부분 모방을 통해 언어 및 사회적 기술을 습득하기 때문이다. 아이에게 자동차를 앞뒤로 굴리는 것과 같은 행동을 보여 주고 똑같이 따라 하라고 할 때 아이는 따라 할 수 있는가? 만약 당신이 "따라 해."라고 말하며 손뼉을 치면 아이는 손뼉을 치는가? 당신의 아이는 당신 또는 형제자매가 하는 것을 자발적으로 따라 하는가?

시각/매칭 기술

아이가 동일한 사물을 사물에, 사진을 사진에, 사진을 사물에 놓을 수 있는 매칭(matching)을 할 수 있는가? 아이는 나이에 맞는 퍼즐을 완성할 수 있는가? 매칭 기술을 평가하는 방법은 다음과 같다. 테이블 위에 세 개의 다른 사진이나 물체를 놓는다. 그리고 그중 하나와 동일한 사진이나 물체를 손에 들어 보여 주고 "똑같은 거에 놔."라고 말하면서 아이에게 건네준다. 아이는 똑같은 사진이나 물체를 찾아 그 위에 놓거나 옆에 놓아야 한다는 것을 이해하기 위해 도움이 좀 필요할 수도 있다. 당신의 아이가 지그소 퍼즐을 할 수 있더라도 아이의 언어 능력을 향상하기 위해 가르칠 때는 이러한 간단한 퍼즐을 사용할 것이기 때문에 검사할 때는 꼭지 퍼즐로 해야 한다.

사회성과 놀이에 대한 염려

사회적 기술 및 놀이 기술은 일반적으로 지연이 있는 어린아이를 둔 부모에게 큰 걱정거리이다. 앞으로 7장에서 이러한 중대한 기술을 평가하고 가르치는 방법에 대해 좀 더 깊이 살펴볼 것이므로, 지금은 당신이 걱정되는 항목에 동그라미를 친다. 눈 맞춤이 걱정되는가? 아이가 자신의 이름에 반응하지 않고, 사람들에게 손을 흔들며 "안녕.", "잘 가."라고 인사하는 것에 관심을 보이지 않는가? 당신은 장난감을 가지고 적절하게 놀고, 공유하고, 가상놀이를 하는 아이의 능력이 걱정되는가?

문제 행동

우리는 심각한 감정적 폭발, 공격 행위 또는 자해 행동만을 문제 행동이라고 생각하는 경향이 있지만, 아이의 일상을 방해하는 어떤 것이든 문제 행동에 포함된다. 예를 들어, 나는 특정 식당에 가자고 계속해서 조르는 남자아이를 중재한 적이 있다. 나는 아이의 주의를 환기하는 데 어려움을 겪었다. 또 다른 아이는 병에 빨대를 꽂는 것과 장난감 줄 세우기를 좋아하여 몇 시간 동안 계속했다. 우리는 이러한 행동을 "스스로를 자극하는 행동(self-stimulatory behavior)" 또는 "자기 자극 행동(stimming. 몸 흔들기, 손 흔들기, 물건 돌리기, 소리나 말 등의 반복적인 행동으로 자폐 아동과 청소년에게 특히 흔하게 나타난다.—역주)"이라고 부른다. 자기 자극 행동은 언어 능력이 거의 없거나 전혀 없는 아이들에게 종종 나타나는 문제이다. 탠트럼을 하는 것은 아니지만, 자기 자극 행동은 여전히 문제 행동이다. 따라서 이 영역을 평가할 때는 아이의 학습에 방해가 되는 다양한 행동을 고려하는 것이 중요하다.

아이는 테이블에 앉아서 당신이나 다른 성인과 간단한 과제를 할 수 있는가? 진공청소기를 돌리면 소리 지르는가? 목욕할 시간이거나 가게에서 사탕을 먹고 싶을 때, 아이는 어떻게 하는가?

이 질문들에 대답할 때는 단순히 "탠트럼을 보인다."라고 답하는 것보다 좀 더 구체적으로 답해야 한다. 아이는 좋아하지 않는 과제나 어려운 과제를 해야 할 때 비명을 지르거나, 바닥에 드러눕거나, 때리거나, 발로 차거나, 주먹으로 때리거나, 물어뜯는가? 시끄러운 소리가 날 때 아이는 귀를 막는가? 아이가 점점 더 많은 것을 배움에 따라 이러한 행동들도 점진적으로 변화할 것이고, 당신의 기록으로 아이의 진전 상황을 지속적으로 파악해야 하므로 당신이 관찰한 행동을 정확하게 적어야 한다.

비디오 녹화하기

당신이 계획을 실행하기 전에 한 장 분량의 진단평가를 완료하는 것 외에도 짧은(1분) 비디오 두 개를 녹화하는 것을 권장한다.

- 비디오 1은 다른 누구의 참여 없이 아이 혼자 무언가를 하는 모습이어야 한다.
- 비디오 2는 당신과 아이가 함께 무언가 배우는 활동에 참여하는 모습(또는 당신이 아이를 활동에 참여시키려고 하는 모습)이어야 한다.

또한 당신의 아이가 문제 행동을 보이거나, 아이의 행동이 뇌전증(seizures) 또는 틱과 같은 의학적 문제와 관련될 수 있는 경우, 염려되는 행동에 대한 기초선(baseline. 중재 이전의 아이의 시작 상태)을 기록하기 위해 짧은 비디오 한두 개를 녹화하는 것을 추천한다. 그런 다음 전문가들과 공유한다. 마찬가지로, 만약 아이의 행동 때문에 아이 몸에 난 상처가 있다면 사진을 찍고 찍은 날짜를 적어 기초선자료로 활용하고 아이의 주치의와 공유한다.

중요 참고 사항—3장에서 배운 것처럼 당신의 최우선 순위는 아이를 안전하게 지키는 것이다. 그러니 만약 안전하고 조심스럽게 찍을 수 없는 상황이라면 어떠한 것도 녹화하지 마라.

기초선 언어 샘플

TAA 진단평가와 두 개의 동영상 외에도 계획을 진행하기 전에 해야 할 진단평가가 하나 더 있다. 그것은 기초선 언어 샘플이다. 10분, 15분, 30분 또는 심지어 60분의 시간을 설정하여 이 작업을 수행할 수 있다. 이 시간 동안 날짜, 시간 및 당신의 아이가 내는 모든 소리나 단어를 기록한다. 만약 당신이 하나 이상의 언어 샘플을 수집한다면, 아침이나 바깥 활동과 같이 다른 시간대에 이루어지는 말의 패턴이나 변화를 알아차릴 수 있을 것이다.

다음은 각기 다른 아이 세 명의 기초선 언어 샘플의 예이다. 만일 당신의 아이가 아직 말이나 옹알이를 하지 않는 아이 1과 같아도 낙담하지 말기를 바란다. 이것은 기초선 언어 샘플의 구체적인 예시일 뿐이며, 지금 당신은 이 책을 읽고 있으므로 당신과 당신의 아이는 앞으로 배우고 진전을 이룰 것이다.

기초선 언어 데이터 샘플

이름: 아이 1   **생년월일:** 0000년 09월 15일   **성별:** 남/여

날짜: 0000년 9월 15일 **시간:** 00시간 00분 /오후 12-1시 **장소:** 거실에서

어떠한 단어나 소리도 내지 않음.

15분- 0000년 6월 16일, 오전 8시 30분-8시 45분,

거실에서 젖병에 손을 뻗으며 으, 으, 으, 오, 아

엄마의 사진을 보며 "엄마"

데이터 기록자:_____

이름: 아이 2   **생년월일:** 0000년 03월 20일   **성별:** 남/여

날짜: 0000년 9월 17일 **시간:** 00시간 30분 / 오후 2시-2시 30분 **장소:** 야외에서

표현한 단어

미끄럼틀 밀어 줘. 그네 타.

"하나, 둘, 셋"이라는 말을 하자 아이가 "출발."이라고 함.

열어. 엄마 가.

데이터 기록자:_____

기초선 언어 데이터
메리 바베라

이름:　　　　**생년월일:**　　　　**성별: 남 / 여**

날짜:	시간:	장소:

*데이터 기록자:*_____

날짜:	시간:	장소:

*데이터 기록자:*_____

날짜:	시간:	장소:

*데이터 기록자:*_____

나는 당신이 이 부분을 건너뛰고 전략을 실행하는 방법을 배우는 "좋은 정보"가 있는 페이지로 바로 가고 싶은 마음이 드는 것을 알고 있다. 나는 당신이 빨리 진전을 보는 데 간절하다는 것을 이해한다. 하지만 당신이 전략을 실행하기 전에, 먼저 TAA 진단평가지와 1분짜리 동영상 두 개와 적어도 하나 이상의 기초선 언어 샘플을 확보하기를 권한다. 이러한 진단평가들은 당신이 앞으로 배우게 될 계획을 세우는 데에 사용할 수 있을 뿐만 아니라 아이의 현재 상태에 대한 영구적인 기록이다.

나는 TAA 진단평가지와 TAA 계획서를 새로 업데이트할 때마다 이러한 짧은 동영상과 언어 샘플을 정기적으로 수집할 것을 제안한다. 완성된 양식은 바인더 또는 안전한 디지털 파일로 보관한다. 이것들은 많은 면에서 당신에게 도움이 될 것이며, 당신의 아이가 진전을 보이기 시작할 때 그러한 자료들의 보관에 기뻐하게 될 것이다

자신감을 가져라

당신의 아이를 평가한다는 것에 대해-혹시라도 잘못하지 않을까 하는 걱정스러운 마음이 들어-매우 불안해 할 수 있다는 것을 안다. 하지만 일단 시작하라. 당신은 진단평가를 직접 해 보면서 배우게 될 것이고, 전략을 적용하고 그 결과를 직접 눈으로 확인하면서 평가에 대해 더욱더 자신감을 가지게 될 것이다. 무슨 일이 있어도, 당신은 앞으로 아이가 스트레스를 덜 받으며 더 좋은 결과를 내는 보람찬 나날을 보낼 수 있을 것이다.

다음 장에서는 계획을 세우기 위해 TAA 진단평가를 어떻게 활용하는지에 대해서 배울 것이며 당신은 어떤 기술을 먼저 가르쳐야 하는지 알 수 있을 것이다.

5
자료를 수집하고 계획을 세우기

　코디의 엄마인 제나는 교사였기 때문에 코디가 일찍부터 지연을 보였을 때, 조기 개입을 시작하는 것이 중요하다는 것을 알고 있었다. 코디는 한 살 이전부터 발달 특히 운동기능이 또래와 큰 차이를 보였다. 제나는 코디가 발달단계에 맞게 몸을 뒤집거나 일어나 앉거나 일어나려고 무언가를 잡고 몸을 당기지 않는다는 사실이 가장 걱정됐다. 다학제 평가팀(multidisciplinary evaluation team. 여러 영역의 전문가가 함께 평가와 진단 과정에 참여하여 통합적이고 협력적인 교육 서비스를 준비하도록 구성된 평가팀.—역주)은 코디의 여러 영역에서 지연을 발견했기에 코디는 발달교사, 물리치료사(PT), 작업치료사(OT), 언어재활사(SLP)의 치료를 동시에 받을 수 있는 자격을 인정받아, 이들이 각각 일주일에 한 시간씩 집이나 어린이집에서 아이와 함께하게 되었다.

　그러나 이러한 조기 개입 서비스들은 코디에게 크게 효과가 없었고, 코디의 발달은 더 뒤처지고 있었다. 그래서 18개월쯤에 발달 전문 소아청소년과의사로부터 평가를 받았고 의사는 코디에게(부모에게는 너무 놀랍게도) 자폐 진단을 내리고 ABA 치료를 추천했다. 하지만 둘째 아이를 임신한 제나는 어디서 ABA 치료를 받을 수 있는지 몰라서 종전의 조기 개입 서비스와 계획을 유지했다. 6개월 후 의사와 다시 만났을 때 코디의 발달 격차는 더 커져 있었고, 의사는 ABA 치료가 필요하다고 단호하게 말했다. 코디는 한 살 때부터 주당 4시간의 조기 개입 서비스를 받았으며 그 안에서 많은 목표를 세웠지만 격차는 계속해서 커져만 갔다.

코디는 계획을 수립하고 조기 개입 서비스를 받았지만 ABA 치료를 시작하기 전까지 큰 진전을 이루지 못하고 여러 영역에서 지연을 보이는 사례이다. 지연을 보이는 어린아이를 둔 대다수의 부모들은 어디서 어떻게 치료를 받아야 하는지 치료 체계를 모르며, 또래의 발달 수준을 따라잡기 위해 어떻게 아이를 도와야 하는지 알지 못한다. 종종 부부 중 한 명이 현실을 부정함에 따라(내가 그랬던 것처럼), 간단한 언어평가조차도 받기까지 오랜 시간이 걸릴 수 있다.

루카스는 코디처럼 뚜렷한 신체적 지연이 없었기 때문에, 세 살이 될 때까지 그 누구도 루카스의 전반적인 발달을 평가하지 않았다. 우리는 루카스의 부족한 언어 능력을 끌어올리기 위해 목표를 세우고 매주 치료를 받았지만 아이는 더 뒤처졌고, 점차 전형적인 아이들과는 발달 양상이 다르다는 점을 부인할 수 없게 되었다.

나 또한 그런 감정에 빠졌기에 아이에 대한 평가와 현재 아이에게서 나타나는 지연이 당신을 슬픔에 빠지게 한다는 것을 알고 있다. 하지만 지금은 슬퍼하기보다 발달을 따라잡아야 할 때이다.

그러나 현실적이어야 한다는 것은 중요하다. 만약 아이가 3살이지만 아직 9개월령이나 12개월령의 발달단계의 기술들을 습득하지 못했다면, 배변 훈련이나 위, 아래, 안, 밖과 같은 전치사(prepositions)를 익히는 것은 나중으로 미뤄야 할 것이다. 당신은 아이가 기거나 서는 법을 배우기도 전에 걷는 법을 가르치지는 않을 것이다. 따라서 당신은 아이의 생활연령에 맞추는 것이 아니라 진정한 발달 수준에서 시작해야 한다. 전문가들을 선택할 때도 그들이 현실적인 목표를 세우는지 또한 확인해야 한다. 때때로, 부모와 전문가 모두 너무 어려운 목표를 선택하는데, 이것은 상황을 더 악화시킬 수 있다. 켈시의 아들 브렌틀리가 학습 중재(learning interventions)를 시작했을 때, 아이는 문제행동을 보이고, 사물의 이름을 대거나 맨드를 할 수 없는 상태였다. 하지만 치료사는 바로 브렌틀리에게 색깔을 구별하도록 가르쳤다. 이것은 아이의 능력 밖의 일이었다.

비슷한 경우로 루카스가 두 살 무렵 언어치료를 받기 시작했을 때, 아이는 비눗방울을 요구할 수 있는 정도의 맨드밖에 할 수 없었다. 하지만 치료사는 루카스가 다른 표현 언어 기능을 배우기 전에 아이의 맨드 능력이 향상되어야 한다는 것을 알지 못했다. 그래서 그녀는 루카스에게 "하나(one)"와 "조금(some)" 그리고 "모두(all)"가 어떻게 다른지 그 개념을 이해시키려고 노력했고 아이에게 "예"와 "아니오"의 개념을 가르치려고 노력했다. 하지만 이것들은 아이의 수준과 맞지 않은 어려운 것들이었다. 사실, 루카스는 그 후 몇 년이 지나서야 그 개념들을 습득했다.

당신이 어떤 기술을 먼저 가르쳐야 하는지 잘 몰라 걱정이 된다면, TAA 진단평가와 계획이 길잡이가 되어 줄 것이다. 이 진단평가의 결과와 계획을 아이의 삶과 관련 있는 모든 전문가와 공유하고 아이에게 필요한 것을 보다 적극적으로 옹호하기 시작하는 것이 중요하다. 기억해라. 당신은 배의 선장이 되어 아이의 시간을 최대한 활용하여 결과를 극대화해야 한다.

4장에서 소개한 한 장 분량의 진단평가 그리고 짧은 동영상 두 개와 기초선 언어 샘플의 제작을 아직 완료하지 않았다면 다시 돌아가서 하고 와야 한다. 이러한 진단평가들이 완료되었다면, 이 장에서는 아이의 목표와 계획을 아이의 요구에 맞게 개별화하는 방법에 대해 설명할 것이다. 또한 계획서를 작성하고 교육에 적합한 학습 환경을 조성하는 방법에 대해 알게 될 것이다. 이러한 과정을 시작하기 위해 준비해야 하는 간단한 물품 목록도 제공할 것이다. 그리고 당신과 당신의 어린아이 모두에게 성공의 중요한 요소인, 페어링(pairing)과 강화에 대해서도 배울 것이다.

계획서: 강점과 요구

(TAA 계획서에서 강점은 이미 아이가 습득한 기술이며, 요구는 앞으로 습득해야 할 기술을 뜻한다.—역주)

TAA 계획서(이 책 『우리 아이와 함께하는 엄마표 ABA(*Turn Autism Around*)』에서 소개하는 Turn Autism Around 계획서. 이하 TAA 계획서.—역주)는 작성하는 데 10분 정도밖에 걸리지 않는다. 먼저 TAA 진단평가지의 첫 번째 세로 열에서 시작해 보자. 만일 아이가 길을 헤매거나 거리로 뛰어드는 등의 안전상의 문제가 있는 경우, 이것을 계획서의 요구 칸에 가장 먼저 적어야 할 것이다. 만약 아이가 다양한 음식을 먹는다면, 이것은 강점 부분에 적으면 된다. 계속해서 두 번째 세로 열로 이동하여 맨드, 택트 등과 관련된 아이의 강점과 요구를 기록하면 된다.

계획서 양식은 TurnAutismAround.com에서 찾을 수 있으며, 내가 이전에 페이스를 담당할 때 작성했던 계획서도 예시로 함께 제시되어 있다. 페이스는 두 살 때 자폐 진단을 받았고 세 살 때부터 나에게 치료를 받기 시작했다. 초반 TAA 진단평가지를 보면, 페이스는 테이블에 앉기를 거부했고, 에코익이나 구어로 모방을 할 수 없었다. 또한 질문에 대답하거나, 노래를 부르거나, 같은 물건을 매칭할 수 없었다. 게다가, 페이스는 하루에 10번 정도 바닥에 드러눕고는 하였다.

하지만 페이스는 몇 가지 중요한 강점이 있는 것으로 평가되었다. 페이스는 자신이 원하는 것이 있을 때 물건 몇 가지 정도를 요구(맨드)하거나, 이름 대기(택트)를 할 수 있었다. 페이스는 약 50개의 단어를 말할 수 있었고, 스스로 먹을 수 있었으며, 밤새도록 깨지 않고 잠을 잤다. 페이스는 자신의 이름에 대부분의 경우 반응을 보였으며, 때때로 지시자의 제스처가 있다면 지시 따르기를 할 수 있었다.

페이스의 부모가 TAA 계획서를 작성했을 때 그들은 아이의 강점과 요구에 주목하였다. 그리고 나서 페이스의 발달을 위한 첫 번째 기술을 가르치기 위해 간단한 계획을 세웠다. 배변 훈련도 계획에 포함해야 했지만, 페이스는 문제 행동(바닥에 드러눕기)과 언어 능력을 우선 해결해야 했기 때문에 배변 훈련은 몇 달 뒤로 미뤄졌다.

페이스의 경우, 요구보다 강점을 더 많이 가지고 있었지만, 이제 막 아이를 가르치기 시작할 때에는 강점보다 요구가 더 많은 것이 일반적이다.

다시 한 번 말하지만, 평가와 계획을 시작으로 계속해서 기록해 나갈 수 있도록 바인

더와 3공 펀치를 준비하기를 강력히 추천한다. 아이가 발전함에 따라 몇 개월마다 평가와 계획을 업데이트할 것이다. 이러한 평가지와 계획서들이 쌓이면 과거와 비교하여 아이가 얼마나 발전했는지 정확하게 확인할 수 있다.

자, 이제 아이를 위해 학습하기 좋은 환경을 조성해 보자.

 **TAA 계획서**

아이 이름: 페이스　　**생년월일:** XX년 1월 5일　　**작성 날짜:** XX년 4월 20일
나이: 3세 2개월

강점

- ☐ 50개의 단어를 말할 수 있다.
- ☐ 맨드와 택트를 할 수 있다.
- ☐ 스스로 먹을 수 있다.
- ☐ 밤새 깨지 않고 잠을 잔다.
- ☐ 대부분의 경우 이름에 반응한다.
- ☐ 때때로 지시자의 제스처가 있다면 지시 따르기가 가능하다.

요구

- ☐ 에코익이나 모방을 할 수 없다.
- ☐ 노래를 부를 수 없다.
- ☐ 같은 사물을 매칭할 수 없다.
- ☐ 하루에 여러 번 바닥에 드러눕는 행동을 한다.
- ☐ 대소변 처리가 가능하지 않다.

계획

- ☐ 테이블 및 학습자료를 강화제와 페어링하기.
- ☐ 매일 테이블에서 학습시간 갖기.
- ☐ 에코익 통제와 시각적 매칭에 집중하기.
- ☐ 언어와 문제 행동에 대한 데이터 수집하기.

테이블 활동 공간 준비하기

우리는 처음에 루카스를 가르칠 때 지하실을 치료 공간으로 사용했지만 그 공간은 손봐야 할 필요가 있었다. 학습을 위한 최상의 환경을 조성하려면 최대한 산만해지지 않는 공간을 알아내야 한다. 따라서 아이에게 새로운 기술을 착석해서 가르칠 공간을 신중하게 선택하는 것이 중요하다. 가정 내의 독립된 방이나 방 안의 한 귀퉁이에서도 테이블 활동을 할 수 있지만, 가능하다면 닫을 수 있는 문이나 차단문(gate)이 있는 것이 좋다. 아이가 잠을 자는 방을 치료 공간으로 사용할 수는 있지만 수면 문제가 있는 경우 피하는 것이 좋다.

학습하기 좋은 공간을 선택할 때, 당신은 아이가 교육받을 공간을 "정돈된" 환경으로 만들 수 있는지도 고려해야 한다. 내가 말하는 "정돈된" 환경은 살균 물티슈를 꺼내거나 청소해야 한다는 뜻이 아니다. 이 경우 정돈된 환경을 만든다는 것은 아이를 가르치는 데 방해가 될 수 있는 모든 물건을 제거할 수 있는 공간을 선택해야 한다는 의미이다.—특히 장난감과 같이 아이가 원할 수 있는 모든 물건들 말이다. 따라서 장난감이나 책 그리고 잡동사니로 가득 찬 방은 학습 공간으로는 가장 적합하지 않은 곳이다. 왜냐하면 아이가 장난감이나 다른 주의를 끄는 물건 때문에 학습 공간에서 떠나는 것을 막으려 싸워야 할 것이기 때문이다. 특히 테이블 활동을 처음 시작할 때, 차단문을 사용하거나 문을 닫아야 하는 이유 중 하나는 집 전체를 정돈된 환경으로 만들어야 할 필요는 없기 때문이다.

테이블 활동 시간의 중요성

테이블 활동에 초점을 맞추는 것은 자폐 또는 기타 발달 지연이 있는 유아를 위한 기존의 조기 개입 프로그램과 TAA 접근법 간의 주요한 차이점 중 하나이다. 나는 착석하기, 참여하기, 말하기, 모방하기, 매칭하기, 지시 따르기와 같은 친 사회적 또는 "좋은" 행동을 증가시키기 위해 테이블에서 특정 학습자료와 절차를 페어링하는 시스템을 개발했다. 이것은 조기 개입을 하는 데 있어 중요한 부분일 뿐만 아니라 향후의 모든 학습을 위한 토대를 제공한다.

내 접근 방식에 익숙하지 않은 대부분의 조기 개입 전문가들은 "아이의 주도(lead)에 따르고" 겉으로 보기에는 "나이에 더 적절"해 보일 수 있는 바닥에서 활동할 것을 권장한다. 예를 들어, 당신이 아이의 주도에 따라 바닥에 앉아 아이가 농장 장난감 중에서 소를 꺼낼 때, 조기 개입 전문가는 당신에게 소를 집어 들고 "소"라고 말한 후 아이가 당신의 말을 따라 하는지를 확인해 보라고 제안할 수 있다. 그러나 당신의 아이는 바로 일어나 창문으로 달려갈 수도 있다. 그러면 당신은 이번에는 창문 밖의 나무를 보며 "와, 저것 봐. 나무야!"라고 말할지도 모른다. 하지만 아이는 당신의 말을 따라 하지 않고, 다른 곳으로 갈 수도 있다. 그런 다음 아이는 좋아하는 장난감이나 고무젖꼭지를 잡아채고 당신이 아이를 쫓아가는 동안 이미 방에서 뛰쳐나갈 수 있다.

시간이 가는 줄도 모르게 30분이 흐른 후 나온 결과는 당신과 조기 개입 전문가 그리고 가장 중요한 당신의 아이가 아무것도 얻지 못했다는 것이다. 지연이 있는 아이들에게 시간은 매우 중요하므로 당신이 테이블 활동을 구조화(in a structured way. 일대일 교수법을 사용하여 특정 행동을 집중적으로 학습시키는 치료 기법.—역주)하여 재미있게 가르칠 때, 당신은 더 많은 학습 기회를 제공하게 될 것이고, 당신의 아이는 거의 항상 더 빠른 진전을 이뤄 낼 것이다.

TAA 접근법의 테이블 활동이 효과적인 이유는 다음과 같다.

- 방 또는 방 안의 한 귀퉁이를 선택하여-테이블 활동을 할 때만 제공되는 특정한 자료를 사용하는 것은-당신과 아이가 구조화된 학습을 할 수 있게 해 준다.

- 아이와 함께 테이블에 앉는 것은 공동 관심(joint attention)을 형성시킨다. 아이가 행복하게 앉아 마침내 좋아하는 물건이나 활동 그리고 당신의 관심을 요구해 냈을 때, 아이는 곧 당신이 세상의 좋은 것들은 다 주는 사람이고 배우는 것이 즐겁다는 것을 깨닫게 된다!

- 매칭하기, 모방하기, 이름 대기, 퍼즐 맞추기 및 대부분의 어린아이들이 습득해야 할 기술은 테이블과 같은 평평한 데에서 가르쳐야 쉽다. 또한 아이가 테이블에 앉아 있

는 동안 활동을 빠르게 전환할 수 있으므로 더 많은 학습 기회를 얻을 수 있다.

- 테이블에서 당신과 아이가 배우는 기술은 이후에 아이가 목욕하거나 놀이할 때 또는 슈퍼마켓 같은 자연스러운 환경으로 전환했을 때도 적용될 수 있다.

테이블 활동을 할 때 기억해야 할 가장 중요한 점은 즐거워야 한다는 것이다! 우리는 우리 아이들이 뛰어오거나 적어도 기다렸다는 듯이 걸어와 짧은 시간 동안 즐겁게 앉아서 학습하기 바란다. 다음 장에서는 당신의 아이가 테이블 활동을 사랑(또는 적어도 좋아하는)하도록 하는 방법에 대해 자세히 알아볼 것이다.

학습자료 수집하기

테이블 활동을 위해 수집할 자료는 아이 손이 닿지 않는 별도의 상자나 문을 닫을 수 있는 수납장에 보관하고 아이와 테이블 활동을 할 때만 사용해야 한다. 또한 퍼즐 조각과 장난감 부품들은 별도의 봉지나 용기에 잘 정리해야 한다. 아이가 테이블 활동 시간 외에도 원할 때마다 그 물건들을 가지고 놀 수 있다면, 학습시간 동안 바르게 앉아서 활동에 참여하는 것이 더 어려워질 것이다. 당신의 아이가 매우 어리거나 물건을 입에 넣는 경우(나이와 관계없이)라면 더욱더 질식의 위험을 피하기 위해 모든 작은 장난감과 학습자료는 손에 닿지 않는 곳에 보관해야 한다.

기본적으로 학습 공간에는 다음에 논의할 테이블, 의자, 학습자료 및 강화제가 포함되어야 한다.

나는 아동용 테이블과 적어도 한 개의 아동용 의자를 갖추는 것을 추천한다. 당신 또는 아이를 가르치는 다른 어른은 학습시간 동안 일반 의자나 바닥에 앉거나 소파에 앉아 테이블을 근처에 당겨 사용한다. 테이블의 크기는 중요하다. 아이의 발이 허공에 떠 까딱거리지 않도록 바닥에 닿아야 한다. 하지만 아이는 안전상의 문제가 없는 한 자유롭게 테이블을 드나들 수 있어야 한다.

테이블 활동 준비물 체크리스트

다음은 테이블 활동 세션을 진행하기 위해 준비해야 할 기본적인 준비물 체크리스트이다.

☐ 아동용 테이블 및 의자(들)
☐ 강화제(음식, 음료, 전자제품, 비눗방울 등)
☐ 플래시카드와 사진을 쉽게 넣을 수 있도록 상단에 기다란 구멍을 낸 신발 상자
☐ 동일한 유아용 첫 단어 플래시카드 두 세트
☐ 동일한 가족 구성원과 좋아하는 물건 사진 두 세트(엄마, 아빠, 주스, 태블릿 등)
☐ 별도의 깨끗한 봉지에 모든 부품을 보관한 장난감 미스터 포테이토 헤드
 (Mr. Potato Head. 인형의 얼굴에 눈, 코, 입, 귀 등을 뺏다 끼우는 장난감.—역주)
☐ 3개 이상의 꼭지 퍼즐
☐ 망치와 공, 팝업 장난감 또는 넣고 빼는 장난감과 같은 간단한 인과 속성 장난감
☐ 한 페이지 당 최대 한 문장과 사진들로 구성된 유아용 첫 단어 책과 쉬운 책들
☐ 여섯 개의 동일한 물건 두 세트
 {장난감 자동차, 숟가락, 컵, 그릇(bowl), 작은 인형 등}

학습 공간을 재미있게 만들기 위해서 어떤 강화제를 사용할 수 있는지 생각해 보자. 나는 보통 작은 조각으로 자른 적어도 두 개의 음식물, 음료, 전자제품(태블릿과 같은) 및 아이가 좋아하는 장난감과 책을 추천한다.

첫 단어 플래시카드 두 세트와 강화제 및 사람들의 사진은 8장에서 논의할 예정인 신발 상자 프로그램과 다른 초급 학습자(early learner. 0-18개월령에 습득하는 기술을 배우는 아이들을 말한다.—역주) 프로그램에서도 매칭을 가르칠 때 사용한다.

첫 단어 플래시카드를 구입할 때, 사진과 함께 앞면에 글자나 단어가 쓰여 있지 않은 실사 사진 카드를 찾아야 한다. 만약 플래시카드에 글자가 포함되어 있으면 약간 수정할 필요가 있다. 예를 들어, 플래시카드에 고양이 사진뿐만 아니라 글자 고가 포함된 경우 글자를 라벨지로 가리거나 지우는 것이 좋다. 언어 지연이나 자폐 아동들이 글자에만 집중할 수 있기 때문이다.

구매한 플래시카드 외에도 엄마, 아빠, 형제, 애완동물, 정기적으로 아이와 만나는 다른 가족이나 친구의 사진뿐만 아니라 주스, 태블릿, 쿠키처럼 강화가 되는 물건의 사진을 인쇄하여 준비한다. 각 사진들은 2장씩 인쇄하여 나중에 동일한 사진을 사용하여 매칭 기술을 가르칠 수 있도록 한다.

중요한 것은 인쇄한 사진에는 **한 사람 또는 한 개의 강화제만** 있어야 하며 관련 없는 물건은 사진상에 없어야 한다는 것이다. 아이가 주스 컵에 담긴 물을 마시는 사진, 아이가 애완동물과 함께 있는 사진, 4명의 가족들과 함께 찍은 가족사진 또는 헬멧을 쓴 엄마가 자전거를 타는 사진 등은 피해야 한다. 이러한 사진들은 당신의 아이에게 혼란을 줄 수 있는 너무 많은 자극들을 담고 있다. 또한 테이블 활동에 사용되는 사진들은 피사체에 초점이 잘 맞은 선명한 것이어야 하며 쉽게 식별할 수 있을 만한 크기여야 한다.

책은 간단한 사진과 단어가 많지 않은 것으로 골라야 한다. 취침시간에는 다른 책을 계속 사용할 수 있지만, 테이블 활동으로 선택한 책은 다른 테이블 활동 자료들과 함께 보관해야 한다.

당신은 다음 장에서 실제 교수법을 배울 것이다. 서두르고 싶은 마음은 이해하지만, 학습자료를 어떻게 사용하는지 설명하기 전에 학습 공간을 준비하고, 필요한 용품을 준비하기를 바란다. 또한 먼저 당신이 아이에게 가르치고 싶은 기술에 대해 설명한 장으로 넘어가고 싶은 마음을 참는 것이 중요하다. 당신의 아이를 위해서라도, 순서대로 따라가도록 고안된 TAA 접근법을 따르지 않는 것은 당신이 범해서는 안 될 실수일 것이다.

페어링과 강화

페어링은 목표로 하는 활동에서 아이에게 어떠한 것도 요구하지 않고 아이가 좋아하는 것(비눗방울, 과자, 당신의 관심 등)을 제공하는 것을 말한다. 이것은 모든 활동을 더 긍정적이고 재미있게 만들어 준다. 단, 페어링은 일회성이 아니므로 아이가 신발을 신는 등 모든 과제에 거부감을 느낀다면 과제를 더 쉽게 하기 위해 페어링이나 리페어링

(re-pairing. 아이가 싫어하는 활동과 선호 자극을 함께 제시하여 선호 활동으로 바꾸는 것.—역주)에 집중할 필요가 있다.

강화제를 제공하는 것 외에도, 당신은 또한 미소 지으며 엄지손가락을 치켜세우는 것과 같은 간단한 제스처와 "최고야!"와 같은 단어나 구를 사용하여 모든 외재적 강화(external reinforcement. 행동에 대한 보상으로 제공하는 장난감, 음식 등의 외부적 보상.—역주)와 칭찬을 페어링해야 한다. 더불어 당신은 당신의 아이가 성공했을 때 박수를 치고 간단히 "와!"라고 말할 수 있다. 처음에는 작은 성공에도 **매번** 강화를 제공해야 할 필요가 있다.

몇 년 전에 어떤 학생이 내가 어린아이를 치료하는 모습을 관찰하러 온 적이 있었다. 그 학생은 내가 아이를 학습에 참여시키려고 제공하는 긍정적인 강화의 양을 보고 믿기 힘들어했다. 과도한 강화를 권하는 것 같겠지만, 전혀 과하지 않다고 장담한다. 이것이 바로 당신이 아이가 배우고 가장 많이 발전하도록 아이를 돕는 방법이다.

많은 부모들은 나에게 강화가 뇌물과 비슷해서 걱정된다고 말하지만, 이들 사이에는 뚜렷한 차이가 있다. 뇌물은 계획된 것이 아니라 문제 행동에 대한 반응이다. 만약 아이가 마트에서 사탕을 달라고 소리를 지를 때 아이의 입을 다물게 하려고 사탕을 준다면 그것은 뇌물이다. 사탕이 가게에서 아이를 진정시키는 데 효과가 있다고 하더라도, 그것은 시간이 지남에 따라 문제 행동을 악화시키는 단기적인 변화일 뿐이다. 아이가 탠트럼을 보일 때 사탕을 주는 것은 아이에게 울면 좋은 것을 얻을 수 있다는 것을 가르쳐주는 것이다. 그래서 마트에서의 뇌물은 당신이 원하지 않는 문제 행동을 강화할 뿐이고, 그런 행동은 거의 항상 목욕시간, 취침시간, 학습시간으로 전이될 것이다.

뇌물과는 반대로 강화는 계획된 것이다. 착석해서, 모방하고, 말하는 것과 같은 좋은 행동은 종종 강화되어 장기적으로 긍정적인 변화를 가져온다. 뇌물을 사용할 때는 아이가 실제 주도권을 가지고 자신의 원하는 것을 얻는다. 강화의 경우에는 어른이 강화를 계획하고 아이가 "바른" 행동과 우리가 더 자주 보고 싶은 행동을 아이가 할 때 강화가 제공된다.

따라서 계획을 짜서 아이를 가르치기 시작할 때, 주저하지 말고 칭찬과 긍정적인 강화를 충분하게 제공해야 한다. 당신이 아이의 울음이나 다른 문제 행동을 강화하지 않는 한, 그것은 아무런 해를 끼치지 않을 것이다.

뇌물과 강화의 차이
메리 바베라

뇌물 대 강화

뇌물

계획된 것이 아닌
아이의 행동에 반응하는
문제 행동에 뒤따르는
종종 아이와 협상하는
행동 문제를 더 심하게 하는 단기적인 변화

강화

계획된 것으로
어른의 주도하에
바람직한 행동에 따르는
칭찬과 함께 제공되는
장기적으로 긍정적인 변화

이제 당신은 평가와 계획을 마치고 테이블 활동을 위한 자료를 준비하면서 오늘부터 시작할 수 있는 핵심 전략을 배울 준비가 되었다.

가장 중요한 단일 페어링 전략: 한 단어×3 사용하기

지난 20년 동안, 나는 내 "한 단어×3 전략"이 말을 촉진하는 가장 효과적인 단일 페어링 방법이라는 것을 알게 되었다.

TAA 접근법의 핵심인 이 전략을 사용할 때, 당신은 강화를 제공하기 전에 한 단어를 생동감 넘치는 방식으로 천천히 최대 세 번까지 연속해서 말한다. 내가 "최대" 세 번이라고 말하는 것은 만약 아이가 당신이 처음이나 두 번째 말한 후에 그대로 따라 하면 당신은 강화제를 즉시 주어야 하기 때문이다. 만약 당신의 아이가 바나나를 좋아한다면, 과일을 여러 조각으로 자른다. 각각의 조각을 주기 전에 "바나나, 바나나, 바나나"라고 세 번까지 말한다. 만약 아이가 "바나나" 또는 "나나"라고 말한다면, 가능한 한 빨리 바나나 조각을 아이에게 건네준다. 그런 다음 1-2분 후에 또 다른 바나나 조각을 아이에게 보여 주며 "바나나"라고 말하고 건네주기 전에 아이가 더 자발적으로 바나나를 요구하는지 몇 초 동안 기다려 본다. 마지막으로 아이가 문제 행동을 보이거나 당신이 연속해서 한 단어를 세 번 말해 줄 때 아이가 흥미를 잃으면 말하는 속도를 높이고 단어를 반복하는 횟수에 변화를 준다.

만약 당신의 아이가 말을 잘하지 못하거나 아예 못한다면, 엄마가 길게 문장으로 하는 말을 이해하기는 힘들 것이다. 따라서 완전한 문장으로 말하기보다 단단어(single words. 한 단어 수준으로 말하는 것.—역주)로 반복해서 말을 한다. 단단어로만 이야기하면 아기 같은 말투로 대화하는 것처럼 느껴질 수도 있지만, 나는 말을 단순하게 하면 아이의 이해력과 언어 능력이 더 빨리 향상된다는 것을 알게 되었다. 또한, 단어의 음절 수는 구나 문장의 길이보다 더 중요하다. 따라서 특히 아이가 현재 말을 전혀 하지 않는다면, 음절 수가 적은 단어를 사용하는 것이 중요하다.

예를 들어, 만약 당신의 아이가 안아 달라고 할 때, "좋아, 수지야. 내가 안아 줄게."라고 말하는 것을 삼가한다. 만약 아이의 언어 이해력이 매우 낮은 경우, 그렇게 말하면 아이에게는 전혀 알아들을 수 없는 외계어로 들릴지도 모른다. 그 대신 아이를 안아 주기 직전에 "안아, 안아, 안아."라고 말한다. 문을 열 때는, "열어, 열어, 열어."라고 말해야 한다. 아이가 유아용 의자에서 내리는 것을 도울 때는, "내려, 내려, 내려."라고 말해야 한다.

정식으로 테이블 활동을 시작하기 전에라도 하루 종일 모든 상황에서 이 한 단어×3 전략을 사용할 수 있다. 이 전략으로 당신은 자연스럽게 아이의 스승이 되고, 아이는 당신의 말을 따라 하면 강화제를 얻게 된다는 것을 이해할 것이다. 심지어 아이의 언어 능력이 향상되기 시작할 수도 있을 것이다.

그러나 앞으로 소개될 장들을 읽기 전에는 테이블 활동을 시작하거나 테이블 활동 자료를 사용하거나 아이에게 새로운 요구를 많이 하지 말기를 바란다. 아이에게 부족한 부분을 한꺼번에 모두 "고쳐" 따라잡으려고 서두르는 것은 자칫 역효과를 낼 수 있다.

다음 장에서는 아이의 탠트럼과 다른 문제 행동들을 어떻게 다루어야 할지에 대해서 배우게 될 것이다. 당신의 아이가 아직 심각한 문제 행동을 나타내지 않더라도 다음 장을 읽기를 바란다.

6

탠트럼을 멈추고 배우기 시작하라

발달 지연 여부와 상관없이 모든 아이들은 울며 때때로 탠트럼을 한다. 하지만 자폐나 자폐의 징후를 보이는 아이들 특히 심각한 언어장애가 있는 아이들은, 훨씬 더 많은 문제 행동을 보이는 경향이 있다. 이것은 전형적인 아이들뿐 아니라 발달이 지연된 아이들이 대체로 규칙을 잘 이해하지 못하고, 자신이 필요한 것과 원하는 것을 얻기 위한 언어 사용 능력이 충분히 발달하지 않았기 때문이다. 그래서 우리가 아이들에게 안 된다고 말하고 그들의 발달 수준을 고려하지 않은 요구를 계속 늘어놓으면, 아이들은 멜트다운(melt-down. 감정 혹은 감각 폭발로, 자폐 아동에게 자주 나타난다.—역주)을 하게 된다.

우리가 탠트럼과 다른 문제 행동을 멈추는 방법에 대해 더 깊이 파고들기 전에, 앞의 두 장을 읽고 그에 따라 평가와 계획을 작성하는 것이 중요하다. 이것들은 퍼즐의 큰 조각들이다. 또한 당신이 "문제 행동들"이라고 부르든 그렇지 않든 간에 아이의 학습을 막는 모든 장벽을 해결하는 방법을 안내할 것이기 때문에 당신의 아이에게 큰 문제 행동이 없다고 생각하더라도 이 장을 건너뛰지 말았으면 한다.

앞 장에서 이미 켈시에 대해 읽은 바대로, 켈시의 큰아들 브렌틀리의 문제 행동은 상황이 얼마나 더 나빠질 수 있는지를 보여 주는 예시이다. 앞에서 기술했듯이, 브렌틀리의 자폐 진단이 내려지기까지 1년이 걸렸고 자폐 전문 ABA 클리닉에 보내는 데 또 3개월이 걸렸다. 켈시가 아직 TAA 접근법을 모르던 15개월 동안 브렌틀리는 아주 빈번히 켈시에게서 도망쳐서 거리로 뛰쳐나가거나 물을 향해 달려가고는 했다. 그래서 대형 사고를 막기 위해 켈시는 줄과 미아방지끈을 사용해야 했다. 밖에 나가서 벌이는 이런 위험한 행동 외에도 브렌틀리는 자신이 원하는 것을 얻지 못하면 비명을 지르면서 바닥이나 땅을 뒹굴며 하루에도 100번씩 땅에 머리를 부딪고는 했다. ABA 클리닉의 행동분석전문가가 브렌틀리가 치료 수업을 계속 받으려면 머리 보호용 헬멧을 착용해야 한다고 할 정도로 이 자해 행동은 걱정스러운 수준이었다.

헬멧을 착용해야 한다는 제안을 받아들이기 직전에 켈시는 나의 TAA 온라인 프로그램을 발견해 냈다. 켈시에게 ABA 치료는 진단을 받고 치료를 시작하기까지 너무 오래 기다려 온 것이었고 ABA 치료비는 그녀가 아닌 보험회사가 부담하고 있었지만, 켈시는 치료실에 가는 것이 상황을 호전시키는 것이 아니라 더욱더 악화시킨다는 것을 깨달았다. 그곳의 치료사들은 켈시가 내 수업에서 배운 전략을 사용하지 않았다. 브렌틀리가 원하는 물건을 맨드할 수 있게 하거나 한 세션 동안 가만히 앉아서 학습자료에 집중하는 시간이 단 5분도 되지 않는데 색깔을 가르치고 있었던 것이다. 켈시는 브렌틀리가 극단적인 행동을 하는 이유는 요구를 너무 많이 하는 데 비해 강화가 너무 낮기 때문이라는 느낌을 강하게 받았다.

보험사의 재정적인 지원을 받아 진행하는 전문적인 치료의 손길을 마다한다는 것은 켈시에게 큰 용기가 필요한 일이었다. 그러나 켈시는 아들의 상황을 바꾸기 위해서는 무엇인가를 해야 한다는 것 역시 알고 있었다. TAA 온라인 프로그램을 적용한 지 몇 달 만에 브렌틀리가 머리를 부딪는 횟수는 하루에 100회에서 거의 0회 수준으로 줄었고, 착석해서 과제를 하는 것을 좋아하게 되었으며, 더 이상 엄마에게서 달아나지 않게 되면서 물이나 자동차 등으로부터 안전해질 수 있었다.

물론, 모든 아이들이 브렌틀리처럼 큰 문제가 있는 것은 아니다. 내가 이전에 만났던 잭은 두 살이 된 직후에 자폐 진단을 받은 아주 온화한 아이였다. 내가 첫 번째 상담을 하기 위해 그 집에 들어섰을 때 아이는 빨대를 들고 문 앞에 나와 나를 보고 미소지었다.

잭의 부모는 아이가 대체로 즐겁게 지내고 있으며 문제 행동을 거의 하지 않는다고 알려 주었다. 하지만 잭은 빨대를 좋아했고 특히 빨대를 깨끗한 병에 꽂는 것을 좋아했다. 그리고 줄 세우기 역시 좋아했다. 잭은 말을 하지 않았고, 월령에 따른 기술을 거의 가지고 있지 않았으며, 착석하는 것을 아주 싫어했다. 잭의 집을 세 번 방문하면서 잭이 자발적으로 테이블에 앉도록 하는 방법을 알아내는 데만 6시간이 걸렸다!

매주 상담을 받기로 결정한 후 시작한 첫 달부터 나는 잭에게 식이와 편식 문제도 있다는 것을 알게 되었다. 잭이 물컹거리는 음식을 보는 것만으로도 울음과 탠트럼을 보였기 때문에, 잭의 부모는 아이를 조용히 시키고 기분 좋게 만들려고 아이가 울지 않고 먹을 수 있는 핑거 푸드(finger food)만 주었다. 잭은 브렌틀리처럼 공격적이거나 자해를 하지는 않았지만, 이런 문제 행동들 때문에 언어와 사회적 기술을 배울 수 없었다.

당신은 아이가 극단적으로 편식을 하고 매일 몇 시간씩 장난감을 줄 세우며 시간을 보내고, 병에 빨대를 꽂는 것이 다른 사람을 다치지 않게 한다고 생각할 수도 있지만, 이것은 심각한 문제다. 인생의 처음 몇 년 동안, 당신 아이의 뇌는 서로 "신경망이 연결"되어 있다. 이 시기의 가장 좋은 시나리오는 깨어 있는 시간(주당 100시간)에는 문제 행동을 거의 하지 않거나 전혀 일으키지 않는 긍정적이고 재미있는 환경에서 사회 및 언어적 지연을 따라잡기 위한 활동에 아이를 참여시키는 것이다.

아이에게 탠트럼을 하게 하거나 새로운 기술을 배우지 못하게 방해하는 어떤 문제 행동이 있다면-브렌틀리와 같이 심각한 것이든 잭처럼 가벼운 것이든 간에-이러한 행동을 가장 먼저 해결해야 한다. 아이가 탠트럼을 하고 소리를 지르고 울고 있는 동안에는 무엇을 가르치는 것이 불가능하다. 당신은 아이를 진정시키기 위해 아이를 안아 주거나 아이를 안아서 데리고 나가 상황에서 벗어나는 것이 답이라고 생각할 수도 있다. 그러나 이런 전략들은 장기적인 관점에서 봤을 때 역효과를 내기 일쑤이다. 아이가 언젠가는 안아서 옮기기에 너무 커진다는 것을(아직 그렇지 않다면) 기억해야 한다. 따라서 문제 행동이 나타나자마자 문제를 해결하는 것이 중요하다. 목표는 장난감을 일렬로 세우거나, 울거나 칭얼거리는 것처럼 **사소한** 문제 행동은 줄이고 누군가를 때리거나, 머리를 흔들거나 바닥에 부딪히는 것처럼 **심각한** 문제 행동은 없애거나 없는 것과 마찬가지의 수준으로 낮추는 것이다.

4장에서 아이의 시작점을 파악하고 아이의 문제 행동을 빠르게 기록하는 것이 중요하다는 점을 설명했다. 이번 장에서는 부모가 탐정이 되어 행동의 **원인**을 파악하여 단순하게 문제 행동에 반응하는 것이 아니라 **예방**하는 방법을 배우게 될 것이다.

당신의 아이가 당신과 의사소통을 하기 위해 그 행동을 한다는 것을 기억하라. 아이가 문제 행동을 할 때 아이를 안아 주거나 붙들고, 탠트럼을 그치게 하기 위해 하고 싶은 것을 하게 허락해 주는 것이 제일 먼저 하게 되는 행동일 것이다. 이것이 단기적으로는 효과적일 수 있지만, 장기적으로는 더 심각한 문제 행동으로 이어질 수 있다. 그리고 당신이나 당신의 배우자, 아이의 조부모나 돌봄 서비스 제공자가 어떤 종류든 훈육하는 것이 답이라고 생각한다면, 이 역시도 역효과를 낼 것이다. 어떤 아이든 탠트럼을 하는 아이는 이미 좌절하고 화가 나 있다는 사실을 기억하라. 처벌과 위협은 행동을 더욱 악화시킨다.

아이가 울고 있거나 탠트럼을 하고 있다면, 이것은 더 이상 "윈-윈(Win-Win)"을 하는 상황이 아니다. 그 시점에서는 두 가지 선택만이 있다. 행동에 반응하거나 무시하는 것, 둘 다 문제 행동을 더욱 심각하게 할 수 있다.

핵심은 당신에게 주어진 시간의 95%를 써도 될 정도로 모든 종류의 문제 행동을 예방하는 것이 중요하다는 것이다. 이를 위해서는 가급적 아이에게 요구를 하지 않거나 하기 쉬운 요구만 해서 하루 중 95%의 시간 동안 아이가 문제 행동을 일으키지 않는 긍정적인 상태여야 한다. 이 장에서는 가능한 한 적극적이고 긍정적인 방법에 대해 배우게 될 것이다.

이 질문에 대해 생각해 보라. 만약 내가 당신에게 당신의 아이가 문제 행동을 하지 않고 즐거운 하루를 보낸다면 1,000달러를 주겠다고 제안한다면, 당신은 어떤 일까지 할 수 있을까? 당신은 아마도 아이가 하루 종일 좋아하는 일을 할 수 있도록 모두 허락해 줄 것이다. 당신은 아이에게 디저트로 쿠키를 무한히 먹도록 허락해 줄 수도 있고 하루 종일 같은 비디오를 보도록 허락해 줄 수도 있다. 아이가 하기 싫어하는 것은 시키지 않을 것이다. 아이가 목욕을 하거나 신발을 신거나 다른 식구들과 식사를 할 필요도 없다. 간단히 말해서, 당신은 아이에게 강화제를 자유롭게 이용하게 하고 요구는 매우 적게 할 것이다.

이해가 잘 안 될 수도 있지만, 이것이 문제 행동을 예방하기 위해 시작해야 할 지점이다. 당신은 가능한 한 요구는 적게 하면서 아이가 좋아하는 것을 자유롭게 하도록 해야 한다. 물론 아무리 노력해도 아이에게 아무런 요구를 하지 않는 것은 사실상 불가능하다. 아이가 쿠키 한 상자를 다 먹게 놔둘 수는 없고, 네 살짜리 아이가 신발도 신지 않고 유치원에 가도록 내버려 둘 수도 없다. 그러나 전반적으로, 당신은 아이가 "올바른" 행동과 태도를 보일 때를 찾아 문제 행동을 하지 않을 때 엄청난 강화를 주는 "손주 바보 할머니"가 되어야 한다. 의사소통을 가르치고 주요 문제 행동을 없애는 방법에 대해 더 많이 알게 될 때까지는 가능한 한 아이에게 아니라고 말하는 것을 제한하고 하기 싫어하는 어려운 일은 피하도록 하자.

행동의 기능들

나의 첫 번째 책인 『우리 아이 언어 발달 ABA 치료 프로그램』과 TAA 온라인 프로그램에서 나는 행동의 네 가지 기능들에 대해 논의한 적이 있다. 그때 내가 충분히 설명하지 못했던 중요한 점은 문제 행동뿐 아니라 모든 행동이 네 가지 중 하나 이상의 기능 때문에 발생한다는 것이다.

탠트럼을 하거나 다른 문제 행동뿐 아니라 말하기와 모방 같은 "좋은" 행동 또는 친사회적 행동 역시 다음과 같은 이유로 발생한다.
1. 필요로 하거나 원하는 물건이나 관심, 정보를 얻기 위하여
2. 힘들거나 하기 싫은 일을 피하려고
3. 아무 일도 일어나지 않을 때 스스로를 자극하기 위해서

4. 통증이나 불편함을 완화하려고

첫 번째 기능은 원하는 무엇인가를 얻기 위한 것이다. 이것이 아이들이 "기차"나 "우유"라고 말하는 것처럼 "좋은" 행동을 하거나 우는 것처럼 "나쁜" 행동을 하는 이유다. 말하거나 우는—두 가지 행동 모두 당신의 주의를 끌게 될 것이고 아이는 원하는 물건을 가지게 될 것이다. 이 기능은 종종 아이들이 무엇인가를 요구할 때 기다려야 하거나 원하는 것을 달라고 했을 때 안 된다는 대답을 들으면 나타나는 기능이다. 예를 들어 브렌틀리는 주스를 달라고 요구했을 때 엄마가 안 된다고 대답하자, 울면서 주저앉아 바닥에 쿵 소리가 날 정도로 몸을 굴렸다.

두 번째 기능은 무엇인가를 해야 하는 상황에서 벗어나는 것이다. 이것이 아이가 따지고, 무시하고 혹은 탠트럼을 하는 이유이다. 당신 아이가 목욕하기를 원하지 않는다고 생각해 보자. 아이가 말을 굉장히 잘한다면, 아이는 목욕하기 전 30분 동안 TV를 더 보게 해 달라고 요구하며 우기거나 사정할 수도 있을 것이다. 그러나 아이가 말을 하지 못하거나 조금밖에 하지 못한다면 징징거리며 울지도 모른다. 당신은 목욕시간을 30분 정도 늦춰 주거나 그날 밤에는 목욕을 하지 않게 해 줄 수도 있다. 이로써 아이는 대들거나, 징징대거나, 울면서 따지면 목욕(또는 다른 좋아하지 않는 일들)을 하지 않을 수 있음을 알게 된다.

세 번째 기능 또는 이유는 감각 자극을 얻기 위한 것으로 이는 좋은 행동이나 나쁜 행동을 불러올 수 있다. 우리의 모든 여가 활동들은 우리에게 감각적 정보를 제공한다. 그러나 발달 지연이 있는 아이들은 연령에 맞는 놀이를 할 능력이 거의 없으므로, 많은 정적 강화가 주어지지 않으면 문제 행동을 하는 경향이 있다. 내가 예전에 만났던 크리스토퍼는 느낌이 좋다는 이유로 몇 시간 동안 뒷머리를 박아 댔다. 이런 문제 행동을 하게 된 데는 사람만 좋지 아이에게 적절한 자극을 주지 않아 자극이 부족한 상태로 만든 베이비시터가 그 원인이었다. 다른 유형의 자기 자극 행동으로는 흔들기, 소음 만들기, 반복적으로 일렬로 늘어놓기 또는 아이가 의미를 이해하지 못하고 특정 소리, 단어, 구를 반복해서 말하는 **언어적 자기 자극 행동**이 있다.

네 번째 기능은 종종 잊히기도 하는데 본질적으로 신체적이고 의학적인 기능이다. 온전히 대화가 가능한 아이들과 성인들은 왜 자기들이 약을 먹어야 하거나 4번째 기능에 해당하는 일을 해야 하는지 이해를 할 수 있다. 이 아이들은 내가 얼마나 아픈지 말할 수 있고 아프지 않게 해 주는 약을 달라고 말할 수도 있다. 자폐가 있거나 언어 지연이 심각한 아이들은 이런 말하는 방식으로 의사소통을 할 수 없기 때문에 아프거나 스트레스를 받으면 자신의 손을 물어뜯거나 타인을 공격하는 등의 행동으로 자신의 욕구를 표현한다. 손을 무는 것이 두통과 같은 통증을 완화하는 데 도움을 주기도 한다. 이상하게 느낄 수 있지만, 옛날 영화에서 나오는 마취술이 없던 시기의 수술 장면을 떠올려 보라. 환자에게는 수술받고 있는 신체 부위의 고통을 완화하는 방법으로 입에 물고 있을 수건이 주어진다. 이렇듯 물어뜯는 행동은 더 큰 고통을 줄이는 방법으로 널리 알려져 있다.

아이가 머리를 때리거나 무는 자해 행동을 한다면, 즉시 병원에 가서 진료를 받거나 행동분석전문가를 찾아가 상황을 평가하고 아이를 도와야 한다. 나는 이 장에서 이 문제를 단순하게 설명하려고 노력하고 있지만, 심각한 문제 행동을 줄이는 것은 사실상 매우 복잡한 일이다. 행동을 완화하는 동안 아이, 부모 및 주변의 모든 사람들을 보호하기 위한 적절한 조치를 알려 줄 전문가가 필요하다. 그리고 당장 의학적 문제가 발견되지 않더라도 계속 지켜보아야 한다. 그렇게 하는 동안, 아이에게 요구를 줄이고 문제 행동을 하지 않을 때 더 많은 강화를 주도록 한다.

아이의 몸짓, 말과 같은 행동의 기능을 데이터로 만들어 보관할 필요는 없지만, 어떤 기능(들)이 아이에게 그런 행동을 하게 유도하는지 아는 것은 도움이 된다. 같은 행동이 한 가지 이상의 기능을 가질 수 있다는 것을 명심하라. 예를 들어 아이는 싫어하는 어떤 활동을 하지 않으려고 탠트럼을 할 수 있지만, 다른 경우에는 단순히 주의를 끌고 싶어서나 아니면 자신의 요구에 당신이 안 된다고 말했기 때문에 탠트럼을 할 수도 있다.

많은 상황에서, 우리의 모든 행동들은 한 가지 이상의 기능 때문에 발생한다. 이는 특히 선호도가 높은 활동을 하다가 더 어렵고 하기 힘든 새롭거나 무서운 행동으로 전환할 때 더욱 잘 나타난다. 예를 들어 우리가 아이에게 "컴퓨터 이제 그만해."(아이가 좋아하는 물건을 가지고 노는 일)라고 말한 다음 즉시 "이제 목욕할 시간이야."(힘들거나 또는 덜 선호하는 일)이라고 말하면 울 수 있다. 하지만 걱정하지 마라.—우리는 이 장의 뒷부분에서 전환 문제를 다루기 위한 전략에 대해 논의할 것이다.

ABC 데이터를 이용해 문제 행동 평가하기

다행히도, 문제 행동이 "왜" 일어나는지는 자폐나 발달 지연과 아무 관계가 없으며 전형적인 아이에게서도 나타난다는 것을 알기 바란다. 이 정보는 모든 어린이(또는 성인)가 문제 행동을 줄이는 데 도움이 될 것이다.

또한, 행동의 기능이나 다른 기능과 상관없이 내 TAA 접근법은 95%의 시간을 쓰더라도 어떻게 하면 문제 행동을 예방할 수 있는지 가르치는 데 중점을 둔다. 이 장에서 거론한 예방 전략은 아이가 반응하고, 배우고, 일반적으로 더 행복하게 느낄 수 있도록 만들어져 있다. 대부분의 경우, 당신이 아이가 하기를 바라는 좋은 행동을 하게 하는 것은 문제 행동을 감소시키고 때로는 완전히 사라지게 할 수 있다.

문제 행동을 예방하고 다루는 방법을 배울 때 중요한 것은 그 행동으로 이어지는 패턴을 밝히는 것이다. 전문적 행동분석전문가들은 **선행사건**, **행동**과 **결과**를 나타내는 "ABC(Antecedent, Behavior, Consequence: ABC. 선행사건, 행동, 결과.—역주) 데이터"를 사용한다. 이 도구를 어떻게 사용하는지 알아보자.

문제 행동 직전에 발생하는 행동의 계기가 되는 사건을 **선행사건**이라고 한다. 이 중 일부는 아이를 깜짝 놀라게 하는 화재경보기처럼 우리가 통제할 수 없는 것들이 있다. 그러나 대부분의 경우, 당신이 아이에게 안 된다고 말하거나 하고 싶지 않은 것을 시킨 것들이 선행사건이 된다. 이것은 전형적인 아이들에게도 마찬가지로 일어나는 일이다. 그러나 앞에서 썼듯이, 자폐나 언어 지연을 가진 아이들은 대개 규칙이나 결과를 이해하지 못하고 그들이 좋아하거나 싫어하는 것을 당신에게 전달하는 능력이 부족하다.

선행사건은 아이가 신발을 신거나, 목욕을 하거나, 차에 타라고 아이에게 요구한 것일 수 있다. 내가 상담했던 애니는 밥 먹으라고 엄마가 식탁으로 부르는 소리를 들으면, 비명을 지르고는 했다. 내가 만났던 또 다른 아이인 페이스는 엄마가 신발을 신으라고 하면 나가기 싫다거나 신발을 신기 싫다는 이유로 바닥을 뒹굴었다. 내가 치료했던 제이콥이라는 소년은 놀이터에서 집으로 가려고 하면 네 블록을 갈 때마다 문제 행동이 나타나는 양상을 보였다. 제이콥은 울거나 때로는 손으로 머리를 때리고 딱딱한 표면에 머리를 부딪는 등의 자해 행동을 하기도 했다.

ABC 데이터의 **행동** 부분은 당연히 선행사건에 대한 반응으로 아이가 보이는 행동이다. 아이의 탠트럼이 바닥을 뒹굴거나, 울고, 소리를 지르고, 자신의 머리를 주먹으로 때리고, 다른 사람에게 피해를 끼치는 것을 포함하는가? 어떤 아이들은, 울거나 칭얼거리는 것으로 시작하기도 한다. 일반적으로, 아이들은 가벼운 문제 행동을 해서 자신들이 원하는 것을 얻지 못하면, 바닥을 뒹굴고, 머리를 부딪거나 형제에게 공격적인 행동 등 문제 행동이 더 악화되는 양상을 보인다.

선행사건 데이터와 행동 데이터를 기록할 때는 행동에 대해 구체적이고 자세한 설명을 기록하는 것이 중요하다. 예를 들어 "아이가 멜트다운 되었다."라고 쓰는 것만으로는 충분하지 않다. 대신, "멜트다운"이 어떤 양상인지 기록해야 한다. 아이의 **멜트다운**이 바닥을 뒹굴거나, 소리 지르거나, 당신을 때리거나 여동생을 무는 것인가? 그 행동은 얼마나 지속되는가? 상황에 따라 탠트럼의 길이가 달라지는가? 아이가 소리를 지른다면, 소리의 크기와 비명이 얼마나 오래 지속되는지 기록하는 것도 좋다. 아이가 "불안"해 한다면 어떤 식으로 나타나는가? 아이가 방 안을 돌아다니는가? 머리를 테이블에 머리를 숙이는가? 아니면 숨을 더 빨리 쉬기 시작하는가? 실제로 당신은 불안을 "볼" 수는 없지만, 아이가 불안할 때 보이는 행동을 보고 그 정도를 측정할 수는 있다.

행동이 발생하는 장소와 시간 역시 중요하다. 왜냐하면 행동은 매일 같은 장소나 시간에 발생할 수 있기 때문이다. 이런 패턴은 아이가 힘들어하는 활동, 장소 또는 시간을 알아내는 데 도움이 될 수 있다. 만약에 당신이 선행사건 및 행동에 관한 데이터로 아이의 문제 행동이 점심 전이나 낮잠 시간에만 발생한다는 것을 알 수 있다면 예방 전략을 세울 때 그 부분에 집중할 수 있을 것이다. 이런 행동이 특정 환경에서만 발생하고 다른 환경에서는 거의 발생하지 않거나 아예 발생하지 않는가? 특정 인물이 주변에 있을 때 이런 행동이 일어나는 경향이 있는가? 이는 당신이 데이터를 통해 알아내야 하는 특이성의 유형이다. 왜냐하면 당신이 탐정 일을 하는 데 필요한 단서를 제공해 주기 때문이다.

결과는 ABC 양식의 마지막 부분이다. 이는 단순히 문제 행동이 발생한 직후에 일어나는 일이다. 어떤 결과는 그 자체로 발생한다. 머리 위로 시끄러운 비행기가 지나갈 것이고, 연기 탐지기의 시끄러운 경보는 결국 멈출 것이다. 그러나 우리가 아이들에게서 보는 대부분의 문제 행동은 어른이 대처하는 방법에 따라 "꺼질 것이다." 따라서 당신이 보는 일반적 행동에 대해 생각할 때, 나는 당신이 일반적인 계기 사건(triggers)이나 문제 행동을 멈추기 위해 무엇을 하는지에 대해 생각해 보길 바란다. 만약 아이가 바닥을 뒹군다면, 당신은 대체로 가 버리는가? 아니면 아이를 들어 올리는가?

그 결과는 아마 상황에 따라 다를 것이다. 다른 곳을 가야 할 필요가 없다면 바닥을 뒹구는 행동을 무시할 수도 있지만, 다른 약속이 있다면 문제 행동을 멈추도록 노력을 해야 할 것이다. 배우자 앞에서, 어린이집에서 또는 학교에서 이런 행동이 일어난다면 어떤 결과가 올 것인가? 같은 행동에 다른 방식으로 반응하는 것은 거의 대부분의 경우 강화가 되며, 이것은 이 행동이 앞으로도 계속될 것이며 다음번에 아이가 어떻게 반응할지에 영향을 미친다는 것을 의미한다. 예를 들어, 아이에게 형을 데리러 가기 위해 외투를 입고 버스 정류장까지 가자고 말한다고 생각해 보자. 아이는 이 요구(선행사건)를 듣고 울면서 바닥을 뒹군다(행동). 당신은 바쁘고 아이가 더 이상 화내는 것을 원치 않기 때문에, 버스 정류장까지 차를 타고 간다면 외투를 입지 않아도 된다고 말하기로 결정할 것이다. 달콤한 거래를 성사시켜 아이를 바닥에서 일으키기 위해, 당신은 아이가 가장 좋아하는 장난감을 가지고 차에 타도 된다고 아이에게 말할 것이다. 내가 말하는 다음의 사실을 믿어라. 단기적으로는 이 거래는 통하겠지만, 아이는 이를 통해 배울 것이다. 다음에 무엇인가 하기 싫은 일이 생기면(외투를 입든, 목욕을 하든, 새로운 음식을 먹든지 간에) 아이는 비명을 지르며 바닥을 뒹굴면 원하는 것을 얻을 수 있다는 것을 말이다.

다음의 예시를 통해, ABC 데이터로 문제 행동을 예방하는 방법을 어떻게 파악하는지 쉽게 알 수 있다. 다음은 행동의 ABC를 기반으로 한 데이터를 기록할 수 있는 간단한 양식이다.(TurnAutismAround.com에서 ABC 양식을 찾을 수 있다.)

ABC 차트

ABC 차트(선행사건, 행동, 결과 차트)

날짜/시간	활동	선행사건	행동	결과
행동이 언제 발생했는가	행동이 발생할 때 어떤 활동을 하고 있었나	행동을 일으킬 계기일지 모르는 행동 직전에 일어난 일	행동이 어떻게 보이는지	행동이나 행동의 결과로 어떤 일이 일어났는지
예 1: 1월 8일, XX 오전 10시 10분	식료품 계산대에 줄 서기 — 사탕을 봄	사탕에 손을 뻗자 안 된다고 말함	소리를 지르며 바닥을 뒹굶	사탕을 줌
예 2: 1월 10일, XX 오후 5시	저녁 식사 시간	식사를 하러 식탁으로 오라고 부름	울면서 싫다고 말함	거실에서 식사하도록 해 줌

달력 시스템

많은 아이들이 낮은 수준의 사소한 문제 행동을 매일 저지르며, 심각한 문제 행동은 일주일에 한 번 또는 한 달에 한 번처럼 훨씬 덜하다. 심각한 문제 행동을 보이지 않던 루카스는 6살이 되자 자해 행동(자기 손으로 머리 때리기)과 공격성을 보이기 시작했다. 내 기억에 루카스는 2살 이후 아무도 물지 않았다. 그래서 나는 6살이 된 루카스가 일주일 동안 엄마와 동생을 물었을 때 많이 걱정되었다. 같은 시기쯤 해서, 루카스가 갑자기 음성과 운동 틱을 하기 시작했으며 결국 알레르기 및 면역학자에게 소아자가면역질환(PANS)이라고 진단받았다. 다행히, 우리는 루카스의 갑작스러운 심각한 문제 행동의 원인이 건강 문제였으므로 몇 가지 다양한 항생제를 시험해 본 끝에 루카스의 틱뿐만 아니라 자해 행동과 공격을 거의 없앨 수 있었다.

이 기간 동안 나는 루카스의 의학적 문제와 문제 행동을 추적하는 데 도움이 되는 달력 시스템을 개발해 냈다. 결과적으로 말해서 내가 상담했던 사람들 대부분이 이 같은 시스템을 사용하게 되었다.

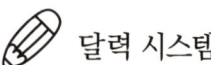 달력 시스템

1월						
일요일	월요일	화요일	수요일	목요일	금요일	토요일
	1 두통으로 이부프로펜 처방	2 알레르기 /주사	3	4	5	6
7 늦은 취침시간: 저녁 10시	8	9	10 새벽 4시에 깨서 울었음 / SIB -이부프로펜	11	12	13 늦은 취침시간: 저녁 11시 30분
14	15 오후 2시 약간 흥분	16	17 M 박사 예약	18	19	20
21	22 H 박사 예약 부비동염 감염 1일 차	23 감염 2일 차	24 감염 3일	25 감염 4일 차	26 감염 5일 차	27
28	29	30	31			

루카스의 달력을 예를 들자면, 1월 10일 오전 4시에 일어난 자해 행동처럼 주요 문제 행동 외에도 알레르기 주사, 의사와의 약속 및 의학적 치료뿐 아니라 약, 보충제 또는 음식의 변화를 아이의 달력을 사용하여 기록하는 것이 좋다. 자폐 아이들은 때때로 매우 약물에 민감하게 반응하며, 그들의 반응은 탠트럼이나 다른 특이한 행동으로 나타날 수 있다.

의료 전문가들조차 문제 행동을 자폐나 발달 지연의 증상이라고 쉽게 치부해 버리지만, 실제로 신체적 고통이나 다른 의학적 문제가 문제 행동의 원인일 수 있다. 문제 행동의 원인이 두통처럼 간단한 것일 수도 있다. 예를 들어, 나의 달력 데이터는 루카스가 알레르기 주사를 맞을 때면 두통과 문제 행동이 나타나는 경향이 있다는 것을 알아내는 데 도움을 주었다. 당신이 아이의 배변이나 수면 문제가 문제 행동을 유발하는 것이 아닌지 의심한다면 달력 시스템을 사용하여 이런 문제를 추적할 수 있다. 이 문제는 책의 뒷부분에서 다시 다룰 것이다.

나는 개인적 일정과 업무 일정에만 디지털 달력을 사용하고, 루카스의 치료와 행동에 관한 데이터를 수집할 때는 물리적인 종이 달력을 사용한다. 이에 더해서 루카스와 관련된 그 누구라도 문제 행동을 달력에 기록할 수 있도록 허용했기에, 우리는 병원 진료에서 이 달력을 바탕으로 루카스의 행동 추이를 살펴보고 약물을 조정할 수 있었다. 나는 데이터를 보고 결과적으로 상황을 판단하게 하여 더 나은 선택을 도와주는 이 달력 시스템이 루카스의 건강을 개선하고 주요한 문제 행동을 거의 없앨 수 있었던 이유라고 굳게 믿고 있다.

따라서 모든 데이터를 수집했다면, 데이터를 분석하고 사소하거나 주요한 문제 행동이 둘 다 얼마나 자주 발생하는지를 알아낼 뿐만 아니라 패턴을 찾아내야 한다. 이 정보는 아이의 개선에 필요한 태도가 어떤 것인지 알아내고 결정짓게 하며 아이의 삶에 있는 모든 사람들이 따를 동일한 맞춤형 계획을 만드는 데 도움이 된다. 이 계획은 아이를 돌보는 모든 사람들 즉 배우자, 당신의 부모, 베이비시터, 교사, 언어재활사, 행동분석전문가들이 일관되게 중재하는 데 큰 도움이 될 것이다.

아이의 행동이 자신 또는 누군가를 다치게 하거나 즉시 전문적 도움이 필요한 심각한 문제 행동이 아닌 경우, 계획을 세우기 전에 적어도 2-3일 동안 데이터를 수집하는 것이 좋다. 그런 다음 예방 전략에 집중하라. 문제 행동이 여전히 발생하는 경우를 대비하여 무기고에 몇 가지 반응도구들을 준비하기는 하지만 우리의 주요 목표는 행동이 전혀 발생하지 않도록 하는 것이다.

당신의 계획과 중재들: 예방 전략들

당신이 세우는 일반적인 한 장 분량의 기본적인 TAA 계획서에는 아이의 언어와 학습 능력을 높이고 문제 행동을 줄이려는 희망이 포함되어 있을 가능성이 크다. 좋은 소식은 행복하고 참여적인 아이가 문제 행동을 적게 일으킨다는 것이다. 내가 앞서 말했듯이, 하루 중 대부분의 시간(95%)은 가능한 한 선호하는 활동에 아이를 참여시키고, 루틴을 설정하고, 강화가 되는 활동을 계획하여 문제 행동을 **예방하는 데** 써야 한다. 그러고 나서, 아이에게 아주 쉬운 것부터 조금씩 강도를 높여 요구하라.

아이가 깨어 있는 시간 내내 활동에 참여시키는 것은 이상적인 일로, 누군가의 도움이 없다면 거의 불가능한 일이다. 만약 당신의 아이가 진단을 받았고, 미국에 거주하고 있다면, 모든 50개 주에서 보험회사는 ABA 치료를 의무적으로 제공해야 한다. 따라서 당신은 이것을 이용하고 싶을 수도 있다. 진단을 받았든 아니든 간에, 당신은 아이를 바쁘게 만들기 위하여 도움이 필요할 것이다. 다른 수단이나 당신을 도와줄 조력자들을 생각해 보자. 아이의 조부모, 형제자매, 베이비시터 또는 아이를 안전하게 활동시키는 방법을 배운 교회 자원봉사자 등에게서 도움을 받을 수도 있을 것이다. 루카스가 진단을 받은 초기에 ABA 치료사가 없었거나 부모님과 베이비시터가 없었더라면, 나는 훨씬 더 힘들었을 것이다.

앞 장에서 배운 주위 환경을 깨끗하게 관리하는 것, 착석하여 학습하는 것도 중요하지만, 높은 비율로 강화를 사용하여 하루 종일 많은 활동을 "페어링"하는 방법에 대해서도 생각해야 한다. 아침에 아이의 환경을 구조화했으면서 오후에는 아이를 아무것도 하지 않은 채로 내버려 두지 마라.(또는 그 반대의 경우도 마찬가지이다.) 아무것도 하지 않는 시간이 바로 문제 행동이 일어날 가능성이 높은 시간이다. 그러므로 빨래를 하거나 전화를 받아야 한다면 그동안 아이가 안전한 장난감을 가지고 놀거나 좋아하는 동영상을 시청할 수 있도록 해야 한다.

기억하라. 문제 행동이 발생하면, 이는 거의 대부분의 경우 요구는 너무 많고 강화가 너무 적기 때문이다. 어떤 요구가 아이에게 너무 힘들거나 스트레스가 되는지 알아내는 것이 부모로서 해야 할 일이다. 처음에는 이게 요구일까 싶을 정도로 간신히 구별할 수 있을 정도의 간단하고 쉬운 요구를 해 본다. 그 후에는 강화를 유지하며 아주 점진적으로 요구를 증가하여 문제 행동을 예방해야 한다.

요구를 어떻게 단순화할까? 아이에게 "안녕." 하고 말하기를 가르친다고 가정해 보자. 사실 아이에게 즉시 말을 끄집어낼 수는 없지만, "안녕."이라고 손을 들라는 지시를 함으로써 이런 요구를 단순화할 수 있다. 손을 흔드는 것을 보여 줄 때 부드럽게 잡아서 흔들어 주는 것은 쉬운 일이다.

당신이 시킨 과제를 하기 위해 아이가 힘들어하고 있다면, 주저하지 말고 아이를 도와주어라. 예를 들어, 아이가 신발 상자의 구멍에 카드를 넣는 것을 도와줄 수 있다. 또한 아이가 블록을 치우라는 당신의 요구에 반응하지 못하는 경우 그 일을 도와줄 수 있다. 아이가 과제를 완전히 수행할 수 있게 도와줄 마음이 당신에게 없다면 시켜서는 안 된다.

아이들에게 요구하기를 전혀 하지 않을 수는 없겠지만, 아이가 좋은 행동을 하도록 "손주 바보 할머니"가 될 수는 있다. 그렇다. 내가 **과하게 칭찬해 주라고 말했다.** 긍정적인 강화가 효과적임을 기억하라! 아이가 시키는 것을 해낼 때마다 "잘했어!", "그래!", "네가 해냈어!"라고 하면서 흥분하며 생기 넘치는 목소리로 칭찬하라. 박수를 치고, 웃고, 엄지손가락을 치켜들거나 하이파이브를 하면서 아이가 이 상황을 즐길 수 있게 해 주어라. 누군가가 당신을 칭찬하고 긍정적인 환경을 조성할 때 당신이 그것을 얼마나 즐길지 생각해 보라. 아이들에게는 이런 강화가 더 많이 필요하다. 우리의 목표는 아이에게 무엇인가 하도록 요구할 때마다 한 마디의 부정적인 말보다 5개에서 8개의 긍정적인 피드백을 해 주는 것이다. 만약 당신이 아이에게 "아니." 또는 "그만."이라고 말해야 한다면 몇 가지 긍정적인 말을 더 많이 해 주어야 하며 부정적인 말보다는 긍정적인 말의 비율을 높일 수 있도록 노력하라.

칭찬과 긍정적인 제스처 외에도, 특히 학습 테이블에서는 다음과 같은 외부 강화제를 사용하는 것을 고려하라.—작은 먹거리들, 좋아하는 음료 한 모금, 전자기기에서 한 번에 10-30초 동안 재생할 수 있는 짧은 비디오 클립, 비눗방울, 좋아하는 장난감들 등. 하지만 다른 활동 중에 문제가 발생하지 않아야 한다는 것도 고려해야 한다.

음식과 전자제품 같은 외부 강화제를 사용하는 것을 유난히 싫어하는 사람들도 있다. 그러나 발달 지연이 있는 아이들은 대개 학습에 대한 동기를 올리기 위해서 칭찬만 하기보다 그런 것들을 함께 주는 것이 필요하다. 문제 행동 중에서도 특히 심각한 행동을 줄여 아이를 가르치고 더 나은 삶을 살 수 있는 기회를 주어야 한다. 만약 당신이 어떤 이유에서 음식이나 전자제품을 강화제로 사용할 수 없거나 사용하고 싶지 않다면 그래도 좋으며, 여기에 대해 스트레스를 느낄 필요는 없다. 그러나 한 가지 강화제에만 의존하지 말고 여러 가지 강화제를 가지고 있어야 한다는 것은 기억하라.

발달 지연이 있는 아이들은 종종 음식이든 음식이 아니든 간에 굉장히 좋고 싫음이 확실하다. 그래서 아이가 좋아하는 음식, 음료수, 비디오, 오디오 녹음, 장난감이나 활동 목록을 작성해 놓아야 한다. 공을 튕기는 운동이나 트램펄린에서 뛰는 것처럼 학습이 이루어지는 테이블과는 멀리 떨어져 있는 곳에서 이루어지는 아이가 좋아하는 운동도 포함하라. 특정한 강화제들을 테이블 위에 올려놓고 아이가 선택한 강화제를 관찰하는 테스트를 시행해 볼 수도 있다. 이렇게 하면 아이의 선호도 순으로 강화제의 목록을 만들 수 있을 것이다.

물론 어떤 시점이 되면, 그것이 사탕이 됐든 비디오가 됐든 아이가 좋아하는 것이 충족될 때가 있을 것이다. 게다가 아이의 선호물은 아이의 성장에 따라 바뀔 것이다. 이 말은 아이의 강화제를 평가하는 일은 끊임없이 변화하며 한 번에 끝낼 수 있는 일이 아니라는 것이다. 대체로 부모로서 몇 가지 시행착오를 할 수 있다. 이것이 당신의 데이터 수집이 중재에 도움이 되는 또 다른 이유이다.

또한 각각의 활동을 더욱 재미있게 할지 궁리해 본다면 탠트럼 예방에 더욱 도움이 될 수 있다. 이 활동은 학습 활동이든, 목욕이나 식사처럼 일상생활을 하기 위해 해야 하는 일이든 상관이 없다. 아이가 욕조를 좋아하지 않을 수도 있고, 물 온도가 너무 차갑거나 뜨거울 수도 있다. 당신은 아이가 어떤 온도를 좋아하고 싫어하는지 실험을 해 볼 수도 있고 목욕할 때 거품 비누를 쓰거나 알파벳 글자를 붙여서 욕조를 선호 자극으로 리페어링할 수도 있다. 예를 들어 욕조를 둔감하게 하기 위해 욕조에 물을 채우지 않고 옷을 완전히 입은 채로 욕조에 아이를 넣는 연습을 할 수 있다. 아이가 목욕을 싫어하는 것이 머리를 감는 것 때문일 수도 있다. 아이가 좋아하거나 싫어하는 것을 주의해서 지켜본다면 무엇이 실제 문제인지를 발견하고 멜트다운을 막는 방법을 찾는 데 도움이 될 것이다.

우리는 13장에서 목욕시간의 둔감화, 병원에 방문하기와 미용실 가기에 대해 논의할 것이다. 하지만 현재로서는 페어링과 리페어링 활동이 문제 행동을 예방하는 데 큰 부분을 차지한다는 것을 알아두기 바란다.

탠트럼을 "잠재우는" 반응 전략 이용하기

당신이 문제 행동을 예방하는 데 당신의 95%의 시간을 쓴다면, 나머지 5%의 시간은 막지 못한 탠트럼에 어떻게 대처할지 아는 데 할애해야 한디. 기억하리. 만약 이이가 울거나 탠트럼을 한다면 아이는 배우고 있는 것이 아니며, 더 이상 "윈-윈"을 하는 상황이 아니다.

당신의 아이가 칭얼거리거나, 울거나, 움켜잡으며 탠트럼 하는 것을 "잠재우기" 위해서, 빈센트 카본(Vincent Carbonne)의 연구를 바탕으로 개발한 "쉬, 이름 대기, 건네주기" 방식을 사용할 것을 권한다. 이 단계적 방식은 언어 능력이 제한적이거나 전형적인 유아나 아이 모두 상관없이 대부분의 아이들에게 칭얼거리거나 우는 행동보다 좋은 행동을 하도록 강화하는 데 사용할 수 있다.

- 아이에게 조용히 하라고 말하며, 그만 울도록 집게손가락을 입술에 대고 "쉬"라는 표시를 한 뒤, 아이가 스스로 조용해질 때까지 그 행동을 무시해라.(안전이 보장된 경우에만 가능하다.)

- 아이가 최소한 3초 정도 조용해진다면(조용히 세어라.) 다음과 같이 하라. 예를 들어 아이가 사탕을 먹고 싶어서 탠트럼을 했다면 "사탕." 또는 "사탕, 사탕, 사탕."이라고 한 번에서 세 번까지 물건의 이름을 말한 다음 아이에게 그 물건을 준다.

이는 순서대로 쉬, 이름 대기, 건네주기 방식을 시행할 때 기억해야 할 가장 중요한 점이다. 문제 행동을 하고 있을 때는 아이에게 물건을 건네주지 말아야 한다. 물건 이름을 말하고 아이에게 건네주기 전에는 최소한 3초 동안 진정되어 조용해졌는지를 확인한다. 그런 다음에 물건의 이름을 말하고, 그 후에 아이에게 건네주는 것이 매우 중요하다. 왜 아이가 물건을 가질 수 없는지 설명하지 마라. 아이에게 다른 선택을 하게 하지 마라. 그리고 아이가 울거나 바닥에 뒹구는 한은 나중에 물건을 준다고 약속해서는 안 된다.

타임 아웃이나 다른 벌을 사용해야 할까?

벌이란 아이에게 꾸지람 등을 내리거나 아이가 좋아하는 것을 제거하여 아이가 하지 않았으면 하는 행동을 감소시키는 것이다. 타임 아웃이나 다른 벌은 자폐가 있든 없든 아이들에게 종종 남용되고는 하는데, 나는 그것을 권장하지 않는다. 우선, 때리거나 구속하는 것처럼 일부 벌은 학대가 될 수 있으며, 비윤리적이며 심지어 불법적일 수 있다. 또한, 수십 년간의 연구에 따르면 모든 아이들은 벌이 아니라 긍정적인 강화에서 가장 잘 배운다. 큰소리로 꾸짖거나 말로 혼내는 것처럼 가벼운 벌이라도 그것은 아이에게 당신을 피하게 만든다. 이것은 아이가 당신과의 활동에 긍정적으로 참여하면서 당신의 지시를 잘 이행하게 하려는 당신의 의도와 정반대의 결과를 가져온다.

아이가 당신을 때린다고 해서 당신이 이어 때리는 것도 결코 추천하지 않는다. 때리거나 체벌하는 것은 바람직하지 않은 행동을 모델링하게 할 수 있으며 학대로 간주되기도 하고 아이의 공격을 증가시키거나 악화시킬 수도 있다.

타임 아웃은 어떤가? 나는 행동분석전문가가 되기 전에도 두 아들을 키우면서 이 방법을 거의 사용하지 않았다. 그리고 지금은 대부분의 경우에 타임 아웃을 사용하지 않아

> 야 한다고 주장하고 있다. 타임 아웃은 예방적인 절차라기보다 반응적인 절차이기 때문에 대부분의 경우에 효과를 볼 수 없다. 2-10분 정도 일반적인 타임 아웃이 진행되는 동안 아이는 다른 종류의 문제 행동을 더 많이 일으킬 수 있는 공간으로 이동하게 된다. 타임 아웃을 하는 동안, 아이는 자신의 행동이 왜 용납될 수 없는지, 자신이 원하는 강화를 얻기 위해 어떻게 다르게 행동해야 하는지를 배울 수 없다.
>
> 또한, 어떤 아이들은 타임 아웃을 즐길 수 있는데, 특히 아이들이 더 이상 하고 싶지 않은 일들을 하지 않아도 되는 것을 의미한다면 더욱 그렇다. 이것은 당신이 의도하지 않게 문제 행동을 강화할 수도 있다는 의미이다.
>
> 대부분의 부모와 전문가조차도 타임 아웃이 문제 행동을 줄이는 처벌이라고 생각하지만 사실은 많은 경우 문제 행동을 증가시키는 강화제 역할을 한다.

만약 당신이 아이의 탠트럼에 못 이겨 선호물을 제공한다면, 문제 행동에 정적 강화제를 제공하는 것이기에 탠트럼은 감소하지 않고 증가할 것이다! 또한, 하루 중에 여러 번 이런 반응 절차를 사용하게 된다면, 예방에 좀 더 집중해야 한다.

손쉬운 활동 전환을 도와주는 중재들

이 책에서 읽게 될 아이들은 모두 좋아하는 활동을 하다 말고 싫어하는 활동으로 전환을 하는 게 어려운 아이들이다. 그러나 솔직히 말해서 우리 모두 그렇지 않은가? 좋아하는 일을 하다 싫어하는 일을 하는 것을 좋아할 사람은 없다.

밝은 햇살이 내리쬐는 해변에서 시원한 음료를 마시며 재미있는 책을 읽고 있다고 생각해 보자. 1에서 10까지의 척도를 놓고, 10이 내게 가장 강화가 되는 활동이라고 생각했을 때, 이 해변에 있을 일을 10으로 평가할 정도로 당신은 지금 아주 기분이 좋은 상태이다. 그런데 아무런 경고도 없이, 내가 갑자기 당신에게 다가가 이렇게 말하는 것이다. "해변에서 이제 가야 할 시간이야. 무거운 상자들을 트럭에 실을 시간이 되었어." 이 걸 좋아할 수 있겠는가? 아마도 아닐 것이다. 당신은 아마 말다툼을 하거나 의자를 모래 위에 쾅 소리를 내며 내려놓을 수도 있다. 아니면 떠나기를 거부할 수도 있다.

따라서 아이의 전환을 쉽도록 하는 핵심은 아이에게 10(매우 선호하는 활동)에서 2(선호하지 않는 활동)로의 전환을 가급적 요구하지 않는 것이다. 만약 아이가 비디오를 보거나 게임을 하고 있는데 자리 가라고 한다거나 장난감을 치우라고 한다면, 이 요구는 아이가 선호하지 않는 활동으로 옮겨 가는 것이기에 짜증을 유발할 수 있다.

이 장에서 논의된 예방 및 반응 전략 외에도 전환을 쉽게 도와주는 방법 다섯 가지를 소개한다.

1. 문제 행동이 일어나기 전에 당근(강화)을 매달아라.

루카스는 어렸을 때 몇 시간씩 바다에 있는 것을 좋아했다. 문제 행동을 막기 위해, 아이에게 물에서 나오라고 할 때는 아이에게 좋아하는 다른 것(예를 들면 피자)을 주었다. 하지만 전환을 요구하기 **전에** 강화를 제안하는 것이 중요하다. 요구에 반응하여 문제 행동이 발생할 때까지 기다리지 마라. 나는 "루카스, 피자 먹을 시간이야! 이제 나와서 말리자."라고 말하고는 했다.

2. 아이를 한 장소에서 다른 장소로 물리적으로 옮기지 마라.

나는 무거운 상자를 트럭에 싣도록 하려고 당신을 해변에서 질질 끌고 갈 생각은 꿈에도 하지 않는다. 아이의 안전에 즉각적인 위험이 있지 않은 한(아이가 당신이 들 수 있을 만큼 체구가 작더라도) 아이를 물리적으로 옮기는 행동만은 하지 말자.

3. 가능할 때마다, 아이가 선택할 수 있도록 해 주자.

해변의 예에서 본다면, 무거운 상자를 옮기는 데 도움이 필요하다면, 언제 전환하면 좋을지 묻는 것이 아이를 좀 더 협조적으로 만들 수 있다. 당신이 음료수를 다 마신 후나 읽던 책의 한 단락을 마무리하고 나면 어떨까라고 제안할 수 있다. 우리는 하루 종일 많은 선택을 하는데, 특히 달갑지 않은 일을 할 때도 마찬가지다. 따라서 전환이나 문제 행동이 시작되기 전에 가능한 많은 선택권을 아이에게 줄 수 있도록 계획을 세워라.

4. 선호하는 두 활동 사이에 더 어려운 활동을 샌드위치처럼 끼워 넣거나 스케줄과 타이머 사용을 고려해 보자.

선호하지 않는 모든 활동들을 하루에 여기저기 배치해 놓고 그 사이에 강화가 되는 활동을 하는 것이 중요하다. 재미있고 강화가 되는 활동들 사이에 더 어려운 활동을 끼워 넣어라.

5. 착석해서 하는 학습 활동이 강화제와 충분히 페어링이 되었는지 확인하고, "일"이란 단어와 같이 사용하지 않도록 노력하라.

내가 경험한 바에 따르면, 특히 지연이 있는 아이들의 경우에, **일**이라는 단어를 일찍 자주 사용하게 되면, 종종 어려운 요구와 재미없는 것이 페어링된다. 그래서 몇 년 동안, 나는 아이들과 함께 있을 때는 일이라는 단어를 사용하지 않았으며 당신에게도 그러라고 권하고 싶다. "공부할(time to work) 시간이야!"라고 하지 말고 "배우는 시간", "엄마랑 보내는 시간", "테이블에 갈 시간"이라고 불러 보자.

조금만 더 힘을 내 보자

이러한 문제 행동 감소 전략을 실행할 때는 자신과 아이에게 인내심을 가져라. 만족할 만한 결과를 얻기 위해서는 시간이 걸릴 수 있지만, 나는 이 방법이 효과적이라는 것을 알기 때문에 아이에게 충분한 도움을 줄 수 있었다. 문제 행동은 줄어들거나 없어지기 때문에 계획이 효과가 있는지 쉽게 알 수 있다. 아이들이 변하지 않거나 행동이 악화된다면 데이터를 재평가하고, 계획을 변경하고, 전문가의 도움을 찾아보아야 한다.

당신이 무엇을 하든, 당신의 아이가 짜증을 내거나 다른 문제 행동을 보인다면, 그 일이 벌어지는 동안 침착하게 있어라. 그 행동에 반응해서는 안 된다. 아이에게 적절한 행동을 보여 주면 아이는 적절한 행동이 어떤 것인지, 어떤 느낌인지 점점 더 알게 될 것이다. 그런 다음, 나중에 어떤 문제 행동을 예방할 계획을 세우는 "월요일 아침의 쿼터백"(게임의 결과를 본 후, 어떻게 경기를 해야만 했는지 자세한 의견을 개진하는 미식축구 팬에 비유하여 흔히 뒷북치는 사람을 일컬을 때 쓴다. 그러나 본문에서는 다음번에 같은 문제 행동이 발생하지 않으려면 무엇을 해야 하는지 고민하는 사람을 말한다.—역주)이 될 것이다.

다음 세 장에서는 문제 행동을 좀 더 쉽게 통제할 수 있도록 언어와 사회성 기술을 가르치는 방법을 배우게 될 것이다. 다음 장에서는 사회성 기술을 개발하여 아이가 성인과 더 쉽게 상호작용하고 다른 아이들과 쉽게 어울릴 방법을 알려 줄 것이다.

7

사회성과 놀이 기술 개발하기

루카스가 두 살이 되자 우리는 아이를 근처의 영유아 어린이집에 보내게 되었다. 처음으로 루카스가 자폐일지도 모른다고 한 남편에게 그런 말 꺼내지도 말라고 한 지 몇 달 후의 일이었다. 우리는 루카스를 어린이집에 보낼 준비를 하면서도 자폐에 대한 이야기를 전혀 하지 않았다. 우리 부부는 다른 아이들과 상호작용하고 같이 어울리는 것이 루카스에게 도움이 되리라 생각했고 그런 일상과 활동들이 루카스의 언어를 향상시킬 것이라고 믿었다.

유아 반은 일주일에 두 번만 아침에 등원했고 루카스와 다른 아이들도 이제 겨우 두 살이었기 때문에 배변 훈련이 되어 있지 않아도 될 정도로 아이들에게 기대하는 바도 매우 낮았다. 다른 아이들과 달리 루카스는 나와 분리되는 데 아무 문제가 없었고 장난감에도 관심이 없었기 때문에 장난감을 나눠 쓰는 데도 아무런 문제를 일으키지 않았다. 다른 아이가 자기 손에서 장난감을 뺏어 가도 울거나 돌려받으려고 하지 않았다.

그래서 처음에는, 루카스가 어떤 문제도 일으키지 않았기 때문에 잘 적응한다고 생각했다. 하지만 학기의 중반쯤 되자 어린이집 원장과 담임선생님이 루카스에 대해 만나서 의논하자고 제안했다. 그들은 회의에서 "자—" 단어를 쓰지는 않았지만 다음과 같이 말했다. "루카스는 대부분의 시간을 자기만의 세계 안에 있는 것 같아요. 루카스는 다른 아이들과 상호작용하지 않고 대집단 활동이라는 개념을 이해하기 힘들어하고 있어요. 루카스는 다른 아이들만큼 말을 하지 않아요."

선생님들의 주요 걱정은 다른 아이들이 3세 반으로 올라갈 때 루카스는 따라가지 못할 것이라는 점이었다. 선생님들은 아이들이 나이가 들수록 아이들이 해야 하는 행동에 대한 기대치가 더 올라간다고 설명했다. 예를 들어 3세 교실의 아이들은 대부분 배변 훈련이 되어 있어야 하며, 교사의 비율이 현재는 아이 15명당 2명이지만 3세 반은 1명으로 줄어들기에 더 적은 보살핌을 받아도 아이가 활동할 수 있어야 한다고 설명했다. 그들은 루카스가 다른 아이들을 따라잡을 수 없다면 현재 같은 반 아이들과 함께 3세 반으로 올라갈 수 없다고 했다.

우리는 어린이집 선생님들께 루카스가 이미 언어치료를 받고 있다고 말했고, 친구들을 따라잡을 수 있도록 최선을 다하고 있다고 했다. 우리는 또한 가을 학기가 시작하자마자 세 살이 된 같은 반의 일부 아이들에 비해 루카스는 7월생이라 생일이 늦어 아직도 두 살이라고 지적했다.(미국에서 새 학년은 9월에 시작한다.—역주) 따라서 루카스보다 거의 한 살이 많은 몇몇 아이들과 비교하는 것은 문제가 있다고 강변했다. 그들도 "정상" 행동의 범주가 넓다는 것에는 동의했고, 언어와 발달 면에서 2살 반과 3살 반 사이에 확실한 차이가 있다는 것에도 인정했다. 그런데도 원장이 회의에서 루카스의 발달 지연에 방점을 두자 나는 몹시 당황했다.

회의가 끝난 후, 남편은 루카스가 자폐라는 사실을 더욱 확신하게 되었고 나는 루카스의 발달 지연이 내 생각보다 더 심각하다는 것을 받아들이기 시작했다. 비슷한 시기에 우리가 가진 보험이 더 이상 병원에서 하는 개별 언어치료비를 지급해 주지 않았기 때문에 가정으로 방문해 주는 조기 언어 중재 전문가를 구하게 되었다. 하지만 우리는 다학제평가를 요구해야 한다는 것을 몰랐고, 전문가에게 자폐를 의심하고 있다는 말도 하지 않았다. 그래서 루카스는 2살 반에서 3살 사이에 언어치료사에게 주당 1시간의 치료만 받았다. 이는 루카스가 제대로 된 진단하에 집중적인 ABA 치료를 받아야 한다는 것을 몰랐기에 벌어진 일로 조기 집중 개입을 더욱 지연시킨 또 다른 커다란 실수였다.

1999년 7월 결국 루카스가 세 살이 되기 하루 전날 진단을 받은 우리는 유아 반에 유예할 것을 권유한 어린이집 원장의 권고를 따랐다. 나중에서야 나는 "여름에 생일인 소년"들은 어린이집에 입학하는 것이 종종 유예된다는 것을 알게 되었다. 이는 특히 자폐나 다른 종류의 발달 지연이 있는 아이들이 해당되었다.

루카스는 교사 대 학생 비율이 낮고 배변 훈련을 받을 필요가 없으며 유아 반 일과를 잘 알고 있었고 선생님을 좋아했기 때문에 2세 반을 반복하자 어린이집에서 잘 지낼 수 있었다. 또한 루카스가 ABA 치료사와 어린이집에 함께 갈 수 있었던 것은 가정과 학교 간의 기술을 일반화(generalization. 행동의 변화가 시간이 흘러도 지속되고, 관련된 모든 환경과 상황 속에서도 나타나며, 목표 행동과 관련된 다른 행동에도 이 변화가 나타나는 것을 말한다.—역주)하는 데 많은 도움이 되었다.

유치원, 어린이집에서 유예되거나 쫓겨나거나

당신의 아이는 어린이집에서 유예될 당시의 루카스보다 더 어리거나 나이가 많을 수 있으며 언어와 사회적 능력이 더 좋거나 나쁠 수도 있다. 나는 어린이집이나 유치원에서 일하는 선생님들이 발달단계(예를 들어 뚜껑이 없는 컵을 들고 마신다거나 줄을 서서 기다리거나 집단 활동에 참여한다거나)에 도달하지 못하거나 다음 단계의 교실로 옮길 준비가 되어 있지 않은 아이들을 "구별하는" 경우를 많이 보았다. 만약 당신에게 이런 일이 일어나거나(그리고 우리와 같은 "이야기"를 들었다면) 아이의 분기별 체크리스트 점수에 관련된 내용이 있다고 해서 자기 자신이나 아이를 책망하지 마라. 아이를 보살피는 범위 내에 있는 누군가 혹은 심지어 관련된 가족 구성원이나 친구가 아이가 지연된 것 같다고 지적한다면 귀 기울여 듣고 2장에서 설명한 전형적인 발달단계와 위험 신호를 더 진지하게 살펴보라.

자폐나 발달 지연이 있는 아이들 중 일부는 지연이 심각하거나 다른 아이들이나 선생님들에게 방해 행동과 공격적 행동을 보여 어린이집이나 유치원에서 "쫓겨날 수도 있다." 그러나 당신의 아이가 다른 아이를 문다고 하더라도 "나쁜" 아이라는 뜻이 아니며,

이런 행동들은 아이가 무척 애쓰고 있으며 더 많은 도움이 필요하다는 것을 나타낸다. 지금은 더 많이 평가하고 계획을 세워야 할 때지, 아이나 자신을 포함한 누구에게 벌을 주거나 비난할 때가 **아니다**.

어린이집, 유치원, ABA 치료 중 무엇이 잘 맞을지 결정하기

당신의 아이는 이미 보육시설이나 행동치료를 다니고 있을지도 모른다. 그렇다면 그곳이 아이에게 적절한 장소인지 판단을 내리고 싶을 것이다. 그게 아니라면 당신은 집 밖에서 아이가 배우러 다닐 만한 곳을 찾고 있을 수도 있다. 어린이집이나 유치원이나 아니면 ABA 치료에 특화된 치료센터나 학교가 아이에게 적절할지 여부를 결정할 때 고려해야 할 몇 가지 기준이 있다.

물론 안전이 가장 먼저이고 최우선일 것이다. 당신 아이의 특별한 문제 행동을 고려할 때 아이가 그곳에서 안전할 수 있을까? 아이가 밖으로 뛰쳐나가거나 하루 종일 자기 자극을 하거나 자해 행동을 하지 않도록 도와줄 누군가가 있는가?

배우는 곳의 아이들이 행복해 보이는지 관찰해 보자. 만약 당신의 아이가 이미 어떤 프로그램에 참여하고 있다면, 아이가 그곳에 가는 것을 좋아하는가? 특히 아이들이 그곳에 도착했을 때 문제 행동을 많이 보인다면 좋지 않은 신호다. 만약 아이들이 울거나 비명을 지르고 버스에 타지 않으려고 하거나 내리기를 싫어한다면 아마 그 프로그램은 적절한 강화 시스템을 사용하지 않거나, 요구가 너무 많은 것이다.

교사들이 "그만해."처럼 부정적인 말을 많이 사용하는지 잘 살펴보라. "친구와 나눠 쓰지 않으면 줄넘기를 뺏을 거야."라고 하는가? 이런 말은 확연한 위험 신호다. 교사들이 특정 문제 행동을 예방하고 대응하기 위해 긍정적인 어조와 단어를 사용하는지 확인하라. "친구와 나눠 써 보자.", "하이파이브 하자!"라거나 "정말 멋져!"와 같은 말들을 사용하는지 들어 보라. 내가 말했듯이, 당신의 아이(그리고 모든 사람들은)가 부정적인 말 한 마디를 들을 때 5개에서 8개의 긍정적인 말을 듣는 것이 필요하다.

수업 시간표를 살펴보라. 특정한 지도 내용이 있는지 아니면 "자유 놀이"에 많은 시간을 할애하고 있는지 점검해 보자. 지연이 있는 아이들일수록 구조화되고 직접적인 지도가 필요하며 발전하고 있다는 증거가 필요하다.

아이의 일대일 ABA 치료, 언어치료 또는 다른 교육이 필요한 경우 시설에서 그것들이 가능한가? 아니면 외부 지원 인력이 어린이집이나 유치원으로 와서 아이를 함께 볼 수 있도록 허락해 주는가? 전문가들이 각각의 아이들이 무엇을 할지 어떤 방식으로 결정하는가? 선생님들이 아이에게 요구를 차근차근히 시도하며 새로운 활동과 페어링하는 데 초점을 맞추는가? 교사들은 아이가 필요한 것을 맨드하도록 하여 당신의 아이들이 의사소통할 기회를 북돋아 주는가? 아이의 학습 진행 상황과 교실의 일상적 활동에서 아이가 기능을 어떻게 적용하는지 정보나 데이터를 모아서 주는가? 이 데이터를 팀의 다른 사람들과 당신에게 어떻게 공유하는가?

학교나 프로그램의 스케줄에서 교사와 학부모와의 소통은 적극적이며 투명하고 협력적이어야 한다. 좋은 날에는 웃는 얼굴을, 나쁜 날에는 찡그린 얼굴을 보여 주는 알림장 이상의 것이 필요하다. 아이들이 무엇을 하고 있는지, 어떻게 성장하고 있는지, 어떤 변화가 필요하다는 신호가 될 만한 문제 행동을 하고 있는지에 대해 자세히 알 수 있어야 한다.

일반적으로, 교직원들이 아이를 안전하게 지키고 올바른 순서로 기술을 습득시키면서 문제 행동이 낮게 유지되도록 하는 학교나 프로그램을 찾아야 한다. 이는 프로그램이 가장 최근에 한 평가와 계획을 바탕으로 정한 아이에게 필요한 교육과 일치하는지 알 수 있는 유일한 방법이다.

전형적인 아이들에게 노출하는 것만으로는 부족하다

지난 20년간, 나는 아이를 다른 아이들에게 노출하는 것만으로도 상황이 개선될 수 있으며 결코 나빠지지는 않을 것이라고 믿는 부모들을 많이 만났다. 그러나 행동분석전문가로서 나는 언어를 잘 이해하지 못하거나 사용 못하는 아이가 유치원이나 어린이집에 다니는 것이 오히려 도움이 되지 않을 수도 있다는 것을 알게 되었다. 우리 아이들에게 시간은 무엇보다 중요하며 어떤 경우에는 이러한 노출이 시간 낭비일 수 있다.

발달 지연이나 자폐인 아이들은 대부분 다른 아이들과 함께 교실에 있는 것만으로는 사회적 기술들을 충분히 배울 수 없다. 언어 지연이 있는 대부분의 아이들이 자폐에 대해 공식적으로 진단을 받았든 받지 않았든 간에 먼저 어른들, 부모들, 전문가들로부터 이런 기술에 대한 구체적인 학습을 받는 것이 필요하며, 그런 후에야 교실 안의 다른 아이들에게도 이런 기술을 적용하여 함께 지낼 수 있다. 그들은 구조화된 그룹 학습에서 도움을 받기 전에 평행놀이(parallel play. 상대 아이와 서로 비슷한 장난감을 가지고 놀지만 서로 간섭하거나 같이 놀지는 않는 놀이의 형태.—역주)를 배우고 독립적 놀이 기술을 습득해야 한다.

애덤은 내가 4살 때부터 만나 왔던 아이다. 애덤은 "불쑥 튀어나오는 말"을 몇 마디 하기는 했지만 기본적으로 무발화였다. 애덤은 이미 자폐 진단을 받았고 일주일에 4일을 특수 유치원에 등원했다. 애덤은 "언어 행동"을 가르치는 특수 유치원을 1년간 다녔지만, 슬프게도 언어, 모방, 매칭 기술을 실질적으로 발달시키지 못했다. 애덤을 평가하는 것을 자세히 살펴본 결과, 특수 유치원 교사들은 브이비맵을 올바르게 적용할 수 있는 지식과 경험이 부족했고, 집중적인 일대일 학습을 실시할 능력이 없다는 것이 드러났다. 이 학교에는 도착시간, 간식시간, 집단 활동 시간, 미술 및 만들기, 자유시간과 같은 많은 소그룹 활동이 있었지만 애덤은 언어를 사용하거나 배우지 못했다. 그들은 애덤에 대한 데이터 기록지 몇 장만 가지고 있었는데, 진전 상황을 나타내는 그래프의 선은 상승 곡선 하나 없이 모두 평행을 이루고 있었다. 이는 일 년이 지나도록 아이가 전혀 나아지지 않았다는 것을 의미했다.

애덤이 일주일 중 하루 쉬는 날에 어머니는 애덤을 다른 아이들에게 노출시키기 위해 전형적인 아이들이 다니는 어린이집에 등록시켰다. 하지만 아이는 다른 아이들과 의사소통할 정도로 말을 할 수 없었기 때문에 전혀 상호작용을 하지 못했다. 애덤은 모방 기술이 없었기 때문에 집단 활동 시간에 다른 아이들을 모방하거나 놀이 시간에 아이들과 같이 놀 수도 없었다. 내가 평가를 하는 동안 어떠한 보살핌도 받지 못하고 활동에 참여하지도 못했던 애덤은 벽을 핥는 행동을 보이기도 했다. 하지만 이런 환경에서 다른 누군가가 애덤을 일대일로 가르쳤다 하더라도 아이들과 어울리는 법을 배우는 데는 도움을 주지 못했을 것이다. 애덤은 그저 그런 환경에서 무엇인가를 얻어 가는 데 필요한 언어, 모방, 놀이 기술을 가지고 있지 못했을 뿐이었다.

어떤 아이들은 루카스처럼 수동적으로 앉아 있기만 하거나 아담처럼 벽을 핥지 않는다. 내가 전에 만났던 토드는 어린이집 4세 반에서 쫓겨날 위기에 처해 있었는데, 나는 그 상황을 평가하기 위해 어린이집을 방문하게 되었다. 토드는 그 어떤 진단도 받지 않았고, 조기 중재 치료도 받지 않았으며, 표면적으로는 언어가 연령에 맞게 발달하는 것으로 보였다. 그러나 토드에게는 "나쁜" 아이라는 수식어가 붙어 있었고, 그 반의 다른 아이들은 토드의 분노 폭발을 두려워했다. 토드의 부모님은 뭘 더 어떻게 해야 할지 몰라서 나에게 비용을 지불하고 토드를 평가해 달라고 요청했다.

나는 아이의 언어와 사회적 기술에서 부족한 점을 발견했고, 이에 더해 토드가 정적 강화를 받지 못하고 있으며 아이에게 타임 아웃을 너무 남발하고 있음을 발견했다. 나는 좀 더 아이를 완벽하게 평가하기 위해서 발달을 전문적으로 진단하는 소아청소년과 의사와 언어재활사에게 토드의 언어 검사를 의뢰했다. 그 결과 토드는 ADHD 진단을 받게 되었고, 표준화된 언어평가를 통해 매주 언어치료를 받아야 한다는 것이 밝혀졌다.

운 좋게도 토드는 선생님들의 교육을 받고 4세 반에서의 1년을 성공적으로 마칠 수 있었다. 반년쯤 지나자, 아이는 더 이상 매일 타임 아웃을 하지 않아도 되었고, 의사소통을 위해 자신의 언어를 사용할 수 있었다. 다른 아이들도 더 이상 토드를 두려워하지 않았고 토드는 유치원에 가기 1년 전에 다니는 예비 K 교실(미국에서 유치원에 가기 전 4-5세 아이들을 보내는 곳.—역주)로 올라갈 수 있었다.

만약 당신에게 다른 선택권이 있다면, 나는 아직 장난감을 가지고 놀거나, 모방하거나, 어른들과 언어를 사용하지 않는 발달이 지연된 아이를 하루 종일 어린이집이나 유치원에 보내는 것을 추천하지 않는다. 직장을 다녀야 하거나 다른 이유로 아이가 어린이집에 있어야 하는 경우에는 조기 개입을 하거나 ABA 교사에게 하루 중 몇 시간 만이라도

7_ 사회성과 놀이 기술 개발하기

일대일로 치료를 받게 하는 것이 좋다.

루카스가 진단을 받은 후, 우리는 아이를 2세 반에 2년간 보내며 어린이집 경험을 하게 했다. 왜냐하면 루카스는 어린이집에 있는 일상에 익숙했으며, 어린이집에 가는 것을 좋아했고 행복해 보였기 때문이다. 루카스는 공격적이거나 방해 행동을 보이지 않았다. 어린이집은 일주일에 4시간밖에 되지 않았고, "그림자" 역할을 해 주는 치료사와 함께 갈 수 있었다. 일주일에 두 번 아침마다 치료사가 집에 와서 일대일 프로그램을 진행하면서 우리에게 필요한 기술을 익힐 수 있도록 직접 보여 주었고 안전하게 어린이집 활동을 할 수 있게 해 주었다.

초기 사회적 기술에는 다른 사람과 같은 곳을 쳐다보고 같은 물건(동물 인형 같은)을 쳐다볼 수 있는 소위 **공동 관심**(Joint attention)이 포함된다. 공동 관심의 예로는 유아가 하늘을 가리키며 머리 위로 날아가는 비행기를 엄마에게 "보여 주는" 것을 들 수 있다. 아이는 그냥 하늘을 가리키는 것이 아니라 엄마의 주의를 끌어 함께 비행기를 보려고 애쓰는 것이다.

공동 관심은 생후 9개월 전후에 나타나기 시작하며 생후 18개월까지 확립되어야 한다. 자폐나 사회적 언어가 지연되는 아이들은 종종 공동 관심이 부족하게 나타난다.

어른들과 다른 아이들의 사회화에는 언어가 필요하며, 보다 더 사회적인 아이로 키우고 싶다면 특히 아이가 유아기일 때 언어 능력을 키우는 것이 중요하다. 이 장에서는 사회성 및 놀이 기술을 진단평가하고 가르치는 방법을 알게 될 것이며, 다음 두 장은 사회화에 도움이 되는 초기 언어 기술과 후기 언어를 가르치는 데 도움이 될 것이다. 이 장을 계속 읽다 보면 언어와 사회적 기술이 너무 얽혀 있어서 이것들을 따로 분리하는 것이 어렵다는 것 또한 알게 될 것이다.

사회성 기술 진단평가

부모가 사회성 기술을 가르칠 때 저지르기 쉬운 가장 큰 두 가지 실수는 아이의 사회적 발달 수준을 제대로 평가하지 못하는 것과 자녀에게 전형적인 아이와 같은 기대치를 갖는 것이다. 이것이 계획을 세우거나 중재를 하기 전에 사회성 기술을 평가해야 하는 중요한 이유이다.

아이의 연령에 기초한 전형적인 사회성과 놀이 발달단계에 미루어 본다면 이 영역에서 정확한 발달연령을 결정할 수 있을 것이다. 또한 거기에 (우리가 2장에서 논의한) TAA 진단평가도 반영한다면 아이에게 필요한 사회적 능력과 필요사항들을 알아낼 수 있을 것이다. 아이가 지난 1년간 어떤 평가라도 받았다면 그 보고서, 체크리스트, 평가 중 하나라도 꺼내 볼 것을 추천한다. 이것들은 아이의 표준화된 평가 점수, 강점 및 요구 사항을 대략적으로 설명해 주며, TAA 진단평가 및 계획에 도움이 될 수 있다. 아이의 발달이 1년 이상 지연되었다는 것을 받아들이기 어렵겠지만 최선의 계획을 세우려면 진정한 출발점을 찾아야 한다.

나는 다음에서 유아와 미취학 아동을 위한 주요 사회성 및 놀이 기술 발달단계 중 핵심적 내용의 일부를 요약했다.

사회성과 놀이 기술 발달단계의 핵심

18개월이 되면, 대부분의 유아들은 "아니"를 이해하고 머리나 손을 흔들기 시작한다. 아이들은 사람들이 방에서 나가거나 들어오는 것도 인지한다. 이 단계의 아이들은 다른 아이들과 함께 모래 상자 안에 앉아 있다 해도, 함께 어울리기보다는 혼자 놀 가능성이 크다. 그러나 다른 아이들을 따라 장난감 집에 들어가는 행동을 하는 것처럼 이 시기에는 다른 아이들을 모방하기 시작할 것이다.

신체적 또는 운동 기능에 지연이 없는 대부분의 아이들은 18개월이 되면 사물을 조작하고 장난감의 버튼을 누를 수 있다. 이 아이들은 공, 블록과 고리 같이 서로 다른 장난감들과 독립적으로 상호작용하며 놀이에서 다양하게 변화하는 양상을 보인다. 아이들은 기회가 주어지면 익숙한 장난감보다는 새로운 장난감을 선택할 가능성이 크다. 반면 발달 지연이나 자폐가 있는 아이들은 종종 한 가지 물건으로만 반복적으로 노는 모습을 보인다.

대부분의 18개월령 아이들은 점프, 오르기, 흔들기, 그네 타기, 춤추기 같은 움직이는 놀이를 시작한다. 아이들은 또한 튀어나오거나 잡아당기는 장난감을 가지고 놀기 시작하고 상자에서 장난감을 꺼내서 던지기 시작한다. 던지는 행동을 지나치게 자주 하거나 2살이 지나도록 계속한다면 문제 행동이 될 수 있다. 루카스는 3살이 훨씬 지난 후에도 쓰레기통이나 서랍에 있는 물건들을 반복적으로 던지는 행동을 즐겨 했다.

18개월에서 30개월 사이의 전형적인 아이들은 보통 사회적 놀이로 다른 사람에게 장난감 건네주기를 시작한다. 그러나 2살이 될 때까지 아이들은 대부분 다른 아이들 **옆에서** 장난감을 가지고 놀면서, 그들의 놀이에 친구들을 포함시키기 시작한다. 아이들은 인형에게 무엇인가를 먹이거나 손수레에 넣고 끌어 주거나 인형의 머리를 빗겨 주거나 귀에 전화기를 대어 주거나 장난감 자동차를 이용해 자동차가 막히거나 사고를 내는 것 같은 가상놀이를 시작한다. 아이들은 잃어버린 퍼즐 조각이나 아기 인형을 위한 젖병처럼 장난감의 없어진 일부를 찾는다. 아이들은 그릇 같은 물건들을 드럼으로 사용하거나 상자를 상상의 차로 사용하기 시작한다.

대부분의 아이들은 두 살이 되면 다른 아이들을 손수레에 태우거나 손을 잡는 등 다른 아이들과 상호작용을 하기 시작한다. 아이들은 "밀어 줘.", "이것 봐.", "이리 와." 등의 기본적인 맨드를 다른 아이들에게 할 것이다. 아이들은 교대로 다른 아이들을 쳐다보고, 따라가고, 밀어 줌으로써 다른 아이들의 맨드에 반응할 것이다.

놀이터에서 아이가 노는 동안 사회성 및 놀이 기술을 진단평가하는 것은 좋은 생각이다. 보통의 놀이터에 있는 기구들을 이용하기에 아이가 너무 작다면, 아이에게 특별히 잘 맞는 기구가 있는 곳을 찾아라.

유치원 또는 그룹 상황에서 이 연령대의 아이들은 대개 문제 행동을 하지 않고 몇 분 동안 앉아 있을 수 있으며 최소한의 알림만으로 활동을 전환하는 것이 가능해진다. 아이들은 "빨간 셔츠를 입은 친구들 일어나세요."라는 언어적 지시에 반응할 수 있다.

30개월에서 48개월 사이의 전형적인 아이들은 친구에게 애착을 보이며 친구가 울고 있으면 관심을 보일 것이다. 아이들은 "내 것"과 "네 것"의 개념을 이해한다. 아이들은 옷을 차려입고 요리하는 척을 하거나 자기가 가진 동물 인형들과 상상으로 파티를 하며 상상놀이를 하기 시작한다. 아이들은 골대에 공을 넣을 때까지 공을 몇 번씩 던질 수 있으며 공이 날아오면 배트를 휘두른다는 것을 이해할 수 있다. 아이들은 버튼과 레버와 같이 여러 개의 움직이는 부품으로 장난감을 작동시킬 수 있다. 아이들은 3-4개의 조각 퍼즐을 완성하고 6개 이상의 블록을 이용해 탑을 만들 수 있다.

대부분의 전형적인 발달을 하는 3세에서 4세의 아이들은 양동이를 들고 다른 아이와 모래를 채우거나 모래놀이 테이블이나 장난감 주방에서 다른 아이들과 가상놀이를 하면서 협동해서 놀기 시작한다. 언어는 더욱더 발전하여 "어디로 가?", "뭐 하고 있어?"와 같은 "육하원칙 질문"에 대답하기 시작한다.

미취학 아동들은 집단 활동 시간 같은 그룹 환경에서 새로운 정보와 행동을 습득할 수 있어야 한다. 교사가 교통과 빨간색, 노란색 그리고 초록색 신호에 관한 책을 읽어주거나 요일에 관한 노래를 부르는 경우, 대부분의 전형적인 아이들은 구조화되거나 개별화된 가르침이 없어도 즉시 정보를 배우고 실생활에 적용한다.

3세에서 4세 사이의 아이들은 일반적으로 성인의 개입이나 촉구가 없어도 적어도 10분 정도는 스스로 놀 수 있다. 물론 발달 지연이나 자폐가 있는 아이들은 실제 놀이를 한다기보다 자극을 할 것이다. 아이가 만약 그렇다 하더라도 너무 실망하지 말자. 자극한다는 것은 아이들이 물건을 탐색하고 알아 가고 있다는 뜻이다. 일단 부모가 아이들의 기술에 언어와 놀이를 더해 준다면, 그들이 배울 수 있는 가능성은 무한해진다.

진단평가

나는 이 모든 발달단계를 읽는 것만으로도 압박감을 받을 수 있다는 것을 알고 있다. 특히 읽으면서 내 아이의 사회적 기술이 많이 뒤떨어져 있다는 것을 알게 될 때 더욱 그럴 것이다. 그러나 아이의 강점과 무엇이 가장 필요한지를 아는 것이 자폐(또는 지연)로 가는 길을 되돌리는 첫걸음이다! 나는 부모가 주도할 때 많은 아이들이 비약적인 발전을 이루는 것을 많이 보아 왔다. 당신의 주요한 장기 목표 중 하나는 아이가 그룹 환경에서 가능한 한 많이 배우도록 하는 것이다. 따라서 비록 지금은 아이가 필요한 기술을 배우기 위해 일대일 교사 또는 치료사가 필요하더라도 나중에는 그룹에서 언어와 사회성 기술을 배울 수 있어야 한다는 사실을 기억하라.

TAA 진단평가지의 사회성 기술 부분의 작성을 완성한다. 그와 더불어 선드버그의 자조 기술 체크리스트를 작성하고 방금 읽은 전형적 발달단계를 기억하면서, 기존에 준비해 두었던 두 개의 아주 짧은 기초선 비디오를 검토할 것을 추천한다.

우리는 4장에서 논의했던 이 비디오들을 검토할 때가 되었다. 그러나 이 비디오를 아직 찍지 않았거나 찍은 지 너무 오래되어 현재 상태와 다르다면 이 시점에서 다시 찍어 보는 것도 좋다. 두 비디오는 각각 1분씩이어야 한다. 하나는 아이가 혼자 장난감을 가지고 놀고 있는 비디오(이 비디오는 가능한 한 아이에게 말하지 않고 조심스레 찍어야 한다.)와 다른 하나는 당신이 아이와 테이블이나 바닥에서 장난감과 놀이재료들을 가지고 아이와 함께 놀이하는 영상이다. 이 두 개의 비디오를 보는 것은 아이의 사회적 기술의 강점과 아이에게 필요한 기술들을 알아내는 데 도움이 된다.

나는 그동안 부모들이 찍은 1분짜리 기초선 영상의 분석을 도와주면서 공통적 주제가 등장하는 경우를 많이 보았다. 혼자 노는 모습을 찍은 비디오에서는, 아이들은 한 가지의 장난감을 반복적으로 가지고 놀거나 블록을 쌓거나 물건들을 일렬로 줄 세웠다. 지연이 있는 미취학 아동들은 영화에서 본 간단한 대사를 말하거나 줄 세우기를 하면서 인형이나 피규어들을 가지고 노는 모습을 보이기도 한다.

4살짜리 소년 중 하나는 중증자폐로 진단받았는데, 엄마가 아이에 관한 비디오를 찍는 동안 두 개의 행성 사진을 순서대로 정렬했고 그 이름을 읽었다. 행성 이름을 말하는 것이 일부 부모나 전문가들에게는 고급 기술로 보일 수도 있지만, 기능적으로는 그렇지 않다. 비디오에서 혼자 있는 몇 시간 동안 보이는 반복적인 놀이 또는 대사는 거의 대부분 아이들의 사회성 기술의 격차를 더 넓히고 뒤처지게 만든다.

내가 분석한 부모와 함께 활동에 참여하는 모습을 담은 1분짜리 비디오에서도 비슷한 경향을 볼 수 있었다. 나의 접근법을 배우기 전인 부모들은, 보통 아이들에게 글자, 숫자, 색깔이나 모양들의 이름을 가르쳐 주려는 행동을 한다. 혼자 있을 때 행성 이름도 말하던 어린 소년은 기능적인 언어의 사용은 많이 모자랐으나, 그의 어머니는 1분간 테이블에 앉아서 진행하는 세션 동안 아이에게 글자를 식별시키는 데 집중했다. 학습의 선행 기술에 지나치게 집중하여 행성의 이름을 가르치는 것은 아이가 자신이 필요한 것을 요구하고 공통된 사물이나 사람의 이름을 대는 데 도움이 되지 못한다. 아이의 사회적 언어를 증진시키기 위해서는 이러한 기능적 언어 기술이 필요하다.

계획 세우기

5장에서는 작은 표를 만들어 계획을 세우고 학습 공간을 만드는 법과 그에 따른 재료를 수집하는 것에 대해 논의했다. 이제 당신은 새로운 사회적 기술에 대한 지식이 생겼으니 계획을 새로 검토하고 수정해야 한다. 만약 아이가 아직 눈 맞춤을 하지 않고, 포인팅이나 다른 표현 수용 언어를 하지 못하고 있다면 사회적 예절을 가르치고 상징놀이를 가르칠 수 없다. 아이가 서너 살이라고 할지라도, 당신이 한 평가에서 발달이 그에 미치지 못한다면 18개월 된 아이들 수준의 장난감을 꺼내야 할 수도 있다. 그러면 당신이 착석해서 하는 수업과 착석을 하지 않는 경우 모두에서 사회성 및 놀이 기술을 가르칠 수 있다.

아이가 조기 개입이나 ABA 치료를 받고 있는 경우, 그곳에서 세운 치료 목표가 있을 것이다. 이제 수정된 평가와 계획이 마련되었으므로 아이의 삶을 더욱 공고히 하기 위해 전문가와 협력하여 이전에 설정한 목표와 현재의 평가와 일치하는지 확인해 보자. 나는 표준에 맞춘 목표나 틀에 박힌 목표가 효과가 없다는 것을 발견했다. 전문가들은 당신의 아이가 실제로 무엇을 할 수 있는지에 대해 구체적으로 알고 있어야 한다.

중재: 기초적 사회성 기술들

앞서 말했듯이, 사회적 기술은 그것만 따로 가르칠 수 없다. 나의 TAA 접근법은 사회적 놀이, 언어 및 문제 행동 중재를 포함하여 아이와 함께 많은 기술을 동시에 수행할 수 있게 도와준다. 그러나 자폐와 발달 지연이 있는 많은 아이들은 그들을 사회적으로 개선시킬 수 있도록 진단평가와 계획에 기초한 체계적인 중재를 시행해야 한다.

눈 맞춤 가르치기

눈 맞춤 부족은 대부분의 자폐 부모들이 가지고 있는 걱정이지만, 이 기술을 직접적으로 가르치기는 힘들다. 하지만 당신이 아이에게 다른 기술을 계속 가르칠수록 아이는 눈 맞춤을 좀 더 자연스럽게 하게 될 것이다. 아이가 당신을 보게 하려고 하지 말고, 착석해서 수업하는 동안 아이가 벽 쪽을 보지 않고 당신을 보게끔 아이의 눈 방향에 위치를 잡아라. 또한, 가능할 때마다 얼굴을 아이의 눈높이에 맞추어 아이가 당신을 보는 것을 더 쉽게 해 주어라. 그런 다음 강화가 되는 물건들, 장난감 또는 아이가 좋아하는 사람이나 물건의 사진 등을 당신의 얼굴 앞이나 입 옆에 두어라. 종종 나는 아이가 내 얼굴과 물건을 보게 하려고 물건을 내 턱 옆에 두고는 즐거운 목소리를 내고는 한다. 예를 들어 비눗방울 통을 들고 "비눗방울!"이라고 말할 수 있다. 이때 당신은 아이가 당신과 당신의 얼굴을 보도록 도와줄 뿐, 그때마다 눈 맞춤을 하려고 시도해선 안 된다.

포인팅 가르치기

2장에서 언급했듯이, 18개월이 되기 전에 물건을 요구하거나 주의를 끌려 할 때 집게 손가락을 사용하지 못하는 것은 자폐의 초기 징후일 수 있으며 최소한 언어 지연의 가능성이 있다.

그런데, 포인팅에는 두 가지 유형이 존재한다. 예를 들어 쿠키를 달라고 요구하는 포인팅은 **명령형** 포인팅이라고 한다. 날아가는 비행기를 가리키는 것처럼 누군가의 주의를 끌기 위해 대상이나 행동을 가리키는 것은 **서술형** 포인팅이라고 한다. 포인팅을 하지 못하는 일부 발달 지연이 있는 아이들은 지시하기보다는 다른 사람의 손을 잡아끌어서 맨드를 하거나 주의를 끌려고 할 것이다. 이것은 "손 끌기"라고 하는데 자폐의 위험 신호이다.

몇 년 전 치노와 맥스를 치료할 때, 나는 몇 번의 시행착오 끝에 아이들에게 쉽게 물건을 가리키도록 하는 법을 발견하면서 여기서 소개할 포인팅 방법을 개발하게 되었다. 만약 당신의 아이가 아직 손가락으로 지적할 수는 없지만 18개월령의 발달단계를 충족한다면, 이 기술을 가르치기 시작하는 것이 좋다. 어디에 있든 하루 종일 포인팅을 가르칠 수 있으며, 다음 장을 마치고 강화 가치가 높은 강화제를 착석과 페어링시키는 방법을 자세히 알게 된 후에는, 착석하여 포인팅을 가르칠 수 있다. 강화제는 아이가 당신과 함께하고 싶어 하도록 만드는 데 필수적이므로 항상 강력한 강화제로 이 기술을 가르쳐라.

아이에게 포인팅하는 법을 가르치기 전에, 아이의 우세손을 알아내라. 그 방법은 이러하다. 아이의 두 손 중간쯤에 음식이나 음료수 같은 선호물들을 늘어놓고 시험한다. 10번 이상 시도해서 아이가 주로 어떤 손으로 물건을 집는지 관찰하라. 이것만으로 우세손을 결정하는 것은 완벽하지 않으니 다른 상황에서도 아이를 관찰해야 한다. 그렇게 해서 어떤 손이 우세한지 최대한 판단한 후에, 때로는 다른 손으로 무엇인가를 가리킨다고 해도 걱정하지 마라. 아이에게 한쪽 손 또는 다른 손의 사용을 강요하지 않도록 노력하라. 당신은 단순히 아이가 이 기술을 쉽게 배우는 것에만 집중하여 노력해야 한다.

"터치 포인팅(touch pointing. 원하는 대상물을 직접 집게손가락 끝으로 만지는 방식의 포인팅.—역주.)"을 아이 바로 앞에 있는 물체를 두고 시작하라. 아이를 가르치는 테이블에서 책, 플래시카드, 태블릿을 사용하라. 그 물건을 들고 사진에 찍힌 구체적인 것을 말하면 된다. 사진 속의 오리를 말한다고 생각해 보자. 아이의 우세손을 잡고, 이것을 만지게 하면서 "오리 봐!"라고 말한다. 아이의 손을 포인트하는 물건과 따로 떼어 놓을 필요는 없다.

그러고 나서 아이에게 이것을 포인팅하도록 요구해 보자. "오리 어디 있어?" 아이가 오리를 만질 때까지, 아이의 손을 부드럽게 잡고 사진에 갖다 댄다.

아이가 만지는 포인팅에 숙달하게 되면 약간 멀리 있는 물건들을 가리키도록 가르쳐 보자. 아이가 테이블에 앉아 있는 동안 아이 뒤에 서서 아이 바로 앞에 책을 들고 말해 보자. "책을 가리켜 봐!" 만약 아이가 하지 못한다면, 아이의 팔을 잡아 위로 올려서 집게손가락을 제외한 다른 손가락을 부드럽게 접어서 아이 우세손의 집게손가락이 책을 가리키도록 한다.(아이의 엄지손가락을 아래로 넣을 필요는 없다.)

그런 다음 책을 다시 내려놓고 페이지에 그려진 그림을 선택하도록 한다. 코끼리 그림이 있다고 생각해 보자. 아이 가까이에 책을 다시 들고 "코끼리를 가리켜 봐!"라고 말한다. 다시 말하지만, 아이가 혼자 하지 못한다면, 아이의 우세손을 들어 집게손가락을 제외한 손가락을 부드럽게 접어 준다. 아이가 포인팅을 한 후에는 언어적 강화로 "멋져!"라고 말할 수 있다.

뒷마당에서 놀고 있을 때 비행기가 날아간다면 "비행기 가리켜 봐!"라고 말하는 것처럼 하루 종일 아이가 가리킬 수 있는 기회를 찾아보자. 또한 "동생 가리켜 봐!"라고 아이의 형제를 가리키라고 말할 수도 있다. 아이가 아직 말을 거의 하지 못한다 하더라도 가리키는 법을 배우고 나면 선택을 하고 자신이 원하는 것을 좀 더 쉽게 전달할 수 있다.

간단한 인사 가르치기

손을 흔드는 것은 아기가 배우는 첫 번째 기술 중 하나지만, 발달 지연이 있는 많은 아이들은 직접적으로 가르치지 않으면 이 기술을 배우지 못한다. 특히 아이가 보통 다른 사람이 있다는 것을 알아채지 못하거나, 눈을 마주치지 못하거나, 기본적 모방 기술을 가지고 있지 않다면 말이다. 그렇다면 어떻게 아이를 가르치기 시작할까?

당신이 가르칠 인사 기술에 대한 생각부터 시작해 보자. 아이가 아직 말을 하지 못하고 당신을 따라 하지 못한다면, 나는 지금 당장 "안녕."하며 손 흔들기를 가르칠 것을 추천한다. 항상 몸을 굽혀 아이의 수준에 맞추어 접근하라. **아이의 이름을 부르지 마라.** 그저 "안녕."이라고 열정적으로 말하며 동시에 아이의 손을 흔들어라. 아이의 손을 들고 부드럽게 흔들어라. 아이가 스스로 손을 흔들기 전에 이것을 자주 반복해 주면 좋다. 아이와 단둘이서만 방에서 연습할 수도 있고 다른 친척이나 친구들과도 인사하기를 연습시킬 수 있다. 남편이나 다른 성인 또는 형제들을 다른 방에서 연습시킬 준비를 하라. 그러고 나서, 아이에게 "아빠에게 인사하러 가자!"라고 말하라. 방에 들어가면 아빠가 "안녕." 하고 말하고 손을 흔든다. 당신은 이와 동시에 "안녕."이라고 말하면서 아이의 손을 부드럽게 잡아서 흔들도록 도와준다.

또 누군가 집에 들어올 때도 인사를 연습할 수 있다. "아, 누가 들어오는 소리가 들리네!"라고 말하라. 아이가 그 사람이 집에 들어오거나 나가는 것을 보도록 하라. 그 사람이 아이의 눈높이에 가까이 와서 **아이의 이름은 부르지 말고** "안녕!" 하고 말하게 하라.

만약 인사말에서 오류가 생긴다면, 아이가 택트를 하기 어려운 것인지 주의를 기울여 보고 그게 아니면 그 사람을 부르기 힘든 것인지, 에코익이나 모방이 문제인지를 잘 살펴보라. 이것은 아이가 당신의 말을 에코익하지 못한다거나 손을 흔드는 것과 같은 행동을 모방하지 못한다는 것을 의미한다.

일단 아이가 "안녕." 하고 사람들에게 인사하는 것에 숙달하게 된다면, 당신은 아이에게 손을 흔들고 "잘 가."라고 말하는 것도 가르칠 수 있다.

가상놀이 가르치기

가상놀이는 표현 언어와 수용 언어를 모두 필요로 하는 고급 사회성 기술이기에 다음의 두 장에서 더 다룰 예정이다. 아이가 아직 준비되지 않았다면, 다시 말해 만약 아이가 당신이 하는 일을 이해하기에 충분한 수용 언어를 가지고 있지 않다면, 강력한 강화제를 사용한다 하더라도 문제 행동으로 이어질 수 있다. 그러나 만약 아이가 준비되었다고 느낀다면 아이와 할 가상놀이 활동으로 생일 파티를 추천한다. 그 방법은 이러하다. 고무찰흙, 작은 접시, 찻잔, 찻주전자, 생일 촛불을 모아라. "찰흙으로 생일 케이크를 만들자!"라고 말하고 케이크를 만들어 초를 꽂은 뒤 불어서 끄는 척하면 된다. 이때 아이가 당신을 모방하는지 지켜보아라.

아이가 포장을 풀고 선물을 가진다거나 접시에 먹을 수 있는 강화제를 올려놓아 보는 것도 재미있을 것이다. 당신은 아이에게 어떻게 찻잔에 가짜 차를 따르는 척하는지 보여 줄 수도 있다. 상상력을 발휘해서 아이가 이것을 즐기는지 지켜보자. 아이가 활동 중에 당신의 행동을 모방하는지 평가하라.

만약 아이의 생일이 다가오고 있거나 생일 파티에 데려갈 준비를 하고 있다면 이것은 당연히 연습을 해 볼 아주 좋은 기회다. 같은 방식으로 기차, 인형 또는 주방놀이 장난감을 이용하여 놀이 기술을 연습할 수 있다. 각 놀이 활동에 필요한 모든 물건들을 통에 모아서 여러 가지 시나리오를 연습하는 것이 도움이 될 수 있다. 그러나 동일한 언어로 동일한 활동을 반복하지 않도록 주의하라. 이는 반복적이거나 부자연스러운 반응이나 비기능적인 언어로 이어질 수 있다.

발전된 사회성 기술들

나는 또한 부모와 전문가 모두가 차례 주고받기(내 차례 대 네 차례)를 하고 아이들에게 "부탁해.", "고마워.", "미안해."라고 말하는 예절을 너무 일찍 가르치려고 애쓰는 것을 보아 왔다. 아이가 테이블에서 몇 분 동안 장난감을 가지고 노는 게 어렵다면, 다른 아이들과 장난감을 나누거나, 차례를 지키거나, 미안하다는 개념을 이해할 수 없을 것이다. 아이는 이런 고급 기술로 넘어가기 전에 필수적인 선행 기술을 숙달해야 한다.

내가 말했듯이, 다른 아이들과 놀 수 있는 능력을 포함한 사회적 기술은 아이가 어느 정도의 진전된 발달과 꽤 복잡한 표현 언어와 수용 언어 능력이 있어야 가능하다. 다음 장에서 당신은 아이에게 기본적 언어 기술을 가르치는 방법을 배우게 되며, 9장에서는 한층 더 후기 언어 기술을 가르치는 법을 배울 것이다.

그러므로 인내심을 가지고, 너무 빨리 고급 수준의 사회적 기술이나 언어적 기술을 아이에게 기대하지 않도록 발달단계와 선행 요구 기술의 순서에 세심히 주의를 기울여라. 아이가 서두르지 않고 올바른 순서로 사회적 기술을 습득하도록 돕는다면, 아이는 더 빨리 발전할 것이다.

앞으로 두 장에서 다룰 언어 기술은 나의 TAA 접근법의 핵심이다. 따라서 지금까지 당신이 배우려고 준비한 것은 앞으로 배울 모든 것의 기초가 될 것이다.

8

말하기와 지시 수행

미셸의 딸 엘리나가 두 번째 생일을 맞이하기 직전에 자폐 진단을 받자 미셸과 그녀의 남편은 심란해서 어찌할 바를 몰랐다. 엘리나는 생후 18개월 이전부터 자폐 징후가 있었지만, 걱정하지 말라는 사람들의 말에 안심한 엘리나의 부모는 아이의 자폐 징후를 부정했었다.

자폐 진단을 받기 조금 전에 언어평가를 받았던 엘리나는 검사 결과 두 살이 다 되어가는데도 언어 수준이 0-3개월로 나타났다. 미셸은 비교적 빨리 그녀의 딸, 엘리나를 진단받게 하였지만 조기 개입 서비스를 받으려면 길게 대기해야 한다는 또 다른 난관에 부딪혔다. 그녀는 엘리나에게 당장 절실하게 필요한 ABA 치료를 받지 못한 채 혼자서 두 어린 딸-엘리나와 갓 태어난 여동생-과 적어도 세 달 동안 집에 있어야 한다는 현실에 직면하게 되었던 것이다.

미셸이 나의 TAA 온라인 프로그램을 시작하였을 때, 그녀는 딸에게 어떻게 말이나 모방하기 또는 필요한 다른 기술들을 가르쳐야 하는지 전혀 모르는 상태였다. 하지만 그녀는 아주 신중하게 한 걸음 한 걸음 앞으로 나아갔다. TAA 온라인 프로그램을 수강한 지 1-2주일 만에 엘리나가 진전을 보이기 시작하자, 미셸은 성공을 직감할 수 있었다. 하지만 그녀는 그렇게나 성공할지 꿈에도 몰랐다!

프로그램을 시작한 첫날, 미셸은 TAA 진단평가를 진행하고 언어 샘플을 수집했다. 기초선 언어 샘플(4장에서 배웠듯이)에서 엘리나는 1시간 동안 단어 두 개-엄마, 멍멍이-를 말했다. TAA 접근법을 실행한 지 5주 후, 1시간짜리 언어 샘플에서 엘리나는 180개 이상의 단어를 말했다. 심지어 "엄마, 신발"과 "새, 짹짹"과 같은 두 단어를 조합하여 말할 수도 있었다. 테이블 활동 시간 동안 엘리나는 매우 협조적이었고, 심각했던 탠트럼 또한 확연히 줄어들어 거의 나타나지 않게 되었다.

미셸은 엘리나가 26개월이 되었을 때 언어치료 재평가를 의뢰했다. 미셸이 당신이 이 책에서 읽고 있는 내용과 동일한 TAA 접근법을 2-3개월이라는 짧은 시간 동안 실행한 후, 엘리나의 표현 언어 능력은 0-3개월에서 30개월로 향상되었다. 그렇다. 엘리나는 26개월밖에 되지 않았지만 30개월 된 아이처럼 말하고 있었다. 사회성은 20개월로 약간 뒤처져 있었지만 전문가의 도움 없이 유일한 치료사였던 엄마와 함께한 것만으로도 엘리나는 이렇게 짧은 시간 안에 언어 능력이 엄청나게 호전되었다.

내가 이 엘리나의 사례를 이야기한 것은 당신이 앞으로 배울 전략을 실행할 때 무엇이 가능한지 알려 주기 위해서이다. 하지만 아이들은 저마다 고유한 강점과 요구가 있으며, 각자 다른 지점에서 시작한다는 것을 알아야 한다. 엘리나와 같이 어떤 아이들은 빠르게 발전하는 반면, 다른 아이들은 더 많은 시간과 인내심이 필요하다. 아이의 나이와 지연이 무엇이든 간에, 당신은 당신의 아이가 다음 단계로 나아갈 수 있도록 도울 수 있다. 지금은 낙담하거나 포기할 때가 아니다!

이 장에서는 말을 거의 하지 않거나 전혀 하지 않는 어린아이들에게(초기의 엘리나처럼) 언어와 의사소통 능력을 향상시키는 방법을 배우게 될 것이다. 아이가 이미 몇몇 단어를 말하거나 구로 말하고 있더라도, 이 장을 건너뛰지 말기를 바란다. 아이와 함께 참여하는 방법을 배우고 아이가 당신에게서 언어를 신나게 배울 수 있도록 하는 것은 매우 중요하기 때문이다.

아기들이 언어를 배우는 방법

자폐의 세계에 들어가기 전에는, 나는 지연을 보이는 아이들에게 언어를 가르친다는 것이 얼마나 복잡하고 어려운 일인지 전혀 알지 못했다. 전형적인 유아들이 그렇게 쉽게 언어를 배운다는 것은 여전히 나를 놀라게 한다. 그들이 얼마나 빨리 소리와 단어를 습득하고 언어를 이해하기 시작하는지 정말 놀라울 따름이다. 대부분의 아기들은 태어난 지 몇 달 되지 않아 옹알이를 시작하고 "맘마", "어마", "어바"라고 말하면서 그들의 목소리가 무엇을 할 수 있는지를 실험한다. 아기가 "맘마"나 "어마"와 비슷한 소리를 내면 부모는 그 소리에 반응하여 기뻐하게 되는데, 그 반응을 본 아기는 그 소리들이 다른 소리들보다 분명히 더 중요하다는 것을 깨닫게 된다. 언어는 이렇게 시작된다.

안타깝게도 자폐의 초기 징후를 보이는 아이들을 포함하여, 심각한 언어장애가 있는 많은 아이들은 옹알이를 많이 하지 않는다. 그리고 옹알이를 하더라도 그들은 전형적인 아이들만큼 어른들의 관심에 크게 신경 쓰지 않는 것처럼 보인다. 또한 전형적인 아이들은 타인의 행동을 모방하는 방식으로 놀이를 배우는데, 지연이 있는 아이들은 행동을 모방하지 않는 경향을 보인다. 그들은 일반적으로 언어를 학습하는 방법인, 소리나 단어를 모방하거나 따라 말하지(echo) 않는다.

옹알이를 많이 하지 않거나 하루 종일 자발적으로 소리를 내지 않고 말을 하지 않는 지연을 보이는 아이들은 발음 또한 좋지 않아 단어를 발음하는 데 어려움을 겪을 수 있다. 조음(調音) 문제는 그들이 하는 몇 안 되는 말조차 이해하기 어렵게 만든다.

당신은 아이가 당신과 전혀 대화나 다른 의사소통을 하지 않거나 또는 무발화라고 말할지 모른다. 하지만 갓 태어난 아기를 포함하여 모든 사람들은 언어를 사용한다. 옹알이, 몸짓, 울음, 탠트럼과 같은 문제 행동 등은 엄밀히 따지면 모두 의사소통의 한 형태이다. 목표는 아이가 당신 또는 다른 사람들과 더 효과적으로 말하고 의사소통할 수 있도록 아이에게 **목소리**를 내고 **말**을 하게 가르치는 것이다.

언어 능력에는 표현 언어 능력과 수용 언어 능력이 있다는 것을 기억해야 한다. 말이라고 불리는 표현 언어 능력은 **맨드** 또는 요구하기, **택트** 또는 이름 대기, **에코익** 또는 다른 사람의 말을 따라 하기 그리고 **인트라버벌** 또는 질문에 대답하기 등의 네 개의 기본적인 "언어 작동 행동(verbal operants)"으로 구성된다. 이 장에서는 맨드, 택트 및 에코익을 효과적으로 조합하는 법을 배우게 된다. 인트라버벌은 전형적인 아동에게 약 18개월까지 나타나지 않기 때문에 9장에서 따로 다룰 것이다.

언어 행동이나 표현 언어 능력을 이끌어 내도록 북돋아 주는 것 이외에도, 이 장에서는 초기 및 후기 언어 발달에 매우 중요한 지시를 따르고, 모방하고, 매칭 과제를 수행하는 능력을 키우는 방법을 가르쳐 줄 것이다.

다시 한 번 말하지만, 아이가 이미 몇 가지 지시를 따를 줄 알고 기본적인 질문에 대답한다고 해도 이 부분을 건너뛰면 안 된다. 그 이유는 다음과 같다. 자폐나 언어 지연을 보이는 아이들은 모든 기술이 고르게 발달되지 않고, 각각의 기술마다 발달 수준에서 흔히 차이를 나타낸다. 그러한 이유로 당신의 아이가 말을 한다고 할지라도, 당신이 이 책에서 읽게 될 기본적인 학습 구성 요소 중의 일부를 놓치고 있을 수 있다. 이러한 의사소통 및 학습 기술은 아이가 "배우는 법을 배울" 수 있도록 강화되어야 한다.

오늘부터 당신의 아이가 점점 더 많은 언어를 사용할 수 있도록 아이의 구어 및 비구어적 행동을 빠르게 평가하는 방법에 대해 이야기해 보기로 하자!

진단평가 및 계획: 아이의 초기 언어 능력

당신은 이미 진단평가 및 계획에 대한 장을 읽었다. 4장에서 논의한 TAA 진단평가지는 당신이 아이의 기본 언어 능력을 신속하게 평가하는 데 도움이 되었을 것이다. 또한 4장에서 소개한 기초선 언어 샘플과 두 개의 짧은 비디오도 중요한 진단평가도구이다.

표현 언어를 더 자세히 살펴보기 위해, 진단평가 단계에서는 기초선 언어 샘플이 주요 도구로 사용된다. 기초선 언어 샘플에 15분, 30분 또는 60분 단위로 아이가 내는 소리,

단어 또는 구를 적으면서 보다 자세한 언어 데이터를 만들 수 있다. 시간을 정하고, 그 시간 동안 들은 것만 적으면 된다. 기록지에는 "빠빠"와 같은 소리, "멍멍이"와 같은 단어 또는 "더 줘."와 같은 구가 포함될 수 있다.

엘리나의 경우를 보면 초반에 언어 샘플을 수집하고 나서 5주 후에 언어 샘플을 다시 수집한 것이 문제 해결의 단초였다! 60분짜리 언어 샘플을 통해서, 미셸은 단어 두 개를 하는 수준이었던 딸의 언어 능력이 180개 이상의 단어나 구로 표현하는 수준으로 향상되었다는 것을 분명히 알게 되었다. 이것은 미셸에게 그녀가 집에서 딸을 가르쳤던 시간이 성공적이었고, 그들이 올바른 방향으로 가고 있음을 분명히 보여 주는 증거였다. 이러한 시간별 언어 샘플은 또한 엘리나의 중재 전후의 표준화된 언어평가의 결과와도 상통했다.

기초선 언어 샘플 외에도 아이가 어떠한 단어라도 말을 한다면, 아이가 매일 내는 소리, 단어처럼 들리는 소리(word approximations) 또는 매일 말하는 단어 또는 지난 1-2주 동안 한 번 이상 들은 단어 목록을 만들 수도 있다. 많은 아이들이 내가 "불쑥 튀어나온" 단어(pop out words. 아이가 가끔씩 말하는 단어를 뜻하며 일부러 말해 보라고 요구하면 하지 않는 단어이다.—역주)라고 부르는 단어들을 말하는데, 이것은 당신이 이따금씩 갑자기 듣는 단어이다. "불쑥 튀어나온" 단어를 계속 기록해 두고 그 단어들을 들을 확률을 높이는 방법을 찾는 것은 좋은 생각이지만, 3개월 전에 들은 단어들을 적는 충동을 참아야 한다. 그것들은 더 이상 의미가 없다.

아이가 낸 소리, 단어, 구의 목록들에서 당신은 더 많은 단서들을 얻을 수 있다. 예를 들어, 나는 내가 맡았던 치노가 자신이 가장 좋아하는 간식을 원할 때 "치토"라고 말할 수 있고 "노(no)"라고 말할 수 있다는 것을 알고 놀랐다. 하지만 치노는 우리가 그 기술을 가르치기 전까지는 "치노"라고 명확하게 말할 수 없었다. 아이가 분명하게 소리 내는 단어와 소리 내지 못하는 단어들을 알아내는 것은 많은 면에서 당신에게 도움이 될 것이다. 당신이 "반짝반짝 작은 별"을 부를 때, 아이가 "별"을 말할 수 있다는 것을 알게 되면, 별들의 사진을 모아 그다음 교육 프로그램에 사용할 수 있다.

아이가 이따금 내는 소리와 단어를 적어 두면 아이가 모음만 사용하는 것인지, 특정 자음과 모음을 합쳐 단어를 만드는 것인지 알 수 있다. 이때 스프레드시트 (spreadsheet. 표에 자료를 입력하는 컴퓨터 프로그램.—역주)를 사용하면 새로운 단어나 소리를 추가할 때마다 가나다순으로 정리되어 도움이 된다.

당신의 아이가 더 많은 단어들을 말하기 시작할 때, 아이들에 따라서 발음이 좋지 않을 수도 있다. 그래서 (1) 아이가 분명하게 소리 내는 단어와 (2) 단어처럼 들리는 소리 (word approximations)나 분명하지 않은 소리, 두 개의 목록을 만드는 것이 좋다. 목록 (2)의 단어처럼 들리는 소리란 예를 들어 아이가 "꿀꿀"을 "꾸꾸"라고 말하는 것이다. 더 나아가기를 원한다면 두 단어 목록을 냉장고에 붙여 놓고, 낮 동안에 아이가 새로운 단어와 소리를 내는 것이 들릴 때마다 기록하면 목록에 쉽게 추가할 수 있다. 이렇게 하면 아이가 정확하게 표현할 수 있게 된 단어들을 목록 (2)에서 목록 (1)로 이동시킬 수 있을 것이다.

당신의 아이가 이따금 또는 규칙적으로 말하는 단어가 10-20개라고 가정해 보자. 아이가 이 단어들을 어떻게 사용하는지 주의해서 살펴봐야 한다. 아이가 이러한 단어들을 사용하여 물건을 요구하는가? 아이가 사진을 보며 그것이 무엇인지 이름을 말하는가? 아이가 당신이 말하는 것을 따라 하는가?

당신은 또한 아이의 수용 언어 능력도 평가해야 한다. 만약 당신이 TAA 진단평가지를 작성했다면, 당신은 이미 아이의 모방 및 매칭 기술뿐만 아니라 신체 부위를 지적하거나, 박수를 치거나, 다른 사람의 시범이 없이도 일어서는 것과 같은 지시 수행 능력에 대한 기초선평가를 했을 것이다.

식사, 마시기 문제 그리고 심지어 고무젖꼭지 사용도 말을 하는 데 큰 영향을 미칠 수 있으므로 그러한 부분도 고려해서 평가지를 작성해야 한다. TAA 접근법을 시행하기 전에 반드시 전체 진단평가 및 계획서를 작성하고 자료를 수집해야 한다.

이제, 언어를 향상시키기 위한 중재를 살펴보기로 하자.

중재: 테이블 활동의 힘

상당한 지연을 보이는 유아에게는 발달을 따라잡을 수 있는 최선의 방법을 알려 주는 학습 기회가 많이 주어져야 한다. 나는 많은 경험에서 당신이 아이를 빨리 테이블 활동에 참여시킬수록 아이가 더 잘 배울 수 있다는 것을 알아냈다.

당신은 아이가 방 안에 있는 장난감이나 다른 관심을 끄는 물건에 자유롭게 접근할 수 없도록 테이블 활동을 할 방이나 공간을 정리해야 한다. 이 방법으로 아이는 당신과 함께 더 머무르고 싶게 되고 테이블에서의 활동과 자료들이 재미있다는 것을 알게 될 것이다. 당신은 이 장에서 배우게 될 전략을 실행하기 전에 5장의 체크리스트의 자료들을 준비해야 한다.

학습자료는 테이블 활동 시간에만 사용할 수 있도록 상자나 문을 잠글 수 있는 벽장 또는 수납장에 보관하는 것이 중요하다. 또한, 미스터 포테이토 헤드나 꼭지 퍼즐과 같은 부품이 있는 장난감이나 학습자료의 경우, 투명한 봉지나 용기 겉면에 이름을 쓴 후 그 안에 부품들을 보관한다. 당신과 함께 테이블에 있지 않을 때는 아이가 이러한 장난감이나 자료를 자유롭게 만질 수 없도록 해야 한다. 아이가 자유롭게 가지고 놀 수 있게 된다면, 그 학습자료는 단지 자기 자극을 위해 반복적으로 가지고 노는 장난감이 되기 쉽다.

페어링과 강화

페어링에 대해서는 이미 논의했지만, 워낙 중요한 개념이기 때문에 여기서 좀 더 깊이 다루고자 하며, 학습 공간을 좋은 것으로 페어링하는 방법을 구체적으로 제시하고자 한다. **페어링**은 아이에게 아무런 요구 없이 아이가 좋아하는 것(비눗방울, 과자, 상대방의 관심 등)을 제공하는 것을 말한다. 이것은 당신을 더 재미있는 사람으로 만들고, 학습 공간과 테이블 그리고 학습자료들을 보다 재미있고 긍정적으로 느끼게 할 것이다. 아이가 테이블로 달려가면서 강화제를 보고 미소를 짓고, 앉아서 열심히 배우고 싶어 한다면, 당신은 올바른 길로 가고 있는 것이다. 하지만 페어링은 한 번으로 끝나는 일이 아니므로 아이가 앉는 것을 거부하거나 강화제나 활동을 마음에 들어 하지 않는다면 아이가 당신과 함께 테이블에 있고 **싶게** 하기 위해 테이블을 리페어링하는 데 집중해야 한다.

강화에는 크게 두 가지 유형이 있다. 강화제와 칭찬. 강화제에는 먹을 수 있는 음식 조금, 음료, 태블릿과 같은 전자제품 또는 아이가 좋아하는 다른 물건 등이다. 아이가 좋아하는 물건은 무엇이든 긍정적인 강화제로 사용할 수 있다.

하지만 때때로 아이들은 물건이나 태블릿에 너무 집착하기 때문에 학습시간 동안 그것들을 사용하지 않는 것이 좋다. 당신은 아이가 테이블 활동을 싫어하지 않기를 바랄 것이다. 그러니 특히, 처음 시작할 때는 아이가 좋아하거나 사랑하지만 집착하지 않는 강화제를 선택해야 한다.

만약 아이가 테이블이나 학습 공간을 벗어나려고 한다면, 그것은 아마도 아이가 좋아할 수밖에 없는 강력한 강화제가 테이블에 없다는 것을 의미할 수 있다. 만약 테이블 주위에 아이의 집중을 방해할 수 있는 장난감이나 물건을 제거하지 않았고, 아이가 좋아하는 것들이 테이블에 놓여 있지 않다면, 당신은 아이를 앉게 하고, 학습자료에 주의를 기울이게 하고, 당신에게 배우는 것을 사랑하게 하기 위해 힘겨운 싸움을 해야 할 것이다.

따라서 당신이 학습자료가 든 상자를 꺼내거나 아이를 테이블에 앉히려고 하기 전에, 테이블을 강화제와 잘 페어링해야 한다. 처음에는 당신이 준비한 강화제들을 테이블과 페어링하기 위해 당신과 아이가 테이블에 3-5분 정도 짧게 앉는 것으로 시작한다.

아이에게 앉으라고 강요하지 말고, 다리를 막거나 힘을 써서 의자에 앉히지도 말아야 한다.—**절대로 그래서는 안 된다.** 아이는 테이블에서 자유롭게 벗어날 수 있어야 한다. 이는 내가 아이들이 아동용 테이블에서 안전하지 않거나 전문가가 특별히 권장하는 대체 의자가 없는 한 학습시간 동안 안전벨트가 달린 아기 식탁 의자나 보조 의자를 사용하여 아이를 끈 매 놓는 것을 추천하지 않는 이유 중 하나이다.

만약 당신이 여전히 아이를 테이블이나 학습 공간에 머무르게 하는 데 어려움을 겪고 있다면 아이에게 어떻게 반응해야 할지 신중을 기해야 한다. 나는 "다시 와서 여기 앉아야 해."라고 말하는 것을 추천하지 않는다. 대신, 탐정이 돼라. 아이가 어디로 가고 무엇에 끌리는지 보라. 아이가 방에 두고 온 피규어를 집어 들고 있나? 아이가 바닥에서 끈 조각을 찾았나? 아이가 방 안의 흔들의자에 앉았나? 만약 그렇다면, 그 물건들을 강화제로 사용하게 테이블에 가져오거나 아이의 주의를 끄는 장난감이나 물건이 없도록 학습 환경 관리를 더욱더 철저히 해야 한다.

아이가 테이블을 벗어나려고 하면 그냥 두어라. 하지만 여기 기억해야 할 중요한 것이 있다. 학습자료와 강화제는 아이가 다시 테이블에 돌아올 때까지 **테이블**에 있어야 한다. 만약 아이가 강화제나 자료를 다른 곳으로 가져가도 된다면, 학습 공간은 갑자기 그렇게 특별한 곳이 아니게 된다. 만약 당신이 아이의 관심을 끌 방에 있는 장난감이나 물건을 미리 제거했다면, 아이가 테이블에서 당신과 함께하고 싶다는 것을 깨닫는 데 오랜 시간이 걸리지 않을 것이다.

나는 또한 "쉬는 시간을 위해 공부하자."라는 접근 방식을 별로 좋아하지 않는다. 왜냐하면 그렇게 되면 당신의 아이가 당신에게서 벗어나기 위해 공부하게 되기 때문이다. "세 개만 더 하면 쉴 수 있어."라는 말도 좋아하지 않는다. 나는 당신의 아이가 테이블에, 학습자료에, 강화제에 그리고 **당신에게로 뛰어오기**를 바란다.

"공부"라는 단어를 사용하는 것을 권장하지 않는다고 다시 한 번 말하고 싶다. "공부"보다는 "배우는 시간", "테이블에 가는 시간" 또는 "즐거운 엄마 시간"이라고 부르자.

초반 짧은 테이블 활동 세션을 진행할 때는 아이가 "공부"를 하거나 심지어 어떤 자료를 사용할 것이라고 기대해서는 안 된다. 아이는 당신과 함께 테이블에 앉아 있는 것만으로도 "아무런 대가 없이"로 강화제를 받아야 한다. 아이가 처음에 앉기를 거부하면, 아이가 테이블 옆에 서 있는 동안 강화제를 제공해야 한다. 하지만 아이가 기꺼이 스스로 앉을 때까지 수업 시간을 3분 이상으로 늘리지 말아야 한다.

테이블 활동 시간을 15분까지 점진적으로 천천히 늘리면서, 테이블과 테이블이 아닌 다른 곳에서 하는 재미난 활동시간으로 나눈다. 당신은 테이블 활동을 10-15분 동안 하고 나서 밖에 나가거나 아이의 놀이방에 갈 수도 있다.

하지만 가능한 한 많이 자연스러운 환경에서 아이를 가르칠 수 있도록 테이블 활동 후 쉬는 시간 동안에도 아이와 함께해야 한다. 아이가 당신에게서 벗어나기 위한 쉬는 시간이 되어서는 안 된다. 가능한 한 아이가 관심을 가지고 참여할 수 있는 쉬는 시간으로 만들어야 하지만 만일 당신에게 휴식이 필요하다면 휴식 시간을 가져도 된다. 당신은 테이블 활동에서 자신감을 얻음으로써 아이가 집, 학교 그리고 심지어 지역사회에서 맨드하고 모방하며 놀이 기술을 사용하고, 가정에서 익힌 기술을 일반화할 수 있도록 하루를 어떻게 보내야 할지 알게 될 것이다.

아이가 원하는 것을 요구하도록 강화제 사용하기

모든 테이블 활동 프로그램과 아이와 함께하는 모든 것의 중심은 **맨드** 또는 요구하기여야 한다. 왜냐하면 아이가 동기부여가 되고, 무언가를 원하는 순간이 아이에게 새로운 기술을 가르칠 수 있는 가장 좋은 기회이기 때문이다. 아이가 원하는 것을 당신과 다른 사람들에게 의사소통하거나 말로 전하게 된다면 당신과 아이, 모두의 삶은 크게 변화할 것이다.

우리가 6장에서 논의한 것처럼, 문제 행동은 거의 항상 구어적이든 비구어적이든 간에 아이가 맨드를 하지 못하는 데서 비롯된다. 우는 것이 갓난아기의 맨드하는 방식인 것처럼 문제 행동 또한 나름대로 아이들이 사용하는 맨드의 한 유형인 것이다.

그러나 아이가 무언가를 맨드하기 위해서는 동기부여가 되어야 한다. 5장에서 당신은 아이가 원하는 물건과 단어를 최대 세 번까지 페어링해 주는 한 단어 3번 사용하기 전략을 배웠다. 하지만 아이가 그 물건을 요구하는 법을 배우기 전에 그 물건을 **원해야만** 한다. 따라서 처음에 당신이 테이블과 페어링하는 물건이나 궁극적으로 아이에게 요구하기를 가르치고자 사용하는 물건은 아이가 얻고자 하는 동기를 부여하는 강력한 강화제여야 한다. 이러한 강화제는 공, 주스, 쿠키, 태블릿 또는 짧은 비디오 영상일 수 있다.

테이블에서는 강화제 통제에 주의해야 하며 당신의 도움 없이 아이가 강화제를 손대거나 사용하지 못하도록 해야 한다. 먹을 수 있는 강화제는 뚜껑이 없는 그릇 대신 열기 어려운 투명한 용기에 담는 것이 가장 좋다. 강화제와 그 이름을 페어링하면서 아이에게 한 번에 하나씩 강화제를 건네준다. 전자제품의 경우, "영화" 또는 "비디오"라는 단어를 페어링한 뒤 태블릿을 이용해 10-30초 분량의 영화나 짧은 동영상을 보여 주는 것을 권장한다. 만약 당신의 아이가 아직 말이나 수어로 무언가를 요구할 수 없다면, 아이에게 건네주기 전에 단어를 3번까지 페어링해 주는 것을 계속해야 한다.

테이블에서, 당신은 강화제를 작은 조각으로 나누거나 쪼개서 맨드를 가르칠 수 있다. 아이가 사과를 좋아하거나 사과를 먹는 것을 즐긴다면, 당신은 사과를 10조각으로 잘라 아이에게 주면서 테이블에서 "사과"라고 말할 기회를 10번 가질 수 있다. 사과 조각을 당신의 턱 가까이에 대고 "사과, 사과, 사과"라고 천천히 그리고 생동감 넘치게 말한다. 그런 후에 아이에게 사과 한 조각을 건네준다. 이런 방식으로 두세 번 더 시도한 후에, 아이가 스스로 사과를 맨드할 수 있는 기회를 주기 위해 사과를 건네주기 전에 2-3초간 아이의 반응을 기다린다.

또한 당신은 "사과, 사과, 사과"라고 말하면서 사과를 아이에게 더 가까이 대 준 후, 아이가 사과를 맨드할지를 보기 위해 살짝 멀어지게 할 수 있다. 만약 아이가 "사과"라고 말하지 않고 사과 조각을 잡으려 손을 뻗는다면 아이에게 사과를 건네준다. 아이가 "가" 또는 "따가"와 같이 사과와 비슷한 소리를 낸다면 확실히 발전하고 있는 것이다. 따라서 아이가 단어처럼 들리는 어떠한 소리(word approximations)를 낸다면 바로 사과 조각을 건네주어야 한다.

만약 당신의 아이가 쿠키, 포도, 페퍼로니 또는 감자칩을 좋아한다면, 그것들을 부수거나 여러 조각으로 자른다. 이런 강화제로 아이는 맨드할 수 있는 더 많은 기회를 얻게 된다. 잘게 쪼갠 쿠키 한 조각을 턱 근처에 대고 "쿠키, 쿠키, 쿠키"라고 말한다. 만약 아이가 쿠키에 별다른 관심이 없다면 다른 강화제를 시도해 본다.

"쿠키를 원하면 '쿠키'라고 말해야 해."라고 하지 말아야 한다. 아이가 말할 수 있고 어제 "쿠키"라고 말하는 것을 들었다 하더라도, 말하도록 요구하는 것은 좋은 생각이 아니다. 왜냐하면 당신이 아이(또는 이 문제에 있어서 다른 어떤 사람을)를 무언가 말하게 "만들 수" 있는 방법이 없기 때문이다. 대신 아이와 긍정적인 상호작용을 계속하고, 아이에게 말을 하게 하려고 아이와 대립하거나 갈등 상황을 만들지 말아야 한다. 그저 단어를 최대 3번까지 말하고 강화제를 건네주면 된다.(아이가 문제 행동을 보이지 않는 한 계속한다.)

아이가 눈에 보이는 물건을 맨드하는 법을 배운 후에는 아이가 원하는 것을 기대감을 가지고 요구할 수 있도록 강화제를 조금 더 멀리 놓아야 한다. 아이가 조금 더 멀리 있는 특정 강화제를 몇 번 맨드하고 나서도 그것을 가지고자 하는 동기가 있다면 강화제를 테이블 밑이나 테이블 위에 있는 다른 물건 뒤에 숨겨 본다. 하지만 아이가 그 강화제를 요구하기 전에 그것이 어디에 있는지 당신이 아이에게 보여 주어야 한다. 그래서 안 되면 다시 아이가 볼 수 있는 곳에 놓고 나중에 다시 보이지 않는 곳에 놓는 것을 시도해 본다.

저녁 식사 시간이나 밖에서 놀 때와 같이 기회가 있을 때마다 하루 종일 계속해서 맨드하는 것을 가르쳐야 한다. 비눗방울은 대부분의 경우 아이들에게 매혹적인 강화제로 작용하기 때문에, 만약 당신의 아이가 비눗방울을 좋아한다면 아이는 비눗방울 통을 요구하거나 당신이 비눗방울을 불도록 요구할지도 모른다.

당신이 아이에게 맨드하는 법을 가르칠 때 "더" 또는 "주세요(please)"라고 말하는 것을 가르치려고 할 수도 있지만, 나는 언어 지연이 있는 어린아이들에게 그렇게 가르치지 않기를 바란다. 대신, 아이가 원하는 구체적인 사물의 이름, 단어를 가르치는 데 집중하길 바란다. 아이가 "더" 또는 "주세요"를 배우고 그 단어 중 하나만 말한다면, 특히나 그 물건이 눈앞에 없는 경우 아이가 원하는 것이 무엇인지 알 수 없을 것이다. 하지만 만약 아이가 "쿠키"라고 말하는 것을 배운다면, 당신은 아이가 무엇을 원하는지 정확히 알 수 있을 것이다.

어떤 아이들은 빨리 맨드하기 시작할 것이고, 다른 아이들은 맨드를 하는 데 더 오랜 시간이 필요할 것이다. 그렇다고 낙담해서는 안 된다. 하루 종일 아이가 좋아하는 것들을 맨드할 수 있는 많은 기회를 주면서 아이와 함께해야 한다. 이 과정에서 당신은 아이가 좋아하는 것들을 아이 손이 닿을 수 없는 곳에 두어 아이가 강화제를 맨드하고자 하는 동기가 반드시 부여되도록 해야 한다.

수어

만약 당신이 아이에게 맨드를 가르치려고 하지만 어떠한 발성이나 단어처럼 들리는 소리가 거의 또는 전혀 나오지 않는다면, 아이에게 수어를 가르치는 것을 고려해 봐야 한다. 아이들에게 물건을 요구하려 수어를 가르치는 것은 종종 구어를 사용하게 하는 발판이 되며, 또한 모방 기술을 향상시키고, 문제 행동을 예방하거나 줄이며, 가벼운 신체적 촉구도 더 잘 받아들이게 한다. 많은 전문가들은 아이들이 수어를 배우기 전에 모방을 할 수 있어야 한다고 생각하지만, 나는 아이들에게 수어를 가르치는 것이 모방을 가르치는 가장 좋은 방법의 하나라는 것을 알아냈다. 어떤 사람들은 지연을 보이는 아이들이 수어를 사용하면 수어가 말하는 것을 막는다고 걱정하지만, 내 경험상 수어와 함께 말을 들려주면 아이들의 발성이 거의 항상 향상된다.

수어를 가르치기 시작할 때는 한 번에 3-5개를 집중적으로 가르치는 것이 좋다. 아이가 "공"을 원할 때 먼저 공을 들고 당신이 수어 동작을 하고, 아이가 수어 동작을 하는 것을 도와준 뒤 공을 건네줌으로써 수어를 통해 맨드하는 법을 가르칠 수 있다. 각 단계 동안, 당신과 아이가 공을 수어로 하는 동안 "공"이라는 말을 들려주어야 한다. 그러면 공을 건네주기 전에 아이는 공이라는 말을 서너 번 들을 수 있다.

만약 당신이 아이의 손을 잡고 "감자칩"을 수어 동작으로 표현할 수 있도록 신체적 촉구를 제공한 후 바로 아이에게 칩을 건네준다면 당신이 가르치는 것과 신체적 촉구가 강화제와 페어링되어 아이가 모든 종류의 기술을 배우는 데 도움을 줄 것이다.

구어로 의사소통하지 않는 아이들을 도와주는 음성생성장치와 애플리케이션도 있다. 나는 수어를 조기에 사용하는 것을 권장하지만, 아주 어린아이들에게 이런 음성장치를 사용하는 것을 그렇게 좋아하지는 않는다. 적어도 조기에는 말이다. 하지만 아이가 이미 태블릿 프로그램이나 다른 보완 시스템을 사용하여 의사소통하고 있고, 어느 정도 성공을 거두고 있다면 나는 그 시스템을 계속 사용할 것이다. 또한 나는 이러한 기기와 내 접근법의 결합이 문제 행동을 줄이고 아이의 구어를 발달시키며, 다른 의사소통 기술을 신장시키는 데 도움이 될 수 있는지 알아보기 위해 TAA 접근법을 사용하기 시작할 것이다.

테이블에서 말하기(및 지시 수행) 가르치기: 신발 상자, 플래시카드 및 사진 사용

이제 당신의 아이가 작게 쪼갠 음식 한 입, 좋아하는 음료 한 모금, 비눗방울 그리고 좋아하는 짧은 영화 영상을 위해 테이블로 오는 것을 받아들이게 되었으니, 지금이 당신이 모은 다른 학습자료들을 소개할 때일지도 모른다. 아이가 테이블을 볼 때 여전히 앉기를 거부하거나 칭얼댄다면, 어쩌면 아이에게 추가적인 자료를 소개할 만큼 충분히 페어링이 되지 않아서 아이가 "공부"라고 생각하기 때문일 수도 있으므로 나는 "때일지도 모른다."라고 말했다. 하지만 만약 아이가 기꺼이 와서 3-5분 동안 테이블에 앉아서 아무런 부담 없이 강화를 받는다면, 당신과 아이 모두 더 많은 학습자료를 가지고 함께 할 수 있는 준비가 되었다는 것이다.

이렇게 새로운 것을 소개할 때에는 항상 강화제(이미 맨드용으로 수집한 물건)을 테이블 위에 올려놓아야 한다. 새로운 학습자료를 페어링하는 동안 당신은 아이에게 강화제를 자주 건네주게 될 것이다.

무엇보다도, 당신이 학습자료를 적절히 사용하는 방법을 배우게 되면, 일반적으로 테이블에서의 시간은 실제로 그 자체만으로도 강력한 강화제가 될 것이다. 따라서 시간이 지남에 따라 행동에 따른 외부적 보상인 외재적 강화는 줄어들 것이다.

대부분의 아이들, 특히 언어 지연이 있는 아이들은 원인과 결과가 시각적으로 보이는 과제를 즐긴다. 이것이 신발 상자 프로그램을 개발한 이유이다. 신발 상자 뚜껑에 카드를 집어넣을 수 있을 정도의 가느다랗고 커다란 구멍을 낸다. 테이블 위에 신발 상자를 놓고 플래시카드나 사진을 당신의 턱이나 얼굴 옆에 가까이 댄다. 그 후 생동감 있는 목소리로 최대 세 번까지 천천히 "고양이, 고양이, 고양이"라고 사진 속의 사람이나 동물 또는 물체의 이름을 말한다. 모음에 집중하여 발음하고, 약간 길게 연장하듯이 발음한다.

단어를 말할 때마다 사진을 아이에게 더 가까이 옮긴다. 처음에는 아이의 손을 살며시 잡고 카드를 상자 뚜껑에 있는 구멍 안에 넣는 것을 도와야 할 수도 있다. 아이는 곧 스스로 카드를 상자에 넣는 법을 배우게 될 것이다. 또한 믿기 어렵겠지만, 카드를 상자에 넣는 간단한 행동은 그 자체로 종종 강화가 된다.

아이가 당신이 모델링한 단어를 말한다면 이 단어는 실제로 부분적으로는 맨드(물건이나 사진을 상자에 넣기를 원하기 때문에)이고 택트(항목이나 사진을 볼 수 있기 때문에)이며 에코익(당신의 말을 그대로 따라 하기 때문에)이기도 하다. 이것은 "**복합 통제**(multiple control)"라고 하는데, 우리가 학습을 향상시키기 위해 두 개 이상의 언어 작동 행동(맨드, 택트 또는 에코익)을 결합하여 사용한다는 것을 의미한다. TAA 접근법은 각 활동에서 "복합 통제" 절차를 사용한다.

당신은 아이가 당신을 향하도록 의자는 돌릴 수 있지만, 강제적으로 당신의 눈을 바라보도록 하면 안 된다는 것을 기억해야 한다. 만약 아이가 아직 말을 하지 못한다면, 아이가 어떻게 단어를 소리 낼 수 있는지 알도록 당신의 눈보다는 입과 얼굴 전체를 바라보게 하는 것부터 시작하는 것이 바람직하다. 이러한 이유로, 나는 당신의 아이가 당신의 얼굴을 보도록 격려할 수 있는 물건과 사진을 당신의 입과 턱 옆에 대기를 바란다. 시간이 지남에 따라, 이런 과정을 통해 공동 관심 또한 향상될 것이다.

미스터 포테이토 헤드 사용하기

나는 신체 부위를 가르치기에 가장 적합한 장난감인 미스터 포테이토 헤드를 활용하기를 추천한다. 한 번에 한 부위를 당신의 입 옆에 갖다 댄다. 코를 집어 올리면서 천천히 "코, 코, 코"라고 말하며 아이의 손에 장난감 코를 건네준다. 처음에는 아이가 미스터 포테이토 헤드 얼굴에 코를 올바로 끼울 수 있도록 손을 잡고 도와주어야 한다.

아이가 미스터 포테이토 헤드 활동을 좋아한다면 당신의 코를 만지는 것을 보여 준 후 아이가 자신의 코를 짚도록 신체적 촉구를 제공한다. 만일 아이가 당신의 신체적 촉구를 거부한다면, 아이에게 그 기술이 너무 어렵거나 당신이 너무 과하게 촉구를 제공한 것일 수도 있다. 그러나 만일 당신이 당신의 코를 만지는 것을 보고 아이가 자신의 코를 짚었다면 아이의 모방 기술이 점차 향상되고 있는 것이며 그것은 **엄청난 일이다.**

장난감이나 책 사용하기

당신이 준비한 인과관계가 있는 장난감을 가지고 말하는 것을 가르칠 수도 있다. 장난감 망치와 공의 경우 구멍에 넣을 네 개의 공을 각각 아이에게 건네며 "공"이라고 말한 다음 공을 칠 수 있도록 망치를 건네면서 "망치"라고 말할 수 있다. 아이가 "공" 또는 "망치"라고 말한다면 그 단어는 신발 상자 활동 때와 마찬가지로 부분적으로는 맨드이고 택트이며 에코익이다. 그러나 너무 빨리 색을 가르치려고 하는 것은 다음 장에서 논의하게 될 우리가 일반적으로 하는 실수이므로 색깔을 말하는 것은 주의해야 한다.

또한 아이의 수용 언어 및 표현 언어 능력을 향상시키기 위해 모아 둔 유아용 첫 단어 책과 다른 간단한 책을 사용할 수 있다. 처음에는 한 페이지 당 하나의 단어를 말해 주면 된다. 최종적으로는 아이의 지시 수행과 이해 능력을 증진시키기 위해 특정 사진을 지적하도록 유도해야 한다.

매칭 가르치기: 꼭지 퍼즐, 플래시카드와 사진 사용

매칭을 가르치려면 간단한 꼭지 퍼즐부터 시작해야 한다. 한 번에 하나의 퍼즐 조각을 들고 그 이름을 최대 세 번까지 들려준다. 그런 다음 아이가 퍼즐 조각을 적절한 자리에 맞출 수 있도록 도와준다. 동물 퍼즐의 경우, 돼지 퍼즐 조각을 당신의 입 옆에 들고 천천히 돼지라고 말해 준다. "돼지, 돼지, 돼지"라고 말할 때마다 퍼즐 조각을 아이에게 점점 더 가까이 대 주고 아이가 퍼즐을 적절한 곳에 맞출 수 있도록 도와준다.(또는 아이 스스로 할 수 있는지 지켜본다.) 만약 당신이 "돼지"라고 한 번 말한 후에 아이가 바로 따라 말한다면, 반드시 즉각적으로 그 퍼즐 조각을 건네주어야 한다!

또한 당신이 구입한 두 개의 동일한 유아용 첫 단어 플래시카드 세트 또는 강화제나 사람 사진을 사용하여 아이가 매칭하는 법을 배우게 할 수 있다. 처음에는 테이블 위에 두세 장의 사진만 올려놓아야 하며, 동물 사진만 사용하거나 여러 차 사진 등 같은 종류만 사용하여 아이를 헷갈리게 하면 안 된다. 예를 들어, 자동차, 엄마 그리고 침대의 사진을 올려놓고 나서 차 사진을 들고 "차"라고 말하면 된다.

매칭 과제를 할 때 많은 전문가들은 "같은 데 놔."라고 하거나 "차에 놔."라고 말하라고 권하지만, 매칭 기술을 평가할 때는 "같은 데 놔."라고만 말하는 것을 추천한다. 매칭을 가르칠 때는 매칭할 물건의 이름만을 사용하는 것이 좋다. 이렇게 하면 매칭 활동을 수행하는 동안 그 이상의 것을 함께할 수 있다. 매칭하고 싶어 하는 마음과 매칭 활동이 페어링되어 아이는 당신에게서 사진을 건네받고 매칭하게 될 것이다. 지금 우리는 매칭 프로그램을 하고 있지만 당신은 아이가 자동차 사진을 맨드할 수 있는 능력뿐만 아니라 택트와 에코익 기술도 함께 가르칠 수 있다.

나는 아이가 매칭 활동 중에 단어를 에코익할 경우, 그 단어가 매칭하는 물건의 이름(이 경우 "차")이길 바라지 "같은 데 놔." 또는 "차에 놔."이길 바라지 않는다. 만일 아이가 매칭하는 데 어려움이 있다면 당신은 "차 여기"라고 말하고 아이가 혼자 할 수 있을 때까지 차 사진을 동일한 사진 위에 올려놓는 것을 도와준다.

매칭 또는 초급 학습자 프로그램을 시작하기 전에 당신과 다른 사람들, 사진과 사물을 아이에게 무엇이라고 알려줄지 미리 결정해 놓는다. 만약 아이가 "빠"와 "빠빠"를 할 수 있고 아직 "아빠"라고 말하지 못한다면 "빠빠"를 페어링하여 처음에는 세 번 들려준다. 당신의 아이가 에코익을 할 수 있게 되었다면 당신은 "아빠"라고 바꿔 부를 수 있다. 매칭을 할 때는, 사진을 당신의 턱 옆에 들었다가 천천히 아이에게 더 가까이 대 주면서 "아빠"라고 세 번 말해 준 후에 아이의 손에 건네준다. 아이는 매칭을 하기 위해 "아빠"라고 말할 필요는 없지만, 만약 아이가 "아빠"라고 했다면 크게 칭찬하고 격려해야 한다.

모방 기술 가르치기: 동일한 사물 사용

앞서 말했듯이, 전형적인 아이들은 모방을 통해 언어, 놀이 그리고 사회적 기술을 배운다. 모방을 잘하지 못하는 것은 자폐의 위험을 알리는 신호이자 언어 지연이 있는 많은 아이들에게 나타나는 핵심적인 결함이다. 보통 모방은 지시를 따르는 것보다 더 쉽다. 예를 들어, "머리를 만져 봐."라는 구어 지시를 수행하기 전에 당신이 자신의 머리를 만지는 것을 보여 주는 시각적 촉구를 준다면 아이는 자신의 머리를 만질 수 있게 될 것이다.

테이블에서 모방 기술을 가르칠 때는 당신이 준비한 동일한 물건을 사용하는 것부터 시작하면 된다. 예를 들어, 동일한 자동차, 포크, 숟가락, 컵 2개씩-각각의 물건 중 하나는 당신 것-을 준비한다. 당신은 숟가락을 당신의 컵에 넣으며 "따라 해."라고 말한다. 아이가 스스로 모방할 수 없다면 아이의 손을 부드럽게 잡고 숟가락을 컵에 넣는 것을 도와준다. 그런 다음 당신은 "따라 해."라고 말하며 숟가락을 컵에 넣고 젓는 흉내를 낸다. 그다음에는 테이블 위에 작은 인형 두 개를 놓고 숟가락으로 먹이는 흉내를 낼 수 있다. 이런 방식으로 당신의 아이는 숟가락으로 한 가지 이상의 것을 할 수 있다는 것을 배우게 될 것이다. 또한 매 단계마다 적절한 강화제를 받았다면 아이는 기술을 모방하는 것이 강화로 이어진다는 것을 알게 될 것이며, 이러한 강화는 당신이 아이에게 바라는 바람직한 행동을 증가시킬 것이다.

당신은 또한 똑같은 장난감 자동차 두 대를 가지고 모방을 가르칠 수 있다. "따라 해."라고 말하며 차를 앞뒤로 움직이는 것을 보여 준다. 그 후 아이가 모방할 수 있도록 아이의 손을 잡고 아이의 차를 앞뒤로 움직인다. 결국에 아이는 당신의 촉구 없이도 모방을 시작하게 될 것이다.

아이가 사물을 가지고 행동을 모방하기 시작한 후, 박수를 치거나, 손을 들거나, 탁자를 두드리는 것과 같은 신체 움직임을 모방하도록 한다. 먼저, 아이 앞에서 또는 당신과 아이 둘 다 전신 거울을 보며 박수를 치는 것을 보여 주고, 필요한 경우 어느 정도의 신체적 촉구나 도움을 제공한다. 그런 다음 즉각적으로 강화를 제공한다.

아이가 자신의 이름에 반응하게 하는 것

자폐의 위험 신호 중 하나는 아이가 자신의 이름에 반응하지 않는다는 것이다. 하지만 이것은 당신이 아이에게 가르칠 수 있는 것이다.

우선, 아이가 자신의 이름을 무시하지 않도록 아이 주변의 모든 어른들이 아이의 이름을 너무 많이 부르지 말기를 바란다. 특히 당신이 "안 돼." 또는 "그만해."라고 말하고자 할 때 아이의 이름을 부르지 말아야 한다. 그네를 타면서 아이를 밀거나 칭찬이나 다른 강화를 할 때처럼 즐거운 활동 중에는 아이의 이름을 계속 불러야 한다.

아이가 자신의 이름에 반응하는 법을 배우도록 돕기 위해 아이가 좋아하는 강화제 몇 가지를 준비한 후 아이가 어떤 활동에 참여하는 동안 아이의 바로 뒤에서 이름을 부른다. 그런 다음 즉시(그리고 부드럽게) 아이의 어깨를 만지며 강화제를 건넨다.

아이는 자신의 이름을 들을 때 자신이 좋은 것을 얻는다는 것을 깨닫게 될 것이다. 하루 종일 주기적으로 이 작업을 수행할 수 있다. 이렇게 하면 된다. 조금씩 아이에게서 멀어져서 아이의 이름을 불러 본다. 그런 다음 아이에게 다가가서 어깨를 만지고 강화를 주기 전에 몇 초간을 기다려 본다.

포기란 없다

아이에게 언어와 다른 기술을 가르치는 것은 더딜 수 있다. 엘리나와 같은 몇몇 아이들은 매우 빨리 배우는 반면, 다른 아이들은 더 오랜 시간이 필요할 수 있다. 때로는 아이를 가르치는 데 어려움을 겪을 수도 있지만, 결국 당신은 아이의 말문을 터트릴 것이다. 무엇을 하든 **절대 포기하지 마라.**

다음 장에서는 보다 후기에 발달하는 의사소통 기술과 부모와 전문가 모두가 범하는 일반적인 실수에 대해 알아보고, 실수를 예방하는 방법에 대해 배울 것이다.

9

말은 하지만 대화는 하지 못한다: 언어 확장 전략

　드루는 부모와 함께 자유의 여신상을 보러 왔다가 길을 잃었던 샘의 세 살짜리 동생이다. 자폐 형제를 둔 드루는 고위험군에 속했기에, 부모는 아이의 발달을 주의 깊게 관찰하였고 2년 6개월이 될 때까지는 전형적인 발달을 하고 있다고 생각했다. 그러나 드루가 세 살이 되고 서 달간 어린이집을 쉬는 기간과 맞물려 드루의 언어 기능이 퇴행하는 것처럼 보이자 의사였던 드루의 엄마는 당황하기 시작했다.

　드루의 엄마는 내게 드루가 자폐인지 평가해 달라고 부탁했다. 그리고 무엇을 해야 할지 알고 싶어 했다. 언어재활사의 평가를 받기 위해 대기를 해야 할지, 소아청소년과 의사에게 발달검사를 받아야 할지, 드루가 이번 주로 만 세 살이 되었는데 원래 그맘때 다들 하는 걱정일 뿐인지, 아니면 엄마의 기대치가 너무 높았던 것인지, 전형적인 발달을 하는 또래들에게 자주 노출해 주지 않아서 언어가 퇴행한 것인지 또는 부모가 너무 바빠서 드루에게 충분한 관심을 주지 못한 탓인지를 알고 싶어 했다.

　내가 드루의 집에 들어섰을 때 나는 드루가 눈 맞춤을 잘하고 엄마의 촉구에 "메리, 안녕."이라며 인사를 하는 것을 보고 기뻤다. 드루의 엄마와 내가 이미 작성되어 있는 TAA 진단평가지를 보며 대화하는 동안, 드루는 키보드에 올라가 악보집을 바닥에 던지고 있었다. 드루는 우리의 관심을 끌기 위해 우리를 번갈아 보았다. 물론 물건을 던지는 것은 문제 행동이지만, 관심을 끌기 위한 전형적인 방법을 쓰는 것을 보고 다소 안심할 수 있었다.

나는 가방에서 1장에서 설명했던 유아용 자폐 선별도구인 STAT를 꺼냈다. 내가 첫 번째 검사를 하기 위해 공과 자동차를 꺼내 들자 드루는 "노란색 경주용 자동차"를 골랐다. 드루의 엄마가 드루는 요즘 자동차와 트럭에 "집착"하고 있다고 했기 때문에 놀라운 일은 아니었다. 드루는 엄마와 함께 앉아서 자동차를 앞뒤로 5번 움직이며 첫 번째 STAT 하위 검사를 쉽게 통과했다.

문제는 자동차를 가방에 넣고 다음 검사를 위해 인형을 꺼내면서부터 시작되었다. 드루는 울면서 자동차를 붙들었고 내가 자동차를 주지 않자 몇 분간 울면서 바닥에 몸을 던지기 시작했다.

드루는 한 활동에서 다른 활동으로 전환하는 것이 어려웠고, 심지어 자동차 없이 하는 활동일 때조차도 전환이 어려웠다. 드루는 대부분의 하위 검사를 통과했으며 천장으로 회전하는 장난감을 날렸을 때는 "내가 해 볼래.", "지붕 위까지 날려 보내 줘요."라는 완전한 문장으로 말하기도 했지만 많은 부분 문제 행동을 보이는 것으로 의사소통하였다. 그리고 탠트럼을 할 때면 드루는 문장 대신 "내 꺼"와 "자동차"와 같이 단어로만 소통했다.

드루의 부모는 이 탠트럼에 놀랐다. 부모는 아이가 바닥에 몸을 뒹구는 행동까지 한 경우는 거의 없었다고 설명했다. 나는 이전에 드루가 좀 더 사소한 문제 행동을 하며 울면 아이에게 말을 걸고 원하는 물건을 주었던 부모의 행동이 드루의 문제 행동을 강화하고 있다고 설명해 주었다. 드루가 울며 바닥에 몸을 던질 때, 부모는 우리가 앞서 다루었던 강화를 주는 대신 뇌물을 주는 전략을 쓰고 있었고 이것이 진짜 문제였던 것이다. "이건 메리 선생님의 차야. 내일 가게에 가서 노란색 차를 새로 사 줄게."라며 부모는 아이를 달래고 있었다. 드루의 문제 행동이 증가하는 원인은 우는 것을 "멈추게 하려고" 물건을 주는 것임이 분명했다. 내가 아이에게 차를 주지 않자 문제 행동은 더 심해졌다.

드루의 부모는 둘 다 인정받는 전문직 종사자이자 자상한 부모로, 나는 드루와는 행동과 요구가 달랐던 드루의 형인 샘을 돕기 위해 과거 몇 년 동안 그들과 함께해 왔다. 그들은 자신들도 모르는 사이에 드루의 탠트럼을 강화시키고 있었고, 이것은 드루의 언어에도 영향을 미치고 있었는데 그 점을 지적받자 그들은 당황했다.

비록 드루는 STAT를 통과했고 자폐로 진단되지 않을 가능성이 높았지만, 아이를 걱정하는 부모에게 나는 몇몇 방법들을 권유했었는데 그것들은 이 장의 뒷부분에서 소개하겠다.

내가 만났던 또 다른 아이 랜던은 언어 이해력이 매우 부족했음에도 영화의 대사를 줄줄 말할 수 있었다. 랜던의 엄마 니콜은 아이가 기능적인 언어를 사용하여 원하는 것을 요청하지 않는 것을 걱정했고, 아이와 전형적인 발달을 하는 또래 사이의 차이가 나날이 벌어지는 것을 깨달았다. 또한 엄마가 랜던에게 무엇이든 가르치려고 할 때면 아이는 문제 행동을 보였다. 랜던은 앉아서 학습 활동에 참여하기보다는 의자에서 벗어나려고 발버둥 쳤다.

랜던은 3세 6개월이었고 발달을 전문으로 보는 소아청소년과의사의 진단을 받기 위해 9개월 이상 기다리고 있던 중이어서 아직 자폐 진단을 받지 못한 상태였다. 니콜의 근심이 깊어져 갈 때 그녀는 내 TAA 온라인 프로그램을 발견했다.

드루와 랜던은 공통점이 많았다. 둘 다 세 살이었고 말은 하지만 그들의 엄마가 TAA 진단평가지와 TAA 계획서를 작성할 당시에 대화가 가능하지는 않았다. 둘 다 의사소통을 위해 보다 높은 수준의 언어를 사용하는 대신 문제 행동을 많이 보였다. 랜던은 나중에 4살이 되기 전 자폐 진단을 받았지만, TAA 접근법을 실행하기 시작했을 때는 두 아이 모두 진단을 받지 않은 상태였다.

만약 드루나 랜던처럼, 혹은 앞서 살펴본 두 살배기 엘리나처럼, 아이가 단단어나 짧은 구로 말하고 있지만 아직 적절히 대화를 하고 있지 않다면, 당신과 아이가 가야 할 길은 아직 많이 남았다. 대부분의 전형적인 아이들은 세 살이 되면 완전한 문장으로 말하고,

간단한 이야기를 하기 시작하며, 네 살이 되면 온전히 대화를 나눌 수 있게 된다. 하지만 언어 지연이 있는 아이들의 경우 아무런 도움 없이 대화 나누기를 바랄 수는 없다.

물론 일부 아이들의 경우 스스로 따라잡기도 하지만, 자폐나 언어 지연을 보이는 많은 아이들이 기초적인 언어 발달을 따라잡으려면 체계적인 교육이 필요하다. 이러한 교육이 일부 아이들에게는 말을 더 많이 하게 하고 대화를 나눌 수 있게 하는 유일한 방법이다.

많은 부모와 전문가들(과거의 나를 포함하여)은 아이들에게 너무 어려운 언어를 가르치려고 시도하고는 한다. 하지만, 이는 의도치 않게 드루와 같은 문제 행동 또는 랜던의 대사를 외우는 것처럼 기능적이지도 일반적이지도 않은 언어를 발달시키는 결과를 가져온다.

예를 들면 이런 것이다. 만약 아이가 짧은 구로 말한다면, 당신은 한발 앞서 나아가 아이가 완전한 문장으로 말하게 하려고 노력할 것이다. 당신은 아이에게 색깔을 알려 주고, 더불어 대명사와 전치사까지 아이의 어휘 목록에 추가하고 싶어 할지도 모른다. 하지만 사전 준비 기술들을 무시하고 지나치려는 충동을 뿌리쳐야 한다. 아이가 말하는 것은 좋은 신호이지만 올바른 순서로 언어를 쌓아 가는 것이 중요하다. 집을 짓기 위해서 기초공사를 견고히 하는 것이 필요하듯이, 불안정한 기반 위에 높은 수준의 언어 능력을 발달시킬 수는 없다.

그럼에도 불구하고, 말은 하지만 아직 대화를 하지 않는 아이들을 가르치는 것은 매우 까다롭고, 매우 복잡한 부분이므로 이 책에 모두 담기에는 한계가 있다. 이 장에서는 높은 수준의 언어 능력을 발달시키기 위해 당신이 무엇부터 시작해야 하는지 몇 가지 지침을 간단히 알려 주고자 한다.

아이가 일정 수준의 언어 능력을 갖추고 있다면 내 웹사이트(TurnAutismAround.com)에 방문하여 더 많은 것을 배우길 바란다. 그리고 당신을 도울 수 있는 최소한 한 명 이상의 전문가를 구하되, 가급적이면 TAA 접근법을 교육받은 사람으로 구해 볼 것을 제안한다.

대화란 무엇인가?

성인인 우리는 대화를 아주 당연한 것으로 여긴다. 우리는 대화를 자연스럽게 배웠고, 외국어를 배우려고 하거나 언어 지연이 있는 아이를 가르칠 때가 아닌 이상 대화의 복잡성에 대해 생각하지 않는다.

일상적인 대화의 구조를 검토해 보겠다. 당신과 내가 한 회의에서 옆자리에 나란히 앉아 있다고 가정해 보자. 나는 당신과 대화를 시작하면서 당신에 대해 직접적으로 캐묻지는 않겠지만 "오늘 날씨가 진짜 좋네요." 또는 "이 방 좀 추운데요."와 같은 말을 할 수도 있다. 본질적으로, 나는 주변 환경에 대해 택트(이름 대기)할 뿐만 아니라 당신의 관심을 끌려고(맨드) 노력하고 있는 것이다.

만약 당신이 나와 대화를 하고 싶다면 "어디서 오셨어요?"와 같이 질문할 것이다. 그럼 나는 "펜실베이니아요. 혹시 어디서 오셨는지 여쭤봐도 될까요?"라고 답문할 것이고, 당신은 "캘리포니아요."라고 대답한다.

대화는 관심과 정보를 얻기 위한 일련의 높은 수준의 맨드에 이어 높은 수준의 인트라버벌이 뒤따르는 것이다. 우리는 질문에 답하려 인트라버벌을 사용하며, 이를 위해서는 이해력 또한 더 높아야 한다.

외국어를 배우려고 할 때, 인트라버벌은 가장 배우기 어려운 언어 작동 행동이다. 당신은 다른 사람이 당신에게 요구하는 것을 완전한 문장으로 이해해야 한다. 그렇게 하려면 당신은 그들에게 적절한 대답을 할 수 있을 정도로 그 언어를 잘 알아야 한다. 그래서 처음에는 전체 문장을 이해하고 완전한 문장으로 대답할 수 있는 능력을 갖추기 위해 충분한 단어와 문법 규칙을 알 때까지 당신의 선생님은 천천히 진도를 나가야 한다.

언어 지연이 있는 우리 아이들의 경우에도 아이들의 강점과 요구에 따라 적절한 기술을 올바른 순서로 가르치는 것에 주의를 기울여야 한다.

진단평가: 출발점 찾기

아이가 얼마나 높은 기능을 발휘하고 있는 것처럼 보이는지 아니면 이미 어떤 평가를 받았든지 간에 이 책의 4장과 5장에서 다룬 TAA 진단평가지 및 TAA 계획서는 아이에 관한 전체적인 발달을 한눈에 알아보게 하며 당신이 올바른 목표에 집중할 수 있도록 하기에 중요하다.

좀 더 중급 또는 고급 언어 능력(중급은 18-30개월이 된 아이들이 습득하는 언어 능력, 고급은 30-48개월이 된 아이들이 습득하는 언어 능력을 말한다.—역주)을 습득한 아이나 초급 학습자 프로그램을 사용하여 이 수준으로 발전한 아이의 경우, 그들의 언어 능력을 적절하게 파악하기 위해 추가적인 평가가 필요할 수 있다. 그래야만 계획을 세우고 어떤 목표를 선택해야 하는지 알 수 있다.

지난 장에서 엘리나의 엄마가 TAA 접근법을 시작하기 전후에 표준화된 언어평가를 시행한 것이 엘리나의 치료에 얼마나 도움이 되는지 보았다. 표준화된 언어평가는 드루처럼 전형적인 언어 발달을 보이는 아이나 랜던과 같이 언어 내 능력에서 차이를 보이는 아이들에게 훨씬 더 중요하다.

선드버그가 만든 브이비맵의 모든 영역별 평가지를 작성(또는 전문가가 작성)하는 것 또한 바람직하다. 브이비맵은 발달단계, 방해 요소 및 전환평가 등의 세 부분으로 구성되어 있다. 브이비맵을 작성하는 데에는 긴 시간이 소요될 뿐만 아니라 기술이 필요하며, 아이의 언어 능력이 높을수록 당신과 전문가가 정확하게 작성하는 데 더 많은 시간과 전문 지식이 필요하다.

브이비맵은 종합적인 진단평가이며 출생 후부터 4세까지의 전형적인 아동의 발달단계를 기반으로 작성되었다. 수준1은 초급으로 0-18개월 아이들이 습득하는 기술이고, 수준2는 중급으로 18-30개월 아이들이 습득하는 기술이며, 수준3은 고급으로 30-48개월 유아가 습득하는 기술로 구성되어 있다.

브이비맵 진단평가의 전자 또는 종이 버전 구매에 대한 정보는 TurnAutismAround.com에서 확인할 수 있다. 개인적으로 자동으로 보고서를 생성하고 권장 목표를 제공하는 전자 버전을 추천한다. 전자 버전을 사용하면 TAA 진단평가(몇 개월 또는 적어도 일 년에 한 번씩)를 업데이트할 때 동시에 각 영역에서 점수를 매기면서 업데이트할 수 있다. 이렇게 하면 아이의 진전 정도를 쉽게 알 수 있다.

계획하기: 올바른 목표 선정의 중요성

이 책을 읽기 전에, 당신은 아마도 아이를 위해 평가하고 계획하며 목표를 세우는 것이 전문가의 일이라고 생각했을 것이다. 하지만 이제 당신이 아이를 돕는 데 중요한 역할을 한다는 것을 알았으므로 잘못된 목표에 공을 들이거나 너무나 어려운 기술을 아이에게 가르치는 것이 얼마나 위험한 것인지 잘 알게 되었을 것이다.

앞서 루카스가 처음 언어치료를 받았을 때에 대해 잠시 언급한 적은 있지만, 이제 당신이 언어 행동과 TAA 접근법에 대해 더 많이 알게 되었으니, 루카스가 받은 첫 언어치료 세션에 대해 좀 더 자세한 이야기를 하려고 한다. 이 이야기는 당신과 모든 전문가들이 선택한 목표뿐만 아니라 당신의 계획이 아이를 대상으로 한 개별화된 진단평가에 근거하는지 확인하는 것이 얼마나 중요한가를 설명해 줄 것이다.

루카스는 유치원 유아반에 다니기 시작한 직후인 두 살 때부터 일주일에 한 번씩 언어치료를 받기 시작했다. 내가 자폐나 언어 행동에 대해 알기 훨씬 전이었고, 루카스가 자폐 진단을 받기 거의 1년 전으로 루카스가 단지 언어 지연일 뿐이기를 바라고 기도하고 있던 때였다. 남편과 나는 유치원과 주중의 언어치료를 병행하면 루카스가 언어 발달을 따라잡을 수 있을 것이라고 매우 낙관적으로(남편보다는 내가 훨씬 더) 생각했다.

나는 항상 루카스를 언어치료실에 데리고 다녔고, 언어재활사가 30분의 치료시간 동안 아이와 함께 무엇을 하는지 같은 방 안에서 대부분 지켜볼 수 있었다. 막내 스펜서를 데리고 가야 할 때면 옆방에서 한쪽 방향에서만 보이는 유리를 통해 수업을 지켜볼 수 있었다.

언어재활사는 항상 비눗방울과 같은 재미있는 활동으로 수업을 시작하거나 인과관계가 있는 장난감들을 사용하였다. 그 당시 루카스는 "불쑥 튀어나온" 단어들이 몇 개 있었지만 나는 아이에게 그런 말이나 다른 말을 어떻게 가르쳐야 할지 전혀 몰랐다. 그래서 나는 어떻게 루카스에게 말을 가르치는지 전문가로부터 배우려고 수업을 자세히 지켜보았다. 수업 초반의 재미있는 활동을 하는 동안 언어재활사는 보통 루카스가 "비눗방울"과 "불어"와 같은 단어들을 말하게 할 수 있었다.

몇 년 후 내가 국제행동분석전문가가 되었을 때, 이러한 유형의 활동이 페어링과 맨드였다는 것을 깨달았다. 또한 루카스가 "비눗방울"이라고 말했을 때, 그것이 **복합 통제**이거나 여러 가지 이유로 발생했다는 것을 알게 되었다.

그 당시에는 언어재활사도 나도 **복합 통제**라는 용어를 몰랐다. 그러나 루카스가 재미난 활동에서 "비눗방울"이라는 단어를 말한 것은 부분적으로 맨드(루카스는 언어재활사가 비눗방울 통을 열어 막대로 비눗방울을 불기를 원했기 때문에)이고, 택트(비눗방울을 보기 때문에)이며, 에코익(언어재활사가 비눗방울을 열거나 불기 직전에 단어를 말했기 때문에)이었다.

루카스는 언어치료 세션의 첫 번째 활동을 매우 좋아했고 잘했다. 하지만 그 재미있는 활동을 빠르게 끝내고 더 어렵고 추상적인 언어 목표를 향한 활동을 시작할 때면 문제가 발생했다.

한 활동은 양적인 개념과 관련 있는 언어가 목표였는데 언어재활사는 몇 개의 작은 물체 꾸러미를 보여 주었다. 그러고 나서 그녀는 루카스에게 물체 중 "하나", "조금" 또는 "전부 다"를 그녀에게 주도록 지시했다. 또 다른 어려운 목표는 루카스가 고개를 흔들어 반응하거나 적절히 "예"와 "아니오"를 말하는 것이었다. 언어재활사는 루카스에게 다양한 사진을 한 장씩 보여 주며 "예" 또는 "아니오"로 대답해야 하는 "이거 사과야?"와 같은 질문을 했다. 그녀는 간단한 게임을 하면서 대명사를 사용하여 "내 차례", "네 차례"라고 말하는 것을 목표로 했지만 루카스는 대명사 사용은 말할 것도 없고 게임

규칙도 전혀 이해하지 못했다. 그녀는 또한 루카스에게 인형을 침대 "옆"이나 침대"에" 놓아 달라고 요청하면서 전치사를 가르치려고 했다.

이 언어치료에서의 목표와 활동은 대부분 루카스에게 너무 어려웠지만 다행히도 루카스는 울거나 징징대는 것과 같은 문제 행동을 하지 않았다. 나는 언어재활사한테 "숙제"-치료를 받지 않은 날에도 아이에게 도움이 되는 읽을 만한 책이나 비디오-를 내 줄 것을 간곡히 부탁했다. 하지만 그녀는 내게 어떠한 자료도 제시하지 못했다. 그 당시에는 몰랐지만, 부모와 전문가들 모두가 여전히 저지르는 가장 큰 실수를 우리도 저지르고 있었다. 루카스에게 너무 어려운 기술을 가르치려 시도했던 것 말이다.

언어재활사가 비눗방울을 치우고 이러한 어려운 개념의 활동으로 전환하였을 때 루카스는 화를 내지 않았다. 아이는 그저 혼란스러워서 대답할 수가 없었다. 언어치료 세션은 부분적으로 맨드이고, 택트이며, 에코익이었던 비눗방울 불기와 같은 재미있는 활동**만으로** 구성되었어야 했다. 루카스가 하루 종일 우리를 에코익하기 전까지는, 우리는 **예 또는 아니오** 택트, 대명사, 전치사와 같은 추상적이고 보다 높은 수준의 언어 목표를 달성하려고 시도하지 말았어야 했다.

우리는 모든 차이를 만들 수 있는 한 가지에 집중했어야 했다. 나는 이 한 가지-에코익 통제-를 확보할 때 말문이 터질 것이라고 확신한다.

에코익 통제를 발달시키는 힘

대부분의 ABA 전문가들이 말하는 **"에코익 통제"**란 테이블 건너편에 앉은 아이에게 단어나 구를 말해 준 후에 아이가 따라 하게 하는 것을 의미한다. 그래서 에코익 통제가 되었다면 치료사가 "따라 해. 공"이라고 말할 때 아이는 공이나 공 그림이 없이도 "공"이라고 말한다.

그러나 TAA 접근법에서는 에코익 통제를 다룰 때는 초급 학습자 학습자료와 함께 맨드, 택트, 에코익을 결합한 "복합 통제" 전략을 사용한다. 플래시카드와 신발 상자를 사용하여 강화제나 사람의 사진을 한 장씩 들고 한 단어 당 최대 세 번까지 말해 준다. 체크리스트에 나온 초급 학습자 학습자료와 "복합 통제" 절차를 사용한 테이블 활동은 일반적으로 아이가 에코익을 시작할 수 있게 한다. 그런 다음에는 물건이 눈에 보이지 않더라도 아이가 하루 종일 따라 말할 수 있을 때까지 충분히 연습해야 한다. 이것이 내가 체득한 에코익 통제를 확립하는 가장 좋은 방법이다.

내가 수년에 걸쳐 언어를 가르치면서 배운 것이 있다면, 그것은 모방 없이는(특히 구어 모방 또는 에코익 기술) 아이들에게 새로운 기술을 가르치기 어렵다는 것이다.

앞서 말했듯이, 모방은 전형적인 아기와 유아들이 언어를 배우는 방법이다. 그들이 옹알이를 하고, "어마"나 "맘마"와 같은 소리를 하게 되면 엄마들은 뛸 듯이 기뻐하기 때문에, 아기는 곧 어떤 소리나 말이 무언가를 얻게 하거나 어른들이 재미난 표정을 짓게 하고 미소를 짓게 만든다는 것을 깨닫게 된다. 18개월이 되면, 아이들은 보통 어른들과 다른 아이들이 말하는 것을 반복하거나 에코익한다.

따라서 아이가 아직 당신의 말을 에코익하지 않는다면(아이가 전혀 소리를 내지 않거나 "불쑥 튀어나온" 단어가 있더라도) 이전 장의 모든 학습자료와 전략 기술을 사용하여 아이가 매일 더 많은 단어를 말할 수 있도록 노력해야 한다. 대부분의 경우, 매일 짧은 테이블 활동시간에 이와 같은 활동을 하면 아이는 며칠 후, 몇 주 후 또는 몇 달 후에 부모의 말을 에코익할 것이다. 일단 아이가 에코익을 시작하면 보통 이후의 진행 속도가 빨라지며 말문이 터진다.

실수를 바로잡고 올바른 언어 방향 잡기

만약 당신의 아이가 랜던처럼 영화의 대사를 줄줄 외우거나, 엘리나처럼 한두 단어로 된 표현을 수백 가지 이상 할 수 있다면 그들은 에코익 통제 기능이 이미 있는 상태이다. 하지만 당신은 다른 문제에 직면해 있을 수 있다. 아이는 "나 쿠키 먹고 싶어." 대신

"너 쿠키 먹고 싶어."나, "나 줘." 대신 "너 줘."라고 하는 것처럼 대명사에서 오류를 많이 보일 수 있다. 아이는 루카스가 언어치료시간에 "아니오."를 의미할 때 "네."라고 말했던 것처럼 혼란스러워하고 있을지도 모른다. 당신의 아이는 드루처럼 가끔은 문장으로 말을 할 수도 있지만, 또 어떤 경우에는 의사를 전달하기 위해 탠트럼을 할 수도 있다. 또는 알파벳을 처음부터 끝까지 줄줄 외우면서도 엄마와 아빠를 구별하여 말하지 못하고 간단한 질문에도 대답하지 못할 수도 있다.

아이의 언어 발달이 더디거나 뭔가 말은 하지만 "일반적이지 않은" 느낌이 든다면, 이는 아이가 언어를 완전히 이해하지 못하고 기초적인 것부터 추상적인 것까지 언어 기술을 올바른 순서대로 배우지 못했기 때문일 것이다. 또한 여러 어려운 기술들을 해내면서도 오히려 쉬운 기술들을 해내지 못하는 경우에는 아이의 기능이 실제로 어느 정도인지 그리고 어떤 전략이 아이의 언어를 발달시키는 데 도움이 되는지 파악하기 어려울 수도 있다.

의미 있는 진전을 방해하는 두 경우, 대사를 외우듯 말하는 것과 언어 사용의 오류를 되돌리려면 아이를 중재하는 모든 전문가뿐만 아니라 당신도 노력해야 한다. TAA 진단평가지와 계획서를 반드시 작성하고, 아이에 대한 모든 목표는 아이의 고유한 강점과 요구에 기반해야 한다. 전문가가 실시하는 브이비맵 진단평가도 좋지만, 당신이 작성한 TAA 진단평가지 또한 도움이 될 것이다. 평가, 계획 및 현재 목표를 재검토하다 보면 현재 아이를 교육 중인 전문가의 협력하에 아이에게 너무 어려운 모든 목표를 수정해야 할지도 모른다. 당신은 한 발짝 뒤처지는 것처럼 느낄 수도 있겠지만, 나를 믿어라.—너무 어려운 목표와 프로그램은 당신과 아이 모두에게 좋지 않다.

다시 말하지만, 아이가 언어 사용에서 많은 오류를 범하거나 언어 능력이 향상되지 않는 것은 당신을 포함한 누구의 잘못도 아니다. 당신과 당신의 아이를 함께 중재했던 모든 사람들은 아이에게 가장 도움이 되는 것을 주려고 했다. 수년 동안 나 또한 이런 실수들을 모두 저질렀고, 자폐의 세계에 빠진 후 10년이 지나도록 어떻게 대화 기술을 가르쳐야 할지 몰랐다.

그러나 이전 장이나 다음 장과는 달리 이 장에서는 단계별 지침을 많이 제공하지 않을 것이다. 말은 하고 있지만 아직 대화하는 것에는 어려움을 보이는 중급 학습자(intermediate learners. 18-30개월령에 습득하는 기술을 배우는 아이들을 말한다.—역주)를 위한 프로그램은 너무 복잡하기 때문이다. 엘리나, 드루, 랜던에게 추천하는 목표와 프로그램은 개별적인 평가에 기초하여 각각의 아이들에 맞춰져 있어 모두 매우 다를 것이다.

그럼에도 불구하고, 모든 중급 또는 고급 학습자(advanced learners. 30-48개월령에 습득하는 기술을 배우는 아이들을 말한다.—역주)에게 적용되는 일반적인 권장 사항과 몇 가지 단계가 존재한다. 하지만 이런 것들에 대해 이야기하기 전에, 언어를 가르칠 때 가장 흔히 볼 수 있는 몇 가지 실수를 다시 한 번 살펴보기로 하자.

실수 1: 구와 문장의 길이에 초점을 맞추는 것

일단 아이가 말을 한다는 것은, 아이가 에코익 통제 능력을 갖추었다는 뜻이다. 아이가 몇몇 단어를 사용하기 시작하면 그때부터는 조심스럽게 아이의 언어를 확장시켜 나갈 필요가 있다. 그러나 그 대신 많은 부모들은 아이의 향상을 간절히 바라는 마음에 너무 무리하게 밀어붙이고, 전문가들은 4-5개의 단어로 이루어진 문장 산출을 목표로 잡는다.

아이가 완전한 문장으로 의사소통하게 하려는 이러한 바람은 종종 무발화나 극히 제한된 말만을 하는 어린아이들에게 말을 대체하는 음성생성장치(speech-generating devices)와 그 외 의사소통체계를 사용하게 한다. 아직 말을 하지 않는 아이들을 위한 이런 보완 대체 의사소통장치들의 사용에 반대하지는 않지만, 발화 길이, 즉 구나 문장의 길이를 늘이는 것에 치중하지 말 것을 경고한다. 또한 표현 언어 향상에 중점을 두지 않고 더 높은 수준의 언어를 발전시키려는 목표에만 초점을 맞추지 말 것을 경고한다.

언어재활사, 국제행동분석전문가, 교사 그리고 다른 전문가들은 아이들이 완전한 문장으로 말하게 하려고 할 때, 종종 "나 —줘.", "나 —좋아.", "나 —봤어.", "이건 —야." 등과 같은 "운반구(carrier phrases)"를 가르친다. 그들은 아이들에게 요구하기를 가르칠 때 이러한 운반구를 사용하여 "나 바나나 줘.", 또는 "나 비눗방울 줘."와 같은 문장을 만들도록 격려하거나 심지어 요구한다.

행동분석가로 오랫동안 일해 오면서, 나는 이러한 운반구들이 역효과를 내는 것을 수백 번은 보아 왔다. 만약 아이가 하루 종일 자주 자발적으로 맨드하지 않는데도, 거기에 더해 짧은 문장으로 맨드하도록 아이에게 요구하는 것은 아이를 어른의 촉구에 의존하게 하며 자발성을 없앨 수 있다. 운반구 사용을 요구할 때 어떤 일이 벌어지는지 예를 한 번 들어보겠다. 티미가 "감자칩"이라고 말했을 때, 강화제로 감자칩을 받는 대신, "형님처럼 말해야지." 또는 "엄마한테 뭘 원하는지 문장으로 말해야지."라는 말을 듣는다고 가정해 보자. 티미는 "감자칩"보다 긴 문장을 만들어서 말을 할 능력이 없으므로 감자칩을 얻기 위해 엄마의 말을 그대로 따라 하려 하나 아직은 아이에게는 어려우므로 말을 아예 못하는 상황이 발생하기도 한다. 강화제를 받지 못한 티미는 다음번에는 자발적으로 감자칩이라고 말하지 않을 것이고 어른이 제시해 주는 문장만 따라 하려 하거나 자신의 요구를 관철하기 위해 문제 행동을 일으킬 수 있다. 이것은 자발적인 맨드의 감소와 더 많은 단어를 사용하여 다르게 표현하기 위해 어른에게 의존하게 만든다.

운반구를 추가적으로 사용하는 것은 또한 아이가 말해야 하는 음절 수가 증가하는 것이기에 종종 발음 오류를 유발한다. 예를 들어 "나 마이쭈 줘."를 "나 마쭈어."로 할 수 있다. 우리가 앞서 살펴본 것처럼, 아이에게 가르칠 단어나 문장을 선택할 때 음절 수에 주의를 기울이는 것은 중요하다. 당신은 "아이스크림"은 한 단어이기 때문에 말하기 쉬울 것이고, "아빠 빠방"는 두 단어이기 때문에 더 어려우리라 생각할지도 모른다. 하지만 "아빠 빠방"은 4음절인 반면, "아이스크림"은 5음절이다.

수용 언어 능력이 매우 낮은 아이들은 운반구를 구별하는 데 어려움을 겪기 때문에 자주 헷갈려 하며 잘못된 운반구를 사용한다. 아이가 "나 주스 줘."를 의미할 때 "나 주스 타."라고 말할지도 모른다. 아니면 아이는 "나 소 봤어." 대신에 "나 소 있어."라고 말할지도 모른다. 또한 운반구를 사용할 때와 사용하지 않을 때를 혼동하며, 당신이 다시 아이의 말을 고쳐 주어야 하는 기능적 사용의 오류를 더 많이 발생시킬 수도 있다.

페이스는 어느 순간 "그건 —야."라는 운반구를 배웠는데 이는 곧 문제가 되었다. 우리가 고양이나 공의 사진을 들고 "뭐야?"라고 물었을 때, 아이는 "그건 고양이야." 그리고 "그건 공이야."라고 대답했다. 우리가 가르쳤던 "고양이"와 "공" 대신에 말이다. 페이스의 ABA 치료사는 페이스가 맨드할 때 그 앞에 "그건—"을 붙이기 시작했다는 것을 알아채지 못했다. 내가 페이스에게 운반구를 누가 가르쳤는지 치료사에게 묻자, 페이스가 최근에 새로운 언어재활사에게 수업을 받기 시작했으므로 아마도 그 수업에서 배우지 않았을까 한다고 했다.

내가 페이스에게 자신의 사진을 보여 주며 "누구야?"라고 물었더니 아이는 "그건 페이스야."라고 대답했고, 내가 잠든 남자아이의 사진을 보여 주며 "얘 뭐 하고 있어?"라고 묻자 "그건 잠이야."라고 대답했다. 여기서 당신은 이런 운반구들이 어떻게 혼란을 일으킬 수 있는지와 아이들이 비슷한 것들을 구별하지 못할 때 보이는 **조건 변별 오류 (conditional discrimination errors)**"를 확인할 수 있다. 이 경우 페이스는 "그건—"을 사용할 때와 사용하지 않을 때를 구분하지 못해 오류가 발생했다.

한 음절 또는 두 음절 단어로 말하고 에코익하는 아이들을 위한 주의 사항은 다음과 같다. 문장으로 확장할 때 주의해야 한다. 목표로 하는 3-4음절의 단어와 동사(공 던져.), 소유격(엄마 차), 형용사(빨간 버스) 등 2단어를 조합하여 말하는 것을 가르치기 전에 1음절 또는 2음절의 단어를 먼저 사용하도록 가르치고 격려해야 한다. 그리고 아이의 언어를 매우 조심스럽게 확장하면서, 아이의 발음이 가능한 한 명료하게 유지되도록 해야 한다.

기본적인 가정은 아이가 더 많은 단어들을 조합하여 말할수록 더 많은 발전을 이룬다는 것이다. 하지만 우리가 자폐 아동에게 틀에 박힌 암기식으로 말하는 것을 가르친다면, 아이들은 상황에 따라 적절하게 말할 수 있는 표현 언어 능력을 발달시키지 못할 것이고, 대화를 할 수 있는 언어 능력이 발달되는 올바른 길로 나아가지 못하게 될 것이다.

실수 2: 스크립팅에 대처하는 방법을 모르는 것

지연반향어 또는 스크립팅은 말은 어느 정도 하지만 대화를 하지 못하는 자폐 아동에게서 흔히 나타나는 문제 중 하나이다. 대사를 줄줄 외운다는 것은 단어 또는 구문의 의미를 이해하지 않고 단지 반복만 하는 것을 말한다. 보통 이러한 행동은 자동적으로 강화되기 때문에 발생하지만, 아이들은 주의를 끌거나 어려운 요구에서 벗어나기 위해 지연반향어를 사용하기도 한다.

아이가 스크립팅을 한다는 것은 아이가 말할 수 있다는 증거이고, 아이의 말을 이해할 수 있다면, 그것 또한 아이의 발음이 꽤 좋다는 것을 나타낸다. 하지만 대사를 줄줄 외우듯이 말하는 것은 아이의 실제 언어 능력보다 더 높은 수준의 언어 능력을 갖추고 있다고 생각하게 만들 수 있다.

루카스가 했던 지연반향어는 우리에게 그의 언어가 발달하고 있다고 생각하게 하여 아이의 실제 상태를 더 오랫동안 부정하게 했다. 루카스가 21개월쯤에 공원에 갔을 때의 일이다. 남편 찰스는 표지판을 가리키며 "오리에게 먹이를 주지 마세요."라고 말하고, 마지막에 "꽥꽥"이라고 덧붙였다. 루카스는 공원에 가서 표지판을 보는 것을 좋아했지만, 아직 에코익을 할 수 없었고 그것이 무엇을 의미하는지 전혀 알지 못했기 때문에 어떤 말도 반복하지 않았다. 하지만 이렇게 몇 번 한 후, 어느 날 한밤중에 일어나 "오리에게 먹이를 주지 마세요. 꽥꽥."이라고 말하기 시작했다. 나는 이것이 "지연반향어"나 "스크립팅"인지 전혀 몰랐다. 우리는 이것을 인지가 좋은 징후라고 생각했고 자폐의 초기 징후일 줄은 꿈에도 몰랐다.

소아청소년과의사에게 루카스가 몇 단어를 말할 수 있어야 하는지 물었더니, 그는 21개월에는 적어도 단어 25개를 말해야 한다고 했다. 나는 지난 몇 달 동안 들었던 모든 "불쑥 튀어나온" 단어를 세어 보았고, 공원과 관련된 지연반향어 단어 8개("오리에게 먹이를 주지 마세요. 꽥꽥.")도 포함시켜 25개까지 생각해 내었다. 나는 루카스에게는 이상이 없고, 어떠한 평가나 치료도 필요하지 않다는 내 입장을 정당화하고 합리화하기 위해 이러한 비기능적인 단어들도 포함시켰다. 이는 잘못된 것이었으며 이 스크립팅이 자폐 징후라는 것을 알았더라면 루카스의 치료가 좀 더 빨리 시작되었을 것이다.

스크립팅은 새로운 평가를 통해 계획을 수정하고, 목표를 재설정해야 한다는 신호이다.

실수 3: 언어 사용의 오류를 수정하고 예방하는 방법을 모르는 것

아이들이 더 많은 언어를 배우기 시작하면서, 그들은 종종 비슷한 물건들을 혼동하게 된다. 아이에게 펜과 연필, 의자와 소파, 간이 의자를 구분하도록 가르치면 아이가 힘들어할 수 있다.

사물의 특징과 기능을 배우는 것은 30개월 이상의 아이들이 습득하는 고급 언어 능력 중의 하나이다. 특징은 자동차의 바퀴, 자동차 앞 창문, 문 또는 컴퓨터의 키보드, 화면, 마우스와 같은 것들을 포함한다.

기능은 예를 들면, 비행기가 무엇을 하는지 또는 컵을 가지고 무엇을 하는지 아는 것을 말한다. 이러한 언어 기술은 매우 복잡하므로 아이가 브이비맵에서 요구하는 사전 준비 기술들을 다 수행할 수 있을 때까지 이러한 기능을 가르치려고 서두르면 안 된다. 그렇지 않으면 오류를 범할 수 있다.

예를 들어, 아이에게 "칫솔"을 택트하도록 가르칠 때, 당신은 또한 "이 닦을 시간", "빨간 손잡이 칫솔이야." 또는 "치약 가져와."와 같은 정보를 추가할 수도 있다. 하지만, 다음번에 아이에게 칫솔을 찾아 달라고 요청했을 때, 아이는 "이 닦을."이라고 말할지도 모른다. 나는 이런 일이 일어나는 것을 수없이 보아 왔다.

이전의 실수처럼, 아이가 이러한 실수를 해도 너무 속상해하지 말길 바란다. 이 장이 끝나기 전에, 아이의 언어 향상을 돕기 위한 "무오류 학습(errorless teaching)" 개념을 포함하여 당신이 따라야 할 몇 가지 단계를 알려 줄 것이다.

실수 4: 색깔과 기타 학습 준비 기술에 지나치게 집중하는 것

노란 의자를 가리키며 "이것을 뭐라고 하지?"라고 물었을 때 "노란 의자"라고 말하는 남자아이를 평가한 적이 있다. 아이의 부모는 아이가 의자뿐만 아니라 색깔까지 말했다는 것에 자랑스러워했다. 문제는 내가 아이에게 의자 색깔을 묻지 않았기 때문에 아이는 그 질문에 적절히 대답한 것이 아니라는 것이다. 보통의 아이는 아마 그냥 "의자"라고 말할 것이다. 당신은 이것이 큰 문제라고 생각하지 않을 수도 있지만, 우리가 큰 것과 작은 것, 의자의 부분 그리고 의자의 기능을 가르치는 것으로 확장될 때 문제를 일으킬 수 있다.

대명사, 전치사, 특징과 같은 추상적인 개념을 피하는 것 이외에도 아이들에게 색상, 숫자, 문자, 모양의 이름을 대는 것을 너무 성급하게 가르치지 말 것을 당부한다. 전형적인 아이들은 보통 30-48개월에 색을 알고 다른 학습 준비 기술을 배우기 시작한다. 이러한 이유로 이 기술들은 브이비맵에서 수준3에 속한다.

이러한 학습 준비 기술은 구체적인 사물이나 그림을 맨드하고 택트를 하는 방법보다 더 추상적이다. 학습 준비 기술은 보다 높은 조건 변별 능력(conditional discrimination skills)이 필요한데, 이것은 아이가 6과 9를 혼동하거나 주황색과 빨간색처럼 비슷한 색을 택트하는 데 어려움을 겪을 수 있다는 것을 의미한다. 지연이 없는 아이들은 별다른 교육 없이도 색깔 이름을 익히는 등 자연스럽게 언어를 체득하지만, 지연을 보이는 아이들은 그렇지 않은 경우가 많다. 그렇기 때문에 인내심을 가지고, 만약 아이가 아직 준비되지 않았다면 이러한 기술들을 가르치는 데 너무 치중하지 말아야 한다.

실수 5: 다른 부분은 소홀히 하면서 대화에 너무 집중하는 것

루카스가 두 살 무렵 수용 언어 및 표현 언어 지연으로 진단받았을 때 그리고 세 살 때 중증자폐로 진단받았을 때, 나는 루카스에게 말하는 법을 가르치고 그의 표현 언어 능력을 확장하는 데 거의 모든 관심을 집중했었다. 나는 루카스가 여러 단어를 사용하여 긴 구로 말을 많이 하는 게 더 잘하는 것이라고 생각했다.

내 실수는 루카스가 얼마나 많은 말을 하는지를 보고 아이의 진전 상황을 가늠하는 데만 치중한 것이었으며, 나는 다른 부모나 전문가 모두 이런 실수를 하는 것을 자주 본다.

표현 언어 능력이 확실히 중요하지만, 좀 더 큰 아이들과 어른들은 하루 중 많은 시간을 듣고, 배우며, 샤워하고, 식사하는 것과 같은 자조 기술이 필요한 일들을 하고, 책을 읽거나 운동하는 것과 같은 여가 활동으로 조용히 즐거운 시간을 보낸다. 그래서 이러한 비언어적 기술들 또한 매우 중요하며, 아이를 위한 프로그램에 있어 큰 부분을 차지해야 한다.

지금까지 아이들에게 대화 기술을 가르치려 할 때 가장 흔히 저지르는 다섯 가지 실수에 대해 살펴보았다. 이제부터 아이의 언어를 발달시키는 데 도움이 되기 위해 잘못된 점을 고치고, 예방할 수 있는 세 가지 단계를 소개하겠다.

비디오 모델링

10여 년 전에 내가 담당했던 커트는 중재를 시작했을 때 2살이었다. 하루에도 몇 번씩, 아이는 공격적인 행동이나 자해 등의 문제 행동을 했다. 커트는 일정하게 하는 말은 없었고 불쑥 튀어나온 단어들이 조금 있는 정도였다. 매주 2시간씩 4개월간 중재하는 동안 커트는 단어 10개 정도를 택트할 수 있었다. 테이블 활동 때 미스터 포테이토 헤드를 사용했기 때문에 대부분 신체 부위와 관련된 단어들이었다.

하지만 몇 달 동안 매주 수업을 했는데도 여전히 에코익 통제가 되지 않았다. 커트의 부모와 나는 아이가 단어를 더 많이 사용하게 하려고 비디오 모델링을 해 보기로 결정했다. 나는 몇 주간의 휴가 전에, 그동안 커트가 볼 수 있도록 짧은 비디오 두 편을 만들었다. 그중 하나는 내가"눈, 코, 입, 이, 안경"이라고 말하고 마지막으로 "안녕"이라고 손을 흔들며 인사하는 것으로 아이의 엄마가 찍었다. 두 번째 짧은 영상에서 나는 "머리,

어깨, 무릎, 발" 노래를 불렀다. 나는 커트의 엄마에게 아이의 태블릿에 이 영상들을 업로드시켜 달라고 부탁해 놓고는 영상에 대해 까맣게 잊고 있었다.

휴가를 마치고 다시 커트네 집에 방문하여 아이에게 인사를 건네자, 커트는 즉시 "안녕, 눈, 코, 입, 이, 안경. 안녕!"이라고 말했다.

커트는 내가 영상에서 말한 것과 같은 순서로 신체 부위를 말하였기 때문에 내가 찍은 비디오를 본 것은 분명하였다. 그날, 두 시간 동안 커트는 10개가 아닌 100개의 단어를 말했다. 드디어 말문이 터진 것이었다!

그 후, 커트는 빠르게 발전했다. 비디오 모델링은 증거기반의 실제(evidence-based practices. 많은 과학적 연구를 통해 긍정적인 성과를 가져올 것이라고 충분한 증거가 수립 된 중재 또는 교육 방법.—역주)로서 커트에게 효과적이었고, 우리는 계속해서 비디오 모델링을 활용했다. 커트는 이제 완전히 대화를 나눌 수 있으며 별다른 도움 없이 초등학교에 다니고 있다.

커트의 성공 이후, 나는 내가 담당하는 아이들에게 다양한 기술을 가르칠 때 비디오를 활용하였다. 아이들에게 택트를 가르친다면, 나는 플래시카드를 한 장씩 들고 각각의 이름을 대는 모습을 비디오로 찍어 영상을 만들었다. 당신도 휴대폰을 꺼내 노래를 부르거나 학습자료의 물건이나 사진을 택트하는 영상을 만들 수 있다. 아이에게 비디오를 보여 주고 무슨 일이 일어나는지 보자.

1단계: 진단평가, 계획, 목표 선택 또는 수정을 시작한다

TAA 진단평가지 및 계획서를 작성하는 것부터 시작해라. 아이에 관한 전체적인 것을 신속하게 평가하고 현재 또는 가까운 장래에 아이와 만나는 모든 전문가와 공유할 수 있는, 적용하기 쉬운 계획을 세우려면 이러한 도구가 필요하다.

또한 대부분의 중급 학습자들은 언어재활사에게 표준화된 언어 검사를 받기를 권장한다. 이것은 내 노란색 경주용 자동차를 좋아했던 세 살배기 드루의 가족에게 준 가장 중요한 권고사항이었다. 평가를 진행하는 동안 드루가 울지 않았을 때는 완전한 문장으로 말하고 "메리 선생님의 노란 차"와 같은 소유격과 "I don't want to"에서 "don't"와 같은 축약형을 사용했기에 아이의 언어는 꽤 전형적으로 잘 발달한 것처럼 보였다. 하지만 드루에게는 문제가 있었고 나는 표준화된 언어평가를 할 수 있는 전문가는 아니었다. 더 높은 수준의 언어 능력을 가진 아이들의 경우 지연 여부를 결정하는 데 더 많은 검사가 필요하다.

특히 조기 개입 서비스와 ABA 치료를 받는 경우 브이비맵 진단평가를 완료하면 아이에게 도움이 될 수 있다.

기억하라. 아이의 계획과 모든 목표는 진단평가의 결과에 기초해야 한다.

2단계: 아이의 장점을 활용하여 보다 높은 수준의 언어를 발달시킨다

앞서 말했듯이 아이가 하는 스크립팅은 극복할 수 없는 문제는 아니다. 사실, 그것은 당신에게 더 기능적인 언어를 습득하는 방법이 될지도 모른다! 아이에게 동기부여가 되는 것과 아이가 스크립팅할 때 한 말을 적절하게 사용할 수 있는 방법을 계속 찾아봐야 한다.

예를 들어, 아이가 영화의 대사 또는 특정 물건이나 활동을 좋아하는 경우, 피규어를 구입하거나 인쇄한 캐릭터의 사진을 신발 상자 프로그램과 페어링을 할 수 있다. 루카스의 경우 "오리들에게 먹이를 주지 마세요. 꽥꽥."이라는 그의 스크립팅을 활용해서 신발 상자 프로그램에 사용할 공원 사진이나 오리 사진을 준비했어야만 했다.

아이가 장난감을 줄 세우고, 같은 비디오와 책을 되풀이해 보며, 같은 대사를 반복하는 등의 자기 자극 시간을 제한해야 한다. 아이가 말을 하고 있더라도, 아이는 깨어 있는 대부분의 시간 동안 모든 활동에 적극적으로 참여할 필요가 있다. 아이가 더 많은 기능적인 언어, 더 나은 사회적 기술 그리고 나이에 걸맞은 여가 활동을 배울수록 자기 자극 행동은 줄어들 것이다.

3단계: 활동 및 대상을 신중하게 선택하고, 무오류 학습 및 전이 시도를 활용한다

아이의 언어 능력을 키우기 위한 활동을 선택할 때, 긴 발화 길이, 너무 어려운 추상적인 언어 개념 또는 높은 단계의 학습 준비 기술을 사용하는 것을 피해야 한다. 당신이 당신의 아이에게 가르치는 모든 기술은 오류가 나지 않도록 가르쳐야 한다. 이것은 아이에게 필요한 도움을 주어서라도 아이가 기술을 시도할 때 성공하게 해 주어야 한다는 것을 의미한다. 매칭 기술의 경우, 손가락으로 동일한 물건이나 사진을 포인팅하여 알려 주거나 아이의 손을 부드럽게 잡고 동일한 물건이나 사진의 위치를 알려 주는 신체적 촉구를 제공할 수 있다. 예를 들어, 아이가 "마커"와 "크레용"을 혼동한다면, 당신은 아이가 잘못된 것에 매칭하지 않도록 바로 마커를 들고 "마커"라고 말해 준다. 이것이 무오류 학습이다.

루카스가 진단을 받고 내가 자폐 전문가가 된 지 여러 해가 지난 후, 나는 마침내 오류를 예방하고 바로잡는 비결을 알게 되었다. 이것은 TAA 접근법의 중요한 부분 중 하나이다. 이것은 "전이 시도(transfer trials)"를 통해 이루어진다. 나는 심지어 국제행동분석전문가 멘토인 릭 커비나(Rick Kubina)와 함께 루카스를 대상으로 무오류 택트 학습을 위한 전이 시도를 활용한 연구를 진행하여 동료 평가를 거쳐 발표하기도 하였다.[11]

전이 시도를 할 때, 당신은 신체 부위를 지적하는 지시를 따르는 것과 같은 수용적 식별을 먼저 한 후, 같은 신체 부위를 택트하도록 하여 하나의 작동 행동에서 다른 작동 행동으로 기술을 전이시킬 수 있다. 예를 들어, 먼저 "코를 만져라."와 같은 지시를 한다. 그다음 아이가 코를 만지면 전이 시도를 이용해 당신의 코를 만지면서 "이걸 뭐라고 하지?"라고 말하면서 그 기술을 택트하도록 한다. 또 다른 예는, 아이에게 숫자 3이 적힌 플래시카드를 보여 주거나 당신이 손가락 세 개를 펴서 보여 주면서 택트하는 것으로 시작한다. 그다음 숫자 3을 나타내는 시각적 자극을 점차 없애면서 "몇 살이야?"라고 질문하여 그 기술을 질문에 대해 반응하는 인트라버벌로 전이한다.

또한 전이 시도를 사용하여 동일한 작동 행동 내에서 촉구를 점차 줄일 수 있다. 예를 들어 당신이 고양이 사진을 들고 "고양이"라고 말한다. 그리고 아이가 "고양이"라고 대답한 후, "맞아! 이게 뭐야?"라고 묻는다. 만약 아이가 "고양이"라고 대답한다면, 아이에게 칭찬과 함께 음식 강화제나 짧은 영화나 동영상과 같은 강화를 제공한다. 만약 아이가 "고양이"라고 말하기 전에 또 다른 언어적 촉구가 필요하다면 그 촉구를 제공하되, 당신이 "뭐야?"라고 물었을 때, 아이가 더 독립적으로 말하도록 계속 노력해야 한다.

전이 시도를 활용하면 아이의 강점(수용 언어 기능 등)을 사용하여 택트와 같은 더 어려운 기술을 가르칠 수 있다. 또한, 촉구를 점차 줄이기 위해서 전이 시도를 활용하는 것은 종종 언어 및 언어 이해력을 향상시킨다.

새로운 기술을 가르칠 때, 아이가 조건 변별 오류를 범하지 않도록 주의해야 한다. 이 오류는 종이 타월과 화장지, 소파와 의자 등의 비슷한 물건을 구별하기 어려울 때 종종 발생한다. 아이들은 주의를 기울이지 않기 때문에 실수를 저지르는 것이 아니다. 그것은 단지 아이들이 아직 그 미세한 변별에 대한 수용 언어 기술을 가지고 있지 않기 때문이다.

이 장에서 알 수 있듯이, 아이들이 언어 기술을 확장하도록 돕는 것은 정말 까다롭다. 올바른 출발점(진단평가 결과에 기반한)에서 시작하여 아이의 강점과 요구를 활용하고 발전을 방해할 수 있는 언어 오류를 경계하는 것이 중요하다.

다음 몇 장에서는 식사, 수면, 배변 훈련, 병원 및 지역사회 방문과 같은 실생활 능력 및 자조 기술에 대해 알아보겠다.

10

편식 해결하기

　우리는 모든 가족이 함께 식탁에 둘러앉아 몸에 좋은 음식을 먹고 싶어 한다. 하지만 내 경험상 자폐나 말을 전혀 하지 않거나 매우 지연된 아이는 식이 문제가 있을 가능성이 높다. 사실, 지난 수년간 내가 만나 온 구어 표현이 전혀 없거나 매우 제한적인 수백 명의 어린아이들 중에서 조금이라도 먹거나 마시는 것에 문제가 없었던 아이는 생각나지 않는다. 물론 그 이유는 먹는 것과 말하는 것이 복잡하게 연관되어 있기 때문이다.

　분명히, 전형적인 아이들조차 음식 문제로 어려움을 겪지만, 지연이 있는 아이들일수록 그 정도는 더 심하다. 아이들은 자신이 원하는 것을 우리에게 전달할 수 있는 언어 능력이 발달되지 않았기 때문에 식이에서 보이는 문제가 문제 행동으로 이어질 수 있다. 따라서 이 책의 언어 및 행동과 관련된 장(chapter)은 아이의 편식 문제를 해결하는 데에도 도움이 될 것이다. 그리고 만약 당신이 아이가 더욱 명료하게 말하거나 이야기하도록 하는 데 어려움을 겪고 있다면, 이 장에서 유용한 정보를 얻을 수 있을 것이다.

　당신은 가족 모두가 더 건강한 음식을 먹는 것만으로 이 문제를 해결할 수 있다고 생각할 수 있지만, 그것은 올바른 방법이 아닌 것 같다. 몇 년 전, 우리 가족은 밀턴허시메디컬센터에서 수백 가구를 대상으로 한 연구에 참여한 적이 있었다. 연구자들은 부모와 형제자매가 과일과 채소를 매일 먹더라도 자폐 아동은 여전히 탄수화물, 흰 설탕이나 밀가루로 만든 백색 음식(white foods), 바삭바삭한 음식을 매우 많이 선택한다는 것을 알게 되었다.[12] 따라서 당신이 자녀가 음식을 잘 먹도록 하는 데 어려움을 겪고 있다면, 그것은 당신 혼자만 겪는 문제가 아니다.

어떤 아이들은 너무 까다로워서 특정 브랜드만 먹을 것이고, 깨지거나 부서진 쿠키나 크래커 또는 특정한 맛이나 모양의 음식은 먹지 않거나, 특정한 접시에만 담아 먹을 것이다. 수잔 메이스(Susan Mayes)와 해나 직그래프(Hana Zickgraf)가 2019년에 발표한 연구에서 보면 자폐 아동의 70%는 전형적이지 않은 식습관(선호하는 음식이 매우 제한적이거나, 다른 질감의 음식을 거부하는 것 포함)을 보였는데, 이는 전형적인 아동에 비해 15배 더 많은 것이다. 그리고 한 살배기 중 자폐 범주의 아이들은 다른 발달 지연과 발달장애가 있는 아이들보다 편식이 훨씬 더 심하기 때문에, 극단적인 편식과 그 밖의 다른 식이 문제는 자폐 진단 지표가 될 수 있다.[13]

나는 부모가 어떻게 대처해야 할지 몰랐기 때문에 어렸을 적의 심각한 식이 문제가 여전히 있는 10살 된 아이들을 보아 왔다. 만약 당신이 이 글을 읽고, 지금 당장 이 문제를 해결하는 것은 어렵다고 생각한다면, 이해한다. 하지만 식이와 관련된 정보를 알고 적응시키는 것은 아이가 어렸을 때가 훨씬 더 쉽다. 아이들이 나이가 들어 가면 신체적으로 성장할 뿐만 아니라 식습관도 굳어지게 된다. 나는 유치원에 입학할 나이에 여전히 이유식을 먹고 젖병에 음료를 담아서 마시는(그러나 콘칩을 씹거나 삼키는 데는 전혀 문제가 없었다.) 자폐 아동을 여러 명 보았다. 또한 식사도구를 사용하는 법을 전혀 배우지 못했거나 모든 과일과 채소를 거부하는 큰 아이들을 많이 보아 왔다. 따라서 아이의 식이 문제는 가급적 빨리 해결하는 것이 좋다.

본론으로 들어가기 전에, 많은 아이 특히 자폐 아동은 성장장애(나이와 키에 비해 심한 저체중), 씹기 또는 삼키기, 때로는 튜브를 통해 영양물을 공급해야 하는 의학적 문제를 포함한 심각한 영양 결핍 등의 중대한 식이 문제들을 가지고 있다는 것을 말해 둔다. 우리 아들 루카스도 4살 때, 적어도 어떤 면에서는 극단적인 편식을 하는 아이였으며 엄밀히 따지면 "성장장애"였다. 나와 아들 모두 다 필라델피아아동병원에 있는 집중 영양 식이 클리닉에 다니면서 큰 도움을 받았다.

따라서 이 장과 책을 모두 읽었다고 하더라도, 만약 아이에게 식이 문제가 있다면, 의사, 영양사, 언어재활사, 작업치료사 또는 식이에 대한 전문 지식을 가진 국제행동분석 전문가와 상의하길 바란다. 필요한 경우 대학병원 소아청소년과의 영양 식이 클리닉을 알아볼 수 있다.

식이 접근법(feeding approaches)에는 여러 가지 방법이 있는데 일부 전문가들은 음식에 대한 아이들의 민감도를 낮추기 위해 음식을 먹이지는 않고, 만지면서 음식을 가지고 놀이를 하라고 권한다. 하지만 이런 방법은 효과가 거의 없다. 의사인 키스 윌리엄스(Keith Williams)와 로라 시벌링(Laura Seiverling)은 그들의 Broccoli Boot Camp(2018)라는 책에서 편식을 성공적으로 해결하는 비결은 반복적으로 맛에 노출시키는 것이라고 했다. 아이들이 특정한 음식을 좋아하게 되려면, 아이들은 10-15회에 걸쳐 그 음식을 맛봐야 한다. 대부분의 부모들은 아이가 먹기를 거부하거나 쉽게 먹일 수 없는 음식을 평균적으로 1.5회 시도한 후에 더 이상 그 음식을 주지 않기 때문에, 아이들은 절대로 10-15번이나 맛을 볼 기회가 없다. 그러므로 당신이 혼자서 아이의 편식을 개선하려고 노력하든 당신을 돕는 전문가가 있든 간에, 당신의 아이는 식이 습관 개선 계획의 하나로 반복적으로 음식을 맛봐야 한다!

이 책에서 소개한 것들은 단지 정보 제공의 목적이지 의학적이거나 행동 치료적인 조언이 아님을 책의 서두에서 일러두었다. 이는 특히 식이 정보와 관련해서 중요한데, 아이를 평가한 전문가만이 직접적인 지침을 제공할 수 있기 때문이다. 아이가 정상적으로 자라지 않거나 체중이 늘지 않거나 씹거나 삼키는 데 어려움이 있다면 즉시 전문가의 도움을 받기를 권한다.

빌리와 잭의 식이 문제

지난 수년간 내게 가장 어려웠던 식이 문제 사례는 아마도 젖병에 든 아몬드 우유만 마시고, 글루텐이 없는 크래커만 먹었던 빌리였을 것이다. 빌리는 가끔 맥도날드 감자튀김을 먹을 때를 제외하고 아침, 점심, 저녁으로 우유와 크래커만 먹었다. 감자튀김도 드라이브 스루 창문에서 갓 나온 따뜻한 것만 먹으려고 했다. 또한 감자튀김은 "구겨지지 않은 상태가 좋은" 곽에 담겨 있어야 했고, 정말로 배가 고플 때만 먹었다. 감자튀김이 자신이 원하는 대로가 아니면, 아이는 울고 비명을 질렀다. 빌리는 영양소를 제대로 섭취하지 못하고 있었고, 그것은 심각한 문제였다.

빌리는 초기 의사소통 기술을 습득하지 못했기 때문에, 우리는 아이가 테이블 활동에 반응하게 하는 것부터 시작했다. 그러고 나서, 우리는 아이가 영양실조에 걸리지 않도록 더 다양한 음식을 먹이기 위해 당신이 이 장에서 배울 전략들을 적용해 보았다.

잭(6장에서 빨대를 좋아했던 소년)은 식이 문제가 있었으며 구어 표현이 없었던 자폐 유아 중 한 명이었다. 잭은 다양한 핑거 푸드(심지어 약간의 채소까지)를 먹는 것은 즐겼지만, 아이의 부모가 숟가락으로 물컹한 것을 먹이려고 할 때면, 음식을 거부했다. 심지어 물컹한 것을 보는 것조차 괴로워서 일단 그런 종류의 음식과 식사도구에 둔감해지게 만드는 것부터 시작했다. 나와 잭의 부모는 아이가 가장 좋아하는 핑거 푸드(콘칩)를 숟가락에 얹어 주면서 아이에게 강화제(이 경우에는 태블릿)을 제공하여 이 문제를 해결했다. 그런 후에 우리는 아이에게 점차 다른 음식을 시도했다.

이 장에서 이러한 방법들에 대해 더 배우고 식이 계획을 실천에 옮길 때, 아이에게 음식을 먹이는 모든 어른들이 동일한 방법을 사용하는지를 확인해야 한다. 가능하다면 집이나 어린이집, 유치원 그리고 친척 집을 방문했을 때에도 같은 규칙과 식사 습관을 지키도록 노력해야 한다. 예를 들어, 만약 당신의 새로운 규칙이 식사 사이 그리고 테이블 활동을 할 때(아이가 정말로 배고파서 식사하고 싶을 수 있도록) 어떠한 간식도 허용하지 않는 것이라고 한다면 일주일에 두 번 아기를 돌보는 할머니 또한 아이에게 간식을 허락하지 않아야 한다.

나는 대부분의 부모가 당신이 이제 곧 읽을 방법을 사용하여 큰 변화를 이루어 냈다는 것을 알고 있다. 하지만 하룻밤 사이에 큰 변화를 기대하지 말아야 한다. 이 책에 있는 모든 방법이 그렇듯이, 당신은 대단한 인내심을 발휘해야 할 것이다.

식이 문제 평가

항상 그렇듯이 행동을 변화하게 하는 첫 번째 단계는 기초선평가를 수행하는 것이다. 당신은 이미 이 부분에 대해서 TAA 진단평가지를 통해 어느 정도 평가했지만, 식이 문제를 바로잡는 것을 당신의 계획에 포함한 순간, 당신은 아이의 식이에 관한 더 상세하고 구체적인 진단평가가 필요하다.

선드버그의 자조 기술 체크리스트에 포함된 네 가지 영역 중 하나는 식이이다. 나는 내가 담당했던 어린아이와 TAA 온라인 프로그램 참여자들의 아이들(그들이 18개월이든 5살이든 상관없이)이 대부분 식이와 관한 한 18개월 또는 30개월 수준이라는 것을 알게 되었다. 이러한 이유로 여기에는 두 가지 수준의 식이 부분 자조 기술 체크리스트만 소개하기로 하였다.

체크리스트에서 볼 수 있듯이, 대부분의 전형적인 18개월 아이들은 핑거 푸드를 먹고, 숟가락을 사용하여 음식을 푸며, 스스로 음식을 먹기 시작한다. 게다가, 대부분의 지연을 보이지 않는 유아들은 뚜껑이 없는 컵과 빨대를 사용하여 마실 수 있다. 포크를 사용하고 식사 중에 좀 덜 흘리고, 혼자서도 먹는 것은 보통 30개월 정도가 되어서이다. 지연이 있는 아이들 특히 모방이 매우 약하고, 루틴화된 것을 좋아하는 빌리나 잭과 같은 자폐 아동들은 뚜껑이 없는 컵으로 음료를 마시거나 숟가락으로 음식을 먹는 것과 같은 기술을 자연스럽게 습득하지 못한다. 많은 경우에, 이러한 기술들을 따로 가르쳐야 한다.

이 체크리스트를 작성하면 아이의 식이와 관련된 발달의 지연 여부를 평가하는 데 도움이 될 것이다.

선드버그의 자조 기술 체크리스트: 식이 부분

식이— 18개월 경

- □ 핑거 푸드를 먹는다.
- □ 스스로 컵에 든 음료를 마신다.
- □ 음식을 먹기 위해 숟가락을 사용한다.
- □ 빨대를 사용하여 음료를 빨아 마신다.

식이— 30개월 경

- □ 포크를 사용하여 음식을 찍어 먹는다.
- □ 냅킨으로 얼굴과 손을 닦는다.
- □ 자신의 접시나 도시락 통을 식탁에 옮긴다.
- □ 도시락 통을 연다.
- □ 지퍼 백을 연다.
- □ 음식 봉지를 불완전하게나마 뜯는다.
- □ 종이 팩 주스에 빨대를 꽂는다.
- □ 턱받이를 스스로 벗는다.

음식 일지 및 TAA 음식 리스트

자조 기술 체크리스트의 식이 부분을 완료했으니, 이제 3일간의 음식 및 음료 일지를 작성해 보도록 하자. 일지에 아이가 3일 동안 먹고 마시는 모든 것의 정확한 양(감자칩 10개, 저지방 우유 120mL), 좋아하는 음식의 브랜드, 언제 또는 어디서 먹는지에 대한 정보 등을 적는다. 이것은 1분짜리 기초선 비디오(4장에서 다룬)와 같은 종류의 평가이므로, 이 3일 동안은 새로운 규칙이나 루틴을 소개하거나, 아이에게 새로운 음식을 강요하거나, 젖병을 떼려 하지 말아야 한다.

당신이 새로운 규칙을 도입하거나 음식을 먹이려 하지 않더라도, 아이는 3일 동안 음식을 먹는 과정에서 거부나 문제 행동을 일부 보일 수 있다. 만약 아이가 어떤 음식을 거부하거나 먹는 동안 문제 행동을 보인다면, 일지에 그것 또한 기록해야 한다. 모든 문제 행동에 대해 가능한 한 구체적으로 적어야 한다. "탠트럼을 했다."라고 쓰는 대신, 그 탠트럼이 구체적으로 어떤 것이었는지를 정확하게 적는다. 나는 아이가 우는 것을 그다지 좋아하지 않는다. 왜냐하면 일반적으로 아이가 울고 있으면 아이는 배우지 않고 있는 것이기 때문이고, 또한 아이의 울음이 종종 당신의 가족에게 스트레스와 혼란을 야기하기 때문이다. 그리고 나는 특히 음식을 먹을 때 우는 것이 걱정스럽다. 따라서 진단평가 중에는 아이가 큰 소란 없이 먹는 음식과 음료에 대해 기록해 두기를 바란다.

당신의 아이가 하루아침에 편식하게 된 것은 아니므로, 지금 당장 이 행동을 해결해야 한다는 생각에 스트레스를 받지 않았으면 한다. 만약 아이가 앞으로 72시간 동안 패스트푸드를 먹고 젖병으로 음료를 좀 더 마신다거나 심지어 당신이 이 책을 다 읽고 식이평가를 마칠 때까지 몇 주 더 그런다 해도 상황이 더 나빠지지는 않을 것이다.

평가 기간 동안 3일간의 음식 일지를 작성하는 것에 추가하여 TAA 음식 리스트(내 웹사이트 Turn Autism Around.com에서 이용 가능.)를 사용할 수도 있다. 이 목록은 "쉬운 음식", "중간 정도의 음식" 그리고 "어려운 음식" 등의 세 가지 음식으로 구성되어 있다. 쉬운 음식은 아이가 아무런 문제없이 꾸준히 먹을 수 있는 음식이다. 중간 정도의 음식은 최근 한두 달 동안 먹었지만 꾸준히 먹는 것은 아닌 음식이다. 이러한 음식은 쉬운 음식 목록에 속해 있는 음식이지만 다른 브랜드 음식일 수 있다는 것을 기억해야 한다. 어려운 음식은 아이가 먹었으면 하는 음식이지만, 당신이 아이에게 그 음식을 주면 먹지 않으려고 난리를 피는 음식이다.

다음에 소개된 브렌틀리의 음식 목록 기록지에서 알 수 있듯이, 진단평가 당시 아이가 기꺼이 먹었던 쉬운 음식으로는 패스트푸드뿐만 아니라 과일 몇 조각, 치킨, 감자튀김, 땅콩이나 해바라기 버터와 젤리 샌드위치, 요거트, "노란" 마카로니와 치즈 그리고 특정한 종류의 오트밀이 있었다. 아이는 가끔씩 달걀, 스트링 치즈, 다른 종류의 과일 몇 조각 더, 훈제 칠면조 고기 그리고 추가적으로 약간의 간식을 먹고는 했다. 켈시가

이 음식 리스트를 작성했을 때, 브렌틀리는 치킨 너깃과 훈제 칠면조 외에는 어떤 고기도 먹지 않았고, 모든 채소, 감자, 파스타 그리고 밥을 거부했다.

 TAA 음식 목록 기록지

이름: 브렌틀리　　**기록 시작일:** 00년 9월 25일　　**기록 종료일:** 00년 10월 20일

쉬운 아주 좋아하는 음식	중간 가끔 먹을 수 있는 음식	어려운 먹지 않을 음식
블루베리	계란	소시지(과거에 좋아했던 음식)
딸기	플레인 크래커	치킨 너깃이 아닌 고기
오렌지	바나나	토마토소스가 들어간 파스타
맥 앤드 치즈(노란색)	파인애플	감자
감자튀김	맥 앤드 치즈(흰색)	모든 채소
치킨 너깃	사과	쌀
땅콩버터와 젤리 샌드위치	훈제 칠면조 고기	
해바라기 버터와 젤리 샌드위치	라이스 칩	
요거트	플레인 칩	
도넛	사과 소스	
아이스크림	포도	
사탕	모차렐라 스트링 치즈	
초콜릿 쿠키		
프레첼		
리츠 체다 크래커		
골드피쉬 크래커		
냉동 블루베리를 곁들인 오트밀(인스턴트 애플 앤 시나몬 종류만)		

켈시는 브렌틀리의 음식을 이 리스트에 정리하면서, 식사시간에 중간 정도의 음식 칸에 있는 음식 한두 가지를 함께 먹여 볼 수 있는 방법이 몇 가지 떠올랐다. 진단을 받고 ABA 프로그램을 받은 지 몇 년이 지난 지금, 브렌틀리는 여전히 더 선호하는 음식은 있지만 식탁에 차려진 모든 음식을 먹는다고 켈시는 알려 주었다.

3일간의 음식 일지와 TAA 음식 리스트뿐만 아니라 자조 기술 체크리스트의 식이 부분의 결과와 이 장의 나머지 부분은 당신이 초기 식이 계획을 수립하는 데 도움이 될 것이다.

먹을 수 없는 물건을 과도하게 입에 넣는 것과 이식증

모든 아기들과 유아들은 먹을 수 없는 것들을 입에 넣는 경향이 있다. 그러나 지연이 있는 아이들은 종종 다음 발달단계로 나아가지 못하고 이가 나기 시작하면 입에 넣는 것에서 씹는 것으로 바뀌기만 한다.

때때로, 이러한 행동은 비타민이나 미네랄 부족과 같은 의학적인 원인에서 비롯된다. 특히 아연 결핍은 물건을 과도하게 입에 넣는 것, 편식, 장난감이나 자신의 옷을 씹는 것을 유발하며 다른 한편으로 일부 아이들은 체내 납 수치가 높기 때문에 과도하게 씹을 수 있다. 아이에게 물건을 과도하게 입에 넣거나 씹는 문제가 있는 경우, 치과 진단뿐만 아니라 혈액 검사를 포함한 의료적인 진단도 필요하다. 그러나 처방전 없이 살 수 있는 비타민이나 보충제를 먹이기 전에 항상 의학적 상담을 받아야 한다.

일부 아이는 먹을 수 없는 것들을 씹고 삼키는데, 이것은 이식증(pica)이라는 심각한 질병이다. 이 아이들은 동전이나 화장실의 액체 비누를 먹거나 놀이터에서 나뭇잎이나 나무 조각을 주워 먹는다. 심지어 어떤 아이들은 장 천공을 일으킬 수 있는 돌이나 유리를 먹어 생명의 위협을 받기도 한다. 만약 당신의 아이가 이식증이 있다면, 즉시 의료 및 행동 치료를 받아야 한다.

만약 아이가 씹는 문제나 입에 물건 넣기가 덜 심각하고 의학적 문제가 있는 것이 아니라면, 물건을 씹는 것의 원인은 이 앓이를 완화하기 위해서일 수도 있다. 이것은 또한 자기 자극 행동일 수도 있는데, 특히 아이가 아직 음식을 씹지 못하고 뚜껑이 없는 컵이나 빨대로 음료를 마시지 못한다면 더욱 그러하다.

물건을 입에 넣거나 씹는 행동이 언제 어디서 일어나는지 평가하도록 한다. 만약 아이가 특정 놀이터에서만 한다면, 적어도 당분간은 그 장소에 가지 않도록 한다. 만약 아이가 티셔츠 칼라나 소매를 씹는다면(그리고 아이가 이미 혈액 검사를 받고 의사에게 진료를 받았다면), 반팔 티셔츠나 몸에 더 딱 맞는 티셔츠를 입게 한다. 헐렁한 티셔츠는 씹는 행동을 증가시킬 수 있다.

어떤 아이들은 활동에 참여하지 않을 때나 배가 고플 때만 물건을 입에 넣거나 씹는다. 아이가 평소에 씹는 물건에 관심을 두지 않도록 손을 바쁘게 하기 위해 아이에게 태블릿을(아이가 태블릿을 씹지 않는다면) 주는 것도 좋은 방법이다.

지난 두 장에서 배운 대로 아이에게 언어를 가르치는 것도 식사 계획의 주요 부분이 되어야 하는데, 왜냐하면 말하는 동안에는 입에 물건을 넣거나 씹거나 이를 가는 것이 어렵기 때문이다. 그래서 당신의 아이가 더 빨리 말을 하거나 더 많은 단어를 사용하는 것을 배울수록, 아이는 이러한 물건을 입에 넣거나 씹는 행동을 계속할 가능성이 낮아질 것이다.

음료 마시기 관련 중재

음식에 대한 전략에 대해 이야기하기 전에, 음료를 마신다는 것이 어떠한 역할을 하는지에 대해 이야기해 보고자 한다. 앞서 언급했듯이, 뚜껑이 없는 컵이나 빨대로 마시기는 대부분의 18개월 된 아이들이 보이는 발달단계이다. 컵이나 빨대를 사용하여 마시는 것은 말소리를 만드는 데 핵심적인 역할을 하는 구강 운동 발달 면에서 중요하다.

시피 컵(sippy cup. 물이나 음료가 흘러나오지 않도록 고안된 컵.―역주)을 사용하면 당신의 집이 조금 더 깨끗해질 수는 있어도 입술을 부자연스러운 위치에 대고 마셔야 해서 아이의 발음 능력에 좋지 않은 영향을 줄 수 있다. 반면에 빨대는 조음 발달과 관련된 중요한 근육을 사용하게 한다. 따라서 아이가 18개월 이상이고 여전히 시피 컵을 사용하고 있다면, 당신의 계획상의 첫 번째 목표 중 하나는 마실 때 아이가 시피 컵을 사용하지 않는 것이 되어야 한다. 그런 다음에 아이는 뚜껑이 없는 컵으로 마시거나 빨대를 사용하여 액체를 빨아들이는 것을 배울 수 있다. 전형적인 아이들조차도 지나치게 오랫동안 시피 컵을 사용한다. 그러니 흔들리는 자동차 같은 곳에서만 흘림 방지용 시피 컵을 사용하고 가능한 한 빨리 시피 컵을 사용하지 말기를 바란다. 다른 방법은 자동차를 타고 이동할 때만 빨대 시피 컵을 사용하고 나머지 시간에는 시피 컵을 사용할 수 없게 하는 것이다.

지연이 있든 없든 간에 일부 아이들은 젖을 떼기가 어려울 수 있다. 나는 루카스에게 1년 이상 모유를 먹였고 스펜서에게는 거의 2년 동안 모유를 먹였다. 루카스가 진단을 받았을 때, 스펜서는 생후 18개월 정도였고, 나는 여전히 모유 수유 중이었다. 루카스는 고무젖꼭지를 좋아했지만 스펜서는 좋아하지 않았다. 나는 스펜서가 계속 모유를 찾았기 때문에 농담 삼아 스펜서의 "인간 젖꼭지"라고 자칭하기도 했다

나는 너무 힘들고 정신없이 바빴기 때문에, 이 장에서 소개할 고무젖꼭지와 젖병 떼는 방법으로 점차적으로 젖을 떼기로 결심했다. 그러나 스펜서가 두 살이 되기 몇 달 전에, 남편은 나를 집에 두고 스펜서와 함께 플로리다에 계신 부모님 댁에 잠시 다녀와야 할 일이 생겼다. 그 당시 스펜서는 하루에도 몇 번씩이나 젖을 먹고 있었기 때문에 우리는 그 5일을 이용해 단번에 수유를 끊어 보기로 결정했다. 물론 나보다 모유 수유를 더 오래 하는 엄마도 있고, 젖을 떼는 것은 전적으로 개인의 결정이지만, 1세 이상의 아이에게 혼합 수유를 하기 위해 뚜껑이 없는 컵과 빨대를 사용하게 하는 것은 일반적으로는 이롭다.

일단 아이가 빨대를 빨 수 있게 되면(앞으로 젖병과 고무젖꼭지 떼기 부분에서 다룰 예정이다.) 아이에게 뚜껑이 없는 컵으로 마시는 법을 가르치기 시작할 수 있다. 나는 작은 플라스틱 샷 잔(shot glass)이 어린아이들이 흘리지 않고 컵을 기울이는 방법을 배울 수 있

는 완벽한 크기라는 것을 경험상 깨달았다. 물론 안전을 위해 유리컵보다는 플라스틱컵을 사용하고, 배우는 과정에서 주변을 더럽히지 않도록 물만 채운다. 어떤 가족들은 욕조나 야외에서 컵으로 마시는 것을 연습하는 데 성공했다고 한다. 주둥이가 있든 없든 더 큰 아이들이나 어른이 사용하는 스포츠 물병도 좋은 선택이 될 수 있다. 당신은 이런 것들을 사용하여 물을 마시는 시범을 보일 수 있고 아이는 당신을 따라 할 수 있다. 특히나 외출 중에 아이가 목이 마르고 다른 선택권이 없는 상황에서라면 말이다.

마시기와 관련해서 내가 줄 수 있는 가장 중요한 조언은 다음과 같다. 아이가 주스나 우유(유제품이든 식물성 우유이든)를 쉽게 먹을 수 있는 젖병이나 시피 컵에 담아 돌아다니게 하지 말아야 한다. 나는 보통 하루 종일 물만 마시게 하는 것을 추천하는데 이렇게 하면 가구나 카펫에 주스를 쏟는 것을 막을 수 있기 때문이다. 게다가, 칼로리가 있는 음료는 아이를 배부르게 하여 식사시간에 영양가 있는 음식에 대한 관심을 떨어뜨리고 새로운 음식을 시도하는 것에 거부감을 들게 할 것이다. 따라서 물 외에 다른 음료를 주고 싶다면 식사시간이나 간식시간 또는 학습시간에 아이가 의자에 앉아 있을 때만 일반 컵이나 빨대가 있는 컵에 담아 주도록 한다.

만약 아이가 물 마시기를 거부하고 주스나 우유만을 원한다면, 아이가 좋아하는 음료에 물을 희석한다. 첫째 날에는, 주스를 4분의 3을 채우고, 나머지 4분의 1은 물로 채워 준다. 둘째 날과 셋째 날에는 물 반, 주스 반을 채워서 준다. 넷째 날에는 물을 4분의 3을 채우고 주스를 4분의 1을 채워 준다. 다섯째 날에는 물만 채워 먹여 본다.

젖병과 고무젖꼭지 떼기

많은 아이들, 특히 행동 문제가 있는 아이들은 영아기를 훨씬 지나서도 고무젖꼭지를 사용한다. 그들의 부모는 이 문제를 어떻게 해결해야 할지 난감해 하며 아이를 조용히 시키고, 만족시키기 위해 그저 고무젖꼭지로 "입을 다물게 한다." 루카스도 2살이 훨씬 넘어서까지 고무젖꼭지에 "심각하게 빠져" 있었기에, 나는 이런 부모들의 마음을 이해한다.

이와 같은 일은 젖병에서도 일어나는데 영아기를 지난 아이들도 젖병에 빠져 있는 것이 그것이다. 박사급 국제행동분석전문가로서의 내 경험에 비추어 볼 때, 어린아이들이 (특히, 한 살 또는 두 살 이후) 고무젖꼭지나 젖병을 사용하면 거의 항상 말이 늦되고 조음 문제와 문제 행동이 증가한다.

수년에 걸쳐, 나는 또한 고무젖꼭지와 젖병이 정상적인 치아 발육에 해로울 수 있다는 것을 알게 되었다. 사실, 내가 알던 한 엄마는 언어재활사의 조언에도 불구하고 계속해서 딸에게 고무젖꼭지를 물렸다. 문제는 아이가 나이가 들어서도 이러한 고무젖꼭지를 사용함에 따라 심각한 충치가 생기고 치열이 어그러지게 되어 치과치료에 거의 4천 달러에 달하는 돈을 지불해야 했다는 것이다.

어떤 가족들은 "한 번에 끊기"로 작심하고, 모든 고무젖꼭지나 젖병을 버릴 날을 잡기도 한다. 하지만 나는 아이들이 심하게 울거나 엄청난 스트레스를 받는 것을 좋아하지 않기 때문에 다음과 같은 단계를 사용하여 점진적으로 떼는 방법을 보통 추천한다.

1. 당신과 아이에게 고무젖꼭지 또는 젖병이 가장 필요한 때가 언제인지를 평가한다.
—취침시간, 교회에서, 차 안에서 또는 아이와 쇼핑 중에.

2. 평가를 바탕으로 젖병이나 고무젖꼭지를 점진적으로 떼기 위해 경계선이 분명한 계획을 수립한다. 예를 들어 "하루에 4번만 젖병으로 먹일 것", "자기 전에, 차 안에서 그리고 교회에서만 고무젖꼭지를 빨게 할 것", "밤에 집에서 나와 함께 흔들의자에 앉아 있을 때, 젖병으로 딱 한 병만 줄 것" 등의 경계선을 세울 수 있다.

3. 젖병이나 고무젖꼭지를 여러 개 사용하는 경우, 한두 개를 제외하고 모든 젖병과 고무젖꼭지를 숨기거나 폐기하여 아이가 젖병이나 고무젖꼭지를 사용하는 시간이 아닐 때 우연히 발견하지 못하도록 한다. 침실에 고무젖꼭지 한 개를 두고, 차 안에서 또 다른 고무젖꼭지를 사용할 계획이라면, 아이가 만질 수 없도록 차 앞쪽 사물함에 넣어 두는 것도 고려해 본다.

4. 취침시간 등 특정 시간이나 장소에서 고무젖꼭지를 사용할 계획이라면 "쪽쪽이 상자"나 "아이가 좋아하는 물건을 담는 상자"를 만들 것을 권한다. 아이가 일어나고 고무젖꼭지를 쓸 수 있는 시간이 끝나면 아이 스스로 고무젖꼭지를 상자 안에 넣도록 한다. 그런 다음에 그 상자를 옷장 안의 높은 선반 위에 놓는다. 그러면서 아이에게 좋아하는 음식 강화제나 장난감을 제공하는 것이 좋다. "자, 여기 쪽쪽이 상자가 있네. 쪽쪽이 상장에 넣고 쿠키 먹자. 그리고 우리 상자를 선반 위에 높이 올려놓자."라고 말할 수 있다. 만약 아이가 고무젖꼭지를 요구하거나, 울거나, 징징거린다면, "아니, 그건 낮잠 시간에만 쓸 수 있어. 낮잠 잘 때 줄 거야. 자, 나가서 기차 가지고 놀자!"라고 말해 준다.

5. 젖병의 경우, 젖병에는 가장 선호하지 않는 음료를 담고 컵에는 가장 선호하는 음료를 담아 준다. 젖병을 쓰지 않고 컵을 사용할 때에는 아이에게 가장 강화가 될 수 있는 장난감이나 음식을 함께 제시해서 컵과 페어링이 될 수 있도록 한다. 이때 젖병은 눈에 띄지 않아야 한다. 만약 아이가 울거나 젖병을 달라고 한다면, 당신은 "아니, 젖병은 밤에만 줄 거야."라고 말한다. 일단 아이가 진정되어 울지 않으면, "여기서 골라보자."와 같은 말을 한다. 그런 다음, 아이가 가장 좋아하는 캐릭터, 장난감 또는 쉽게 먹을 수 있는 음식과 함께 컵을 제공한다. 아이는 첫날이나 이튿날까지는 힘들어하겠지만, 당신이 계속해서 시도한다면 아이는 젖병을 떼는 과정을 빠르게 이해할 것이다.

6. 힘들겠지만 아이가 울어도 고무젖꼭지나 젖병을 정해진 시간 이외에는 주지 말아야 한다. 그렇다, 나는 무언가를 시키기 위해 아이를 오랫동안 울리는 것을 좋아하지 않는다. 하지만 만약 당신이 아이가 울 때 강화제를 제공한다면, 당신은 아이가 앞으로도 계속해서 그렇게 하도록 만드는 것이다. 울지 않도록 젖병과 고무젖꼭지를 눈에 띄지 않게 하고, 울지 않을 때만 다른 강화제(다른 컵이나 심지어 가장 좋아하는 장난감)를 제공한다.

7. 어떤 경우에서든, 아이들이 낮이나 밤에 언제든지 원하는 대로 고무젖꼭지나 젖병을 손에 넣으면 안 된다. 아이들이 경계선을 넘지 않도록 당신은 도와야 한다!

8. 당신의 아이가 완전히 떼게 될 때까지 고무젖꼭지와 젖병의 사용을 점진적으로 줄여간다.

식이 중재

우선 아이는 모든 간식과 식사를 식탁에서 먹어야 한다. 이는 소파에 앉아 시리얼을 먹거나 음식을 돌아다니면서 조금씩 자주 먹게 하지 말라는 뜻이다. 이러한 시도는 당신과 아이 모두에게 커다란 변화일 수 있으므로, 당신의 최우선 과제는 아이가 착석하여 대부분의 음식을 먹도록 하는 것이다. 당신은 아이에게 식사, 간식 그리고 테이블 활동 시간에 쉬운 목록의 음식만을 줌으로써 아이가 돌아다니지 않고 앉아서 먹게 할 수 있다.

식사와 식사 사이에 먹는 간식 특히 식사 전후 1시간 동안은 간식을 제한한다. 아이가 간식으로 배를 채우면 아이에게 먹이고 싶은 더 영양가 있는 음식을 먹을 만큼 배가 고프지 않을 것이다. 아이가 하루 종일 원하는 음식을 쉽게 먹거나 자주 먹는 것을 멈춰야 한다. 물론 아이를 굶기라는 뜻이 아니며 아이가 하루 종일 패스트푸드로 배를 채우면, 아이는 새로운 음식을 먹어 보고 싶지 않을 것이기 때문이다.

아이가 2세 미만이라면 식사시간에 유아용 식탁 의자에 앉히는 것이 이치에 맞는다. 하지만 일단 아이가 두 살이 되면, 신체적인 장애나 심각한 지연이 없는 한, 아이를 아기 식탁 의자에서 부스터 시트(booster seat. 단독으로 사용하거나 아기 식탁 의자 또는 일반 의자에 탈착하여 사용할 수 있는 보조 의자.—역주)로 그리고 최종적으로 일반 의자로 전환하는 게 좋다. 나는 배우게 하기 위해 아이를 가두는 것을 좋아하지 않는 것처럼, 아이들이 먹을 때 몸을 묶어 두는 것을 좋아하지 않는다. 아이가 주방 안 식탁에서 식사하는 데 어려워한다면, 아이가 좋아하는 퍼즐과 게임을 사용하여 테이블 활동에 페어링했던 것처럼 식탁에도 적용해 본다. 어떤 공간이나 학습자료 또는 사람이나 장소도 강화제를 사용하여 페어링 또는 리페어링 할 수 있다는 것을 기억해야 한다!

음식을 줄 때는 아이가 포장이나 브랜드를 알아보지 못하도록 음식만 꺼내서 준다. 예를 들어, 아이가 특정한 요거트만 먹는다면, 요거트를 그릇에 담아 준다. 또한, 어떠한 무늬도 없는 색깔이 화려하지 않은 무채색 그릇을 사용한다. 음식이나 그것을 담을 그릇 모두 특정한 표시가 나지 않도록 함으로써 아이가 특정 브랜드나 접시에 집착하는 것을 방지할 수 있다. 이렇게 하면 아이의 식단을 확장하기 위해 다른 브랜드를 먹여 볼 수 있을 것이다. 결과적으로, 아이는 식당과 어린이집 그리고 나중에 학교에서 훨씬 더 잘 먹을 수 있게 될 것이다.

나는 잭이라는 남자아이를 중재한 적이 있는데, 잭은 4살이었는데도 여전히 이유식만 먹고 있었다. 잭의 엄마가 아이에게 과일과 채소 그리고 단백질을 섭취할 수 있게 하는 유일한 방법은 이유식뿐이었다. 그녀는 매우 값비싼 이유식을 일주일에 거의 50병을 먹였다. 잭에게 이유식이 아닌 다른 음식을 먹이려는 시도에서 잭의 엄마는 이유식을 아무런 무늬가 없는 무채색 그릇에 담아내는 것부터 시도했다. 잭이 익숙해진 뒤, 그녀는 적어도 몇 번 씹어 넘겨야 하는 부드러운 음식부터 시작해서 다른 음식들을 새로 먹여 볼 수 있었다.

가능한 한 영양소를 늘리도록 노력한다. 만약 아이가 쉽게 먹을 수 있는 채소가 있다면, 모든 식사시간 동안 그리고 간식을 먹을 때에도 하루 종일 그 채소를 제공한다. 만약 영양가 있는 음식이 쉬운 음식 목록에 없다면, 아이가 가장 좋아하는 쉬운 음식 사이에 중간 정도의 음식 목록에 있는 채소나 고기를 강화제와 함께 제공해 본다. 만약 아이의 음식 리스트 중 쉬운 목록이나 중간 목록에 영양가 있는 음식이 없다면, 먹이기 어려운 목록에 있는 영양가 있는 음식을 먹여 보기 전에 천천히 중간 목록에 속한 음식을 점진적으로 더 많이 접하게 해야 할 것이다.

점진적으로 쉬운 음식들 사이에 중간 정도의 음식들을 선보여 본다. 아이가 쉽게 먹을 수 있는 쉬운 음식과 비슷한 모양과 식감을 가진 새로운 음식을 먼저 먹여 보면 된다. 그런 다음 어느 정도 성공적이라고 생각된다면, 어려운 음식들을 섞기 시작한다. 예를 들어, 만약 아이가 블루베리와 요거트를 흔쾌히 먹는다면, 블루베리 요거트를 줘 보고 그다음에는 블루베리 팬케이크를 소개해 본다. 셀러리를 기꺼이 먹는다면, 애호박을 길게 썰어서 먹여 본다. 아몬드 우유만 마시고 글루텐이 없는 크래커와 맥도날드 감자튀김만을 먹었던 빌리의 경우, 우리는 집에서 감자튀김을 함께 만드는 것부터 시작했다. 곧, 그 감자튀김은 아이가 쉽게 먹을 수 있는 쉬운 음식 중 하나가 되었다.

아이가 부드러운 음식을 쉽게 먹을 수 있다면 처음에는 고기와 채소를 갈아 퓌레로 만들어 먹여 본다. 스무디 또한 아이에게 빨대로 더 걸쭉한 액체를 빨도록 가르치는 동시에 채소를 식단에 몰래 넣는 좋은 방법이 될 수 있다. 하지만 일단 아이가 씹을 수 있을 만큼 나이가 들면, 아이의 해당 근육과 기술을 발달시키기 위해 음식 씹기를 시작할 필요가 있다. 그리고 당신이 이제는 익히 알고 있듯이, 씹기는 식이와 말하기 모두를 향상시키는 데 중요하다!

식사하는 동안, 당신은 아이에게 긍정적이며 짧고 다정하게 말해야 한다. 간단히 "한 번 먹어 봐."라고 말한다. 만약 아이가 덜 좋아하는 음식을 먹었다면, 그다음에 쉬운 음식을 한 입 먹도록 하거나 30초짜리 비디오처럼 다른 형태의 강화제를 제공할 수도 있다. 아이가 중간 정도의(또는 어려운) 음식을 한 입 먹을 때마다 강화제를 제공하는 게 번거롭게 느껴질 수 있지만, 이 방법은 효과적이다. 시간이 지남에 따라, 처음 시도했을 때만큼 많은 강화제은 필요치 않을 것이다.

아이에게 부정적이고 위협적이며 강압적으로 대해서는 안 된다. 아이에게 특정 음식을 **먹을 수 없다**고 말하는 대신, 다른 음식을 **먹어도 된다**고 말해야 한다. "이거 한 입만 먹으면 네가 좋아하는 파스타 줄게."와 같은 말로 흥정하면 안 된다. 쉬운 음식을 한 입 먹인 후, 중간 정도의 음식 한두 입을 계속해서 번갈아 가며 먹이면 된다. 만약 아이가 여전히 중간 정도의 음식을 거부한다면, 다음 식사에는 다른 음식을 먹여 본다. 아이가 식사를 거부한다면 식사를 짧게 하여, 다음 식사나 간식을 먹을 때쯤에는 더 배가 고프게 한다.

아이가 중간 정도의 음식을 입에 대지도 않아 식사를 걸렀다고 해서 아이에게 특별한 음식을 주고 싶은 충동이 들어도 참아야 한다. 이런 이유로 아이에게 좋아하는 음식을 준다면 앞으로 싫어하는 음식을 거부하는 행동을 증가시키는 결과를 가져올 것이기 때문이다. *Treating Eating Problems and Broccoli Boot Camp*(2007)를 공저한 국제행동분석전문가이자 식이 전문가인 키스 윌리엄스는 자신이 담당한 아이의 엄마에게 "아이는 시들어 가는 꽃이 아니며, 식사 한 끼를 놓친다고 굶어 죽지는 않을 거예요."라고 말한 적이 있다. 나는 그의 말이 머릿속을 떠나지 않는다.

당신이 인내심을 가지고 이 중재 계획을 따른다면 아이가 얼마나 빨리 발전하는지 놀라게 될 것이다.

아이에게 식사도구 사용법 가르치기

숟가락질은 늦어도 18개월쯤에는 가능해지고 포크와 나이프 사용은 30-48개월 아이들에게 발달적으로 적합하다. 아이가 현저하게 지연되고, 여전히 심한 편식으로 어려움을 겪고 있으며, 영양가 있는 음식을 충분히 섭취하지 못한다면, 나는 그 문제들을 먼저 해결할 것이다. 아이에게 식사도구를 독립적으로 사용하도록 가르치는 것은 나중에 할 수 있다. 아이가 뚜껑이 없는 컵과 빨대로 마실 수 있는지 그리고 당신이 아이에게 음식을 먹일 때 아이가 숟가락과 포크에 있는 음식을 입으로 빨아들이거나 받아먹을 수 있는지 확인하는 것이 훨씬 더 중요하다.

당신의 계획에 식사도구 사용 교육을 추가할 준비가 되었으면 아이 뒤에 서서 숟가락으로 음식을 퍼 올리거나 포크로 찌를 수 있도록 아이의 손을 잡고 알려 주는 것이 좋다. 숟가락과 포크 사용을 익힌 다음에는 무딘 식사용 나이프로 음식을 자르는 방법을 보여 준다.

루카스에게 식사용 나이프 사용법을 가르치려고 했을 때 우리 가정에서는 어른 네 명이 모여 나이프 사용법에 대해 토론했었다. "당신은 치킨을 어떻게 잘라요?" 우리는 우리 모두 각자 다른 방식으로 나이프를 사용하고 있다는 것만 알아냈다. 나는 오른손잡이이고 나머지 네 명 중 한 명은 왼손잡이였다. 한 사람은 포크의 뒷면을 사용하고 나는 앞면을 사용했다. "아이에게 닭고기를 다 잘라서 먹게 해야 할까요, 아니면 한 번에 한 조각씩 잘라 먹게 할까요?" 아이에게 음식 자르는 법을 가르치는 것이 그렇게 복잡할 줄 누가 알았을까?

나는 당신의 아이에게 당신과 같은 방식으로 음식을 자르도록 가르치는 것을 추천한다. 당신과 배우자가 다른 방식으로 자른다면, 어떻게 가르칠지를 결정하고 그것을 고수해야 한다.(물론 당신이 왼손잡이고 아이가 오른손잡이라면 당신이 오른손잡이에 맞게 수정해야 한다.)

평가, 재평가와 새로운 계획 수립

모든 유형의 행동이 그렇듯이, 계획이 어떻게 잘 진행되고 있는지 주기적으로 평가해야 한다. 아이가 더 많은 음식, 특히 영양가가 높은 음식을 먹기 시작했는가? 아이는 빨대 사용법을 배우고 있는가? 아이의 목록에 있는 "중간 정도의" 음식이 "쉬운" 음식이 되어 가고 있고, 식사시간은 점점 즐거운 시간이 되어 가고 있는가? 그렇지 않은 경우 새로운 평가를 수행하여 그 사이 달라진 점이 있는지 확인해 본다. 그런 다음 이 장의 전략을 다시 한 번 검토한 후 새로운 계획을 수립한다.

식이와 영양 섭취 개선에 주력하는 것은 우리 중 많은 사람들에게 평생의 목표이며 확실히 한 번으로 끝날 일은 아니다. 나는 음식을 먹는 것이 최우선 사항이라고 생각하지만, 모든 것을 한 번에 할 수는 없다.

당신과 아이에게 현재, 수면을 개선하는 것이 음식 문제를 해결하는 것보다 더 중요한 우선순위일 수 있으니, 그 중요한 주제로 넘어가 보기로 하자.

11

잠 못 드는 밤은 이제 그만: 수면장애 해결하기

　루카스가 2살부터 10살이 될 때까지 8년이라는 기간 동안 우리는 거의 대부분의 밤을 음악 침대라는 게임을 하며 지냈다. 루카스는 잠자리에 들기 전에 멜라토닌(처방전 없이 살 수 있는 수면유도제)을 복용했지만 한밤중에 깨는 일이 잦았다. 일단 잠에서 깨어나면 대부분의 경우 루카스는 자기 침실에서 나와 우리 침대로 뛰어 들어와 잠을 청했다. 만약 우리가 루카스를 자기 침실로 다시 데려가려고 하면 몇 시간씩 깨어 있거나 과잉행동을 보였으며 나는 가끔 새벽 2시부터 5시까지 루카스와 함께 밤을 지새워야 했다.

　10살이 된 루카스의 몸무게는 45kg을 넘어선 지 오래였다. 이 때문에 나는 루카스가 침대 한가운데로 들어가려고 나를 넘어갈 때마다 다칠까 봐 걱정이 되기 시작했다. 내가 잠에 빠져 있을 때 루카스는 예고도 없이 45kg의 몸으로 툭 치며 다가오곤 했다.

　많은 밤을 우리는 깨어 있는 상태로 밤을 지새우든가 아니면 루카스가 자신의 침대에서 그저 누워만 있는지 아니면 실제로 자고 있는지를 확인하기 위해 들여다보는 것 중 하나를 선택해야 했다. 그것도 아니라면 루카스가 쉽게 빨리 잠드는 우리 침대에서 자도록 허락할 것인지……. 어느 쪽이었든, 우리 집에서는 양질의 수면을 취할 수 있는 날이 많지 않았다. ─8년 동안이나!

나는 두 아들에게 모유 수유를 했기 때문에, 아이들 중 한 명이 아기일 때 내 침대에서 함께 자는 것이 드문 일은 아니었다. "함께 잠들기"는 논란의 여지가 있으며 추천할 만한 일은 아니지만 일반적인 일이다. 일부 가족과 문화권에서는 "가족 침대"에서 몇 년을 함께 자기도 한다.

아기가 어디에서 자든 상관없이 대부분의 부모들은 아이가 아기일 때 밤중 수유로 수면 부족을 겪는다. 그러나 이유식을 먹기 시작하고 밤중 수유가 없어지는 생후 6개월에서 1년을 기점으로 이 수면 부족의 시기가 더 이상 이어지지 않을 것이라고 다들 기대한다.

남편은 의사로 일하고 있었고 나는 18개월 터울의 두 어린 아들을 두었기 때문에, 아이들이 각자 자기 침대에서 밤새 잠을 잘 수 있게 되리라는 것은 꿈 같은 일이었지만(의도된 말장난이다!) 나도 그 시기를 기다리고 있었다. 그러나 1999년 하반기, 루카스가 자폐 진단을 받고 스펜서는 여전히 24시간 모유 수유를 하던 시절, 나는 각자의 침대에서 잔다는 목표를 어떻게 달성해야 할지 갈피를 잡을 수 없었다. 이것이 이후 8년간 내가 어디로 여행을 가지 않는 한은 늘 밤을 새우며 고생한 이유이다. 내가 자폐 학회에 참석한 이유에는 루카스를 어떻게 도울지 배우려는 것 외에 사실 가끔은 호텔 침대에서 편안하게 자려는 목적도 있었다.

만약 당신의 아이가 자폐나 다른 발달장애를 진단받았다면, 루카스처럼 3, 4, 5세 혹은 그보다 더 나이가 들더라도 아이가 자신의 침대에서 자지 못한다는 것을 알게 될 것이다. 키어스틴 워스(Kirsten Wirth)는 *How to Get Your Child to Go to Sleep and Stay Asleep*이라는 책에서 수면장애는 모든 아이들이 겪을 수 있는 흔한 문제라고 밝혔다. 사실, 전형적인 아이들 중 15-40%도 특정 상황에서 수면장애를 겪는다. 장애 아동의 경우는 85%로 훨씬 높은 비율을 보인다.

수많은 연구들은 적절한 수면을 취하지 못하는 것이 심각한 일이라는 것을 보여 준다. 수면 부족은 우리에게 면역 질환, 당뇨병, 비만, 심장 질환, 기분장애 등과 그 외 다양한 문제들을 일으킬 위험이 더 높으며 평균 수명을 줄어들게 할 수도 있다. 더구나 자폐가 있는 아이들은 충분한 수면을 취하지 못할 경우 도전적 행동과 학습에 어려움을 보일 가능성이 더 커진다.

계속해서 충분히 잠을 자지 못하게 된다면, 당신이나 아이 또는 가정 내의 다른 사람들의 건강이 나빠질 수 있다. 특히, 다른 아이와 같은 방을 쓰는 경우는 더욱 심각해진다. 이 경우, 형제자매들도 위험할 정도로 잠을 자지 못하게 될 수도 있다.

만약 당신이 현재 아이가 받은 진단과 탠트럼, 배변 훈련, 안전, 언어 발달, 사회적 기술과 그 외 다른 것들을 중재하고 있는 부모라고 생각해 보자. 아이 때문에 잠을 너무 적게 자고 있다면, 어떻게 이 모든 일들을 다 할 수 있겠는가? 그리하여 몇 달 동안(혹은 몇 년) 한밤중에 당신의 침대에서 아이를 같이 재운다거나 아이를 차에 태우고 "재우기 위한 운전"을 하는 것처럼 장기적으로 보면 상황을 더 악화시키는 일일지라도 당장 아이를 잠들게 하기 위해서라면 당신은 무엇이든 필사적으로 시도를 하게 될 것이다.

그래서 수면 문제는 종종 아이가 혼자 잠이 들 수 있을 만큼 나이가 들면 바로 해결해야만 하는 아이들 세계의 비상사태이다.

루카스와 함께했던 어린 시절 동안, 루카스의 수면 문제는 대부분 내가 떠안아야 했다. 어찌 됐든 나는 집 안에서 일을 했고 남편은 응급의학과의사였다. 그의 직업상 집에서 잘 쉬지 않으면 환자들의 생명이 위험해질 수도 있었다.

루카스가 7살이 되던 해 나는 국제행동분석전문가가 되었다. 하지만 이렇게 내가 공부를 하고 경력을 쌓았음에도 나는 잠이 너무 부족해서 루카스의 수면 문제(더 나아가 우리 가족의 수면 문제)를 해결할 방법을 객관적으로 찾아볼 명료함과 에너지를 갖추지 못했다.

루카스가 10살 무렵 나는 『우리 아이 언어 발달 ABA 치료 프로그램』을 쓰고 있었다. 이때 남편은 나에게 "당신이 무엇을 쓰든지 간에 잠에 대한 조언은 한 마디도 할 수 없을 거야. 왜냐하면 우리 가족도 아직 루카스의 수면 문제를 해결하지 못했잖아."라고 말했다. 그의 말은 꼭 들어맞았다. 그 책에서 나는 수면에 대한 조언은 단 한 마디도 언급하지 않았다.

하지만 2007년 그 책이 출간된 직후, 나는 더 나은 길로 들어서는 첫발을 내딛게 되었다. 오하이오주에서 열린 하루 종일 이루어지는 워크숍 중에 동료 행동분석전문가와 저녁을 먹게 된 적이 있었다. 나는 그녀에게 내 전문 분야인 루카스의 언어와 행동에 대해 말했다.

그러자 그녀는 루카스의 수면에 대해 질문을 던졌다. 나는 수면이 우리 가정에게 있어 진정 힘든 도전 과제라는 것을 지체 없이 인정했다. 그 후 대화에서 그녀가 수면 문제의 전문가라는 것이 밝혀졌다! 루카스의 수면 패턴과 우리가 시도했던 방법들에 대해 털어놓자 그녀는 그중 어느 것도 적절한 대처가 아니라고 말했다. 놀랄 일도 아니었다.

그녀는 다음과 같은 확고한 지침을 알려 주었다. (1) 루카스를 우리 침대에 들어오게 해서는 안 된다. (2) 침실 문을 잠가라. (3) 루카스가 우리 방에 들어오려고 하면 자기 방으로 데려다줘야 한다. (4) 루카스가 방에서 TV를 보지 못하게 해야 한다.(루카스가 TV를 보면 바로 잠이 들더라도.)

집에 돌아온 나는 그녀의 전략들을 시도할 계획을 세웠다. 먼저, 나는 루카스에게 이렇게 설명했다. "엄마는 이제 밤이 되면 침실 문을 잠글 거야. 그리고 밤에는 너의 방에서 계속 자야 해. 그렇게 하면 아침에 특별한 쿠키를 먹게 해 줄게." 루카스가 그 순간 그 말을 전부 이해하진 못했겠지만 첫날 밤에 연습하면서 내 말을 이해하는 데 시간이 오래 걸린 것은 아니었다.

첫날 밤, 루카스는 침대에서 세 번이나 일어나 나와 내 방의 잠긴 문손잡이를 덜컹거리며 노크했다. 그래서 나는 그때마다 침실에서 나와 루카스를 데리고 다시 루카스의 방 침대로 가서 자기 방 침대에서 밤새 자면 아침에 특별 쿠키를 먹을 수 있다는 사실을 다시 상기시키고, 아이에게 잘 자라고 뽀뽀를 해 준 뒤, 침실로 돌아와 문을 잠그고, 다시 잠이 들었다. 나는 시계를 보면서 루카스가 문을 두드리는 시간과 방으로 돌아가는 동안 어떤 도전적 행동도 하지 않았다는 사실도 달력에(6장에서 다룬) 적어 두었다.

두 번째 밤, 루카스는 내 방으로 두 번을 찾아왔다. 세 번째 밤에는 단 한 번 찾아왔을 뿐이었다. 그 후로 루카스는 단 한 번도 한밤중에 내 방에 찾아오지 않았다. 8년을 잠을 못 자고 고생했는데 이 간단한 중재로 3일 만에 이 모든 문제가 해결되었다! 나는 이 문제를 그 긴 시간 내버려 둔 것에 대해 자책했다.

루카스의 문제를 함께 해결한 이후로, 나는 다양한 종류의 수면 문제들을 해결해야 하는 어린아이를 둔 많은 가족이나 부모들과 함께 이 문제들을 해결해 나갔다.

자신만의 수면 중재법을 개발하라

다시 강조하지만, 모든 것은 진단평가에서부터 시작한다. 물론 수면 부족에 시달리고 있다면 더 이상의 진단평가를 하고 싶지 않겠지만, 이런 진단평가를 빼놓지 않고 하는 것이 극도로 짧은 수면 주기에서 벗어나는 작은 첫발을 내딛는 일이다. 이 책을 읽으면서 실시한 그동안의 진단평가가 수면 문제에서도 어느 정도 도움이 될 것이다. 예를 들어, 아이가 목욕시간이나 취침시간에 탠트럼을 한다면, 탠트럼에 관해 다룬 장에서 배운 것을 바탕으로 한 평가와 중재가 수면 문제를 해결하는 데도 도움을 줄 것이다. 그러나 취침시간에 나타나는 문제들 중에 아이의 잠을 자는 능력에 영향을 끼치는 요인이 있으므로 취침시간에 구체적으로 어떤 일이 일어나는지 이해하는 것은 중요하다.

아래의 목록은 아이의 수면 습관에 대해 스스로 묻고 대답할 질문들이다. 답을 종이나 컴퓨터에 작성하도록 한다.(TurnAutismAround.com에서 양식을 받으시오.)

수면 문제의 개선 사항뿐 아니라 수면의 중요한 패턴을 보려면 진행 상황을 계속 기록해야 한다.

수면평가 질문지

1. 아이가 24시간 동안 취하는 총 수면시간은 평균적으로 어떠한가?

밤새도록, 잠이 드는 시간: _____

일어나는 시간: _____

낮잠(해당되는 경우): 시작시간: _____ 종료시간: _____

2. 아이가 자는 곳에 대해 적으시오.

방은 안전한가?

(가구가 떨어질 가능성은 없는가? 블라인드에 줄이 달려 있지 않은가? 창문은 잘 잠겨 있는가? 등)

아이가 유아용 침대, 트윈 침대, 다른 사람과 방이나 침대를 함께 쓰는가?

만약 낮잠을 잔다면, 어디에서 자는가?

3. 아이의 현재 취침시간 루틴에 포함되는 것은 무엇인가?

아이가 자기 전에 먹는 과자나 약이나 보충제가 있는가?

아이가 자기 전에 샤워하거나 목욕을 하고 이를 닦고 화장실에 가는가?

아이가 잘 때 가지고 있어야 하는 고무젖꼭지나 특별한 동물 인형이나 담요가 있는가?

아이가 자기 전에 태블릿을 사용하거나 음악을 듣거나 TV를 보는가?

아이가 잠들 때까지 책을 읽어 주거나 옆에 눕거나 앉아 있어 주는가?

아이가 소파에서 잠이 들면 아이를 침대에 안아다 주는가?

4. 아이가 가지고 있는 수면 문제에 대해 적으시오.

아이가 잠이 들기까지 보통 시간이 얼마 정도 걸리는가?

아이가 한밤중에 잠에서 깨어나면 어떻게 하는가?

당신만의 수면 계획을 만들어 보라

당신의 목표가 아이를 자기 침대에서 밤새 잠들도록 하는 것이라면, 이것을 가능하게 하는 유일한 방법은 전체 평가를 완료한 후 새로운 취침시간 루틴을 확립하는 것이다. 가능하다면 초기 수면 계획을 실행할 때 한 명의 부모가 계획을 주도할 것을 추천한다. 아이가 며칠 밤 또는 몇 주 동안 계획에 성공했다면 아이를 돌보는 모든 사람들이 확립된 취침시간의 순서를 따를 수 있게 훈련하여 쉽게 수행하게 해야 한다. 물론 당신의 계획이 효과를 보일 때까지 약간의 시행착오가 있을 것이다.

나의 추천 사항은 다음 과 같다.

무엇보다도 안전을 보장하라

아이가 집을 떠나지 못하도록 하는 것과 자신이나 남을 상처 입히거나 물건들을 파괴하지 못하도록 하는 것은 중요한 일이다. 이런 안전을 보장하기 위해서 가구에서 떨어지거나 서랍을 기어 올라갈 수 없도록 아이의 방에서 가구를 모두 없애거나 볼트로 벽에 고정(모든 침실에 적용하는 것이 좋다.)시켜야 할 수도 있다. 그리고 밤새 잠을 잘 때까지 바닥에 매트리스만 남겨 두어야 할 수도 있다. 다소 가혹해 보일 수도 있다는 것은 알지만, 수면은 부모와 아이 모두에게 중요한 일이기 때문에 안전과 숙면을 보장하기 위한 모든 필요한 조치를 해야 한다.

필요하다면 아기 침대에서 보통 침대로 바꿔 주어라

아이가 만약 아기 침대에서 잘 자면 난간을 넘어서 나오려고 하지 않는 한 3살까지 침대를 옮겨 줄 필요는 없다. 일단 배변 훈련을 하기 시작하면 밤에 화장실까지 스스로 나와 걸어갈 수 있는 침대가 더 좋다. 아기 침대에서 보통 침대로 바꿀 때 재미있는 이벤트로 만들어 주어라. 아이에게 줄 침대, 새로운 시트 그리고 새로운 동물 인형이나 담요를 아이와 함께 가서 쇼핑해라.

낮잠을 자지 않거나 시간을 줄이자

대부분의 아이들은 2살이 되면 오전 낮잠을 자지 않게 되고 오후 낮잠은 3살에서 6살 사이에 그만두게 된다. 어떤 아이들은(자폐이든 아니든) 낮잠을 자면 밤에 잠을 잘 자지 못한다. 아이가 오후에 낮잠을 잔다면 늦어도 오후 3시 전에는 깨워야 한다. 오후 3시에 잠이 들어서 5시까지 낮잠을 자면 8시나 9시에 잠을 이루지 못할 가능성이 크다. 또 낮잠은 60분에서 90분 또는 그보다 더 짧게 자도록 제한한다. 소아청소년과의사는 일반적으로 1-3살 사이의 아이에게 24시간 중 총 12-14시간 동안 잠을 잘 것을 권장한다. 3살이 되면 대부분의 아이들은 총 수면시간을 10-12시간으로 줄일 수 있다.(낮잠 포함.)

당신은 아이의 낮잠 시간이 당신의 **유일한** 휴식이라고 생각할 수도 있다. 또 아이가 어린이집에 다니는 경우, 낮잠은 일반적으로 아기부터 미취학 아동(3-6세)에 이르기까지 필요한 활동이다. 이 두 경우 모두 낮잠 시간을 "조용한 시간"으로 전환하는 것이 좋은 선택이다. 이 일이 가능하려면 아이의 침실이 안전해야 하고 그 시간 동안 조용히 놀 수 있는 조용한 장난감과 책을 선택해서 침실에 넣어 주어야 한다. 나는 조용한 시간에 가지고 놀 장난감과 책을 상자에 보관하고, 이 물건들을 정기적으로 바꿔 주었다. 이렇게 하면 이 물건들은 다른 시간에는 사용하지 못함으로써 특별한 물건으로 남아 수면 시간에 대한 거부감을 줄이는 데 도움이 된다.

젖병과 고무젖꼭지가 아이의 잠을 방해한다면 끊는 것을 고려하라

식이에 관해 다루었던 지난 장에서 우리는 젖병과 고무젖꼭지를 유아에게 사용하는 것이 왜 문제인지에 대해 알아보았다. 그리고 어떻게 아이에게 이런 습관을 끊게 할 수 있을지에 대한 몇몇 방안을 배웠다. 젖병과 고무젖꼭지가 아이의 수면을 방해한다면 이 것들을 끊어야 할 이유가 한 가지 더 생기는 셈이다. 대부분의 아이들은 이것들을 한살이 되면 끊는데 많은 부모들은 이때 떼지 못하면 점점 더 떼기가 힘들어진다는 것을 알게 된다. 아기나 나이가 든 아이가 우유나 주스 병을 입에 문 채 잠든다면 충치가 유발될 수 있다. 액체가 입안에 고여 이를 상하게 하기 때문이다. 그리고 아이가 한밤중에 병이 비었다며 깨어나서 잠이 들기 위해 다른 병을 더 달라고 할 수도 있다. 아이의 자폐 여부와 관계없이 어느 시점이 되면 밤중 수유를 끊고 이유식을 해야 한다.

식이에 관한 장에서 언급했듯이, 고무젖꼭지를 너무 오래 사용한다면 치아와 입에 문제가 생길 수도 있다. 취침시간에 특별한 담요나 동물 인형을 주는 것이 젖병과 고무젖꼭지를 끊는 데 도움이 될 수 있다. 그러면 아이가 한밤중에 깨어나더라도, 아이를 안정시켜 잠들도록 도와주던 물건은 여전히 있으므로 아이가 다시 잠들 수 있다.

식습관을 바꾸고 자극적인 음식을 피하라

저녁 식사 후 음료 섭취를 제한하고, 아이에게 매운 음식이나 기름진 음식뿐 아니라 위를 자극하는 모든 음식물을 먹이지 않도록 하라. 오후와 저녁 시간에는 아이에게 종합비타민 보충제를 주지 말아라. 우리가 여기서 다루고 있는 대상은 아이들이므로 카페인은 완전히 피해야 하며 사탕이나 식용 색소들을 피하는 것도 잠을 더욱 쉽게 잠을 이루게 할 것이다.

아이의 침실을 자는 공간으로 만들어라

침실을 뛰어다니거나, 부모와 형제들과 레슬링을 한다거나, 간지럽힌다거나, TV를 보거나, 태블릿 같은 전자기기나 장난감을 가지고 노는 장소로 만들어서는 안 된다. 아이가 한밤중에 일어나 놀기 쉽다면, 특히 장난감과 책으로 밤에 다칠 수 있다면 장난감과 책을 침실이나 다른 방으로 치워 두어라. 현재 방에 TV가 없고 전자제품을 두는 것을 허락하지 않고 있다면 앞으로도 그렇게 할 것을 강력히 추천한다. 만약 루카스처럼 아이가 자는 방에 이미 TV를 두고 있다면 적어도 일시적으로는 그대로 유지하는 것이 좋다. TV가 방에 있다면 리모컨을 이용해서 수면 타이머로 자는 동안에는 볼 수 없도록 통제하도록 한다. 화면에서 빛이 나오는 휴대용 장치는 수면 문제를 일으키는 것으로 알려져 있으며 자동으로 통제하거나 끄는 것이 더욱 어렵다. 그러나 TV처럼, 태블릿이나 다른 전자제품이 이미 취침시간 루틴의 일부가 되어 있다면 점차적으로 제거하는 것이 더 나을 것이다.

취침시간에는 부엌과 거실을 못 오게 하라

아이가 욕실이나 침실에 있다면 간식을 먹거나 전자제품을 쓰기 위해 거실이나 부엌으로 다시 나오지 못하게 하는 것이 중요하다. 내가 루카스에게 그랬던 것처럼 아이 방이나 계단 꼭대기에 차단문을 달거나 침실 문을 잠가야 할 수도 있다.

아이와 함께 잠자리에 들지 마라

일단 당신이 아이의 취침시간 루틴의 일부가 되어 있다면, 변화를 주기는 더욱 어려워진다. 이미 아이와 함께 잠을 자고 있다면 침대 가장자리에 앉거나 침대 옆에 있는 의자에 앉는 것으로 바꿀 필요가 있다. 필요하다면, 아이가 혼자 있는 걸 견딜 수 있을 때까지 방 안에 있는 간이침대나 에어 매트리스에 아이와 따로 누워도 좋다. 만약 당신의 방에서 자고 싶다면, 아이가 혼자 잠들 수 있을 때까지 쭉 이렇게 해라.

아이가 거실 소파에서 잠들게 하지 마라

아이가 거실에서 잠든 후 침대로 안고 가서 눕히는 수면 방식이 있다면, 그 방식에서 벗어날 계획을 세우는 것이 좋다. 머지않아, 아이는 부모가 안아 옮기기에 너무 무거워질 것이다! 게다가 아이가 한밤중에 소파가 아닌 침대에서 깨어난다면, 다른 환경에서 깨어났기 때문에 다시 거실로 돌아가려고 할 수도 있다. 수면시간 동안 같은 환경에서 자고 일어나는 것이 가장 좋다.

아이를 안전하게 지킬 수 있도록 차단문을 설치하라

아이가 한밤중에 잘 깬다면 방을 나가거나 아래층을 헤매는 것을 막기 위해 계단 꼭대기나 아이 침실 입구에 차단문을 설치해야 할 수도 있다. 배변 훈련을 받지 않은 아이들을 위해 나는 보통 그들의 방에 차단문을 설치할 것을 권한다. 밤에 화장실을 가기도 하는 더 나이가 많은 아이의 경우 계단 꼭대기 또는 집의 다른 부분에 차단문을 설치하는 것이 좋다.

배변 훈련을 시작하지 않았다면 밤에 기저귀를 갈아야 한다

아이들을 깨끗하고 건조하게 유지시키는 것은 중요한 일이다. 그래서 밤에 잠에서 깨어났을 때 아이의 기저귀가 젖었거나 더러워져 있다면 기저귀를 갈아 주어 피부에 자극이 가지 않도록 해 주면 다시 더 쉽게 잠들 수 있다. 기저귀가 흠뻑 젖는 것이 밤에 일어나는 문제를 야기하는 것처럼 보인다면, 자기 전에 액체류를 마시는 것을 제한하고 다음 장에서 배울 배변 훈련 전략을 사용해야 할 수도 있다.

멜라토닌에 대해 알아보아라

좋은 취침시간 루틴을 만들었지만 아이가 여전히 잠들기 힘들어한다면 멜라토닌과 같은 보충제에 대해 의사와 상담해 본다. 멜라토닌은 체내에서 생성되는 자연 호르몬으로, 연구에 따르면 자폐 아이들에게는 충분히 생성되지 않을 수도 있다. 이 보충제의 장기적 효과가 아직 다 밝혀지지 않았으므로 복용량에 각별히 주의해야 함을 기억하라. 1999년 루카스를 진단한 소아청소년과의사는 초기에 루카스의 극심한 수면 문제를 해결하기 위해 멜라토닌을 시도해 볼 것을 권했다. 내가 만났던 아이들 중 멜라토닌을 복용했던 아이들 중 일부는 역효과로 나쁜 꿈을 꾸거나 밤에 자주 깨는 부작용을 겪었다는 점도 유념해야 한다.

아이가 밤에 깨어났을 때 침착하고 일관되게 반응하라

아이가 울든, 차단문에서 걸어 나오든, 문을 두드리든, 차분하게 아이를 자기 방으로 데려다주면서 "아, 잠에서 깼구나. 침대로 돌아가자. 잘 자."라고 말해 주어라. 당신은 아이에게 침대에서 쭉 자고 나면 아침에 주어질 강화에 대해 언급하고 싶어질 수도 있다. "네가 침대에서 아침까지 잔다면 아침에 쿠키를 먹을 수 있다는 걸 기억하렴."

아이의 행동을 고려하여 아이가 다시 잠들 때까지 방에 있어야 하는 경우가 아니면 잠시 방에 머물러라. 어떤 아이들의 경우에는 당신이 침대 옆이나 흔들의자에 앉거나 심지어는 아이가 진정되어 다시 잠들 때까지 바닥에 있는 에어 매트리스 위에 누워 있어야 할 수도 있다. 아이가 자신의 침대에서 밤을 보내도록 하는 것이 목표라면 아이와 함께 침대에 눕고 싶은 충동에 져서는 안 된다.

당신의 취침시간 루틴 체크리스트

취침시간 루틴 체크리스트에는 아이가 해야 할 일들뿐 아니라 부모가 해야 할 일도 모두 포함되어야 하며 매일 밤 잠자리에 들 준비로 이것들을 완수해야 한다. 먼저, 계획과 새로운 루틴을 만들기 위해서 몇 가지 결정을 내려야 한다.

강화를 결정하라

루카스가 밤새도록 자기 방에서 자면 쿠키를 주었듯이, 당신의 계획에도 강화가 포함되어야 한다.

강화제도 당신의 체크리스트의 일부가 되어야 하며, 당신이 언제 어떻게 강화를 줄지에 대해서도 미리 결정해 놓아야 한다.

잘 자고 일어났다면 항상 칭찬을 해 줄 뿐만 아니라 아침에 일어나 먹을 수 있는 강화제를 주거나 좋아하는 전자제품을 쓸 수 있게 해 주어야 한다. 언어 이해력이 좋은 아이라면 스티커 모음판을 준 뒤 침대에서 혼자 자고 나면 매일 아침 스티커를 얻을 수 있고 그것들을 모음판에 다 붙이면 주말에 좋아하는 가게에 가거나 비싸지 않은 장난감을 얻을 수 있다는 것을 알려 주는 것도 효과가 있다. 아이에 대해 알고 있는 것을 바탕으로 효과가 있는 것을 찾을 때까지 여러 가지 다른 강화제를 시도해 보아라. 아침에 특별한 쿠키를 먹겠다는 약속은 루카스에게는 효과가 있었지만 다른 아이들에게는 너무 오랜 기다림이라 효과가 없을 수도 있다.

일단 효과 있는 강화제를 찾았다면 **일관성을 유지해라**. 강화는 적은 데 비해 요구하는 것이 너무 많다면 문제 행동이 자주 발생할 수 있다는 것을 기억하라. 강화와 요구의 적절한 균형을 찾는 것이 매우 중요하다. 아이가 취침시간과 고군분투하고 있다면, 아이가 정말로 피곤한지 확인하기 위해 취침시간 루틴을 조금 늦춰 보아라. 하지만 일관성이 관건이므로 나중에 루틴을 만들려고 한다면, 일주일 정도 시도해 보면 좋을 것이다. 그리고 그것이 도움이 되는지 알아보기 위해 데이터를 모아라. 잠이 들기까지 걸리는 시간은 몇 시간이 아니라 몇 분이면 된다는 것을 기억하라!

우리가 아이들이 학습 테이블로 기꺼이 "달려오기"를 바라는 것처럼, 아이가 달려와서 목욕을 하고(최소한 조용히 걷기라도), 자신의 잠옷을 입고, 잠자리에 들기를 원한다. 만약 아이들이 취침시간 루틴의 어떤 부분에서 비명을 지르고 저항한다면 해야 할 일들이 있다.(13장의 전략 중 일부가 이런 상황을 리페어링하는 데 도움이 될 것이다.)

리더를 세워라

가능하다면 부모나 보호자 중 한 명이 취침시간 루틴을 책임지는 것이 좋다.—적어도 취침시간이 안정될 때까지 일시적으로라도 말이다. 부모가 교대로 하는 것이 편할 수도 있지만, 결과적으로 일관성이 없을 수 있고 이는 아이의 진전에 해로울 수 있다. 예를 들어 당신은 아이에게 욕실에서 잠옷을 갈아 입힌 후에 양치를 하게 하는데, 남편은 양치를 하고 샤워를 시킨 후 침실에서 잠옷을 입힐 수도 있다. 이는 아이를 혼란에 빠트려 잠이 드는 데 영향을 줄 수 있다. 부모 모두가 수면시간 루틴을 만드는 데 참여하기로 결정했다면 취침시간 루틴 체크리스트의 모든 단계에 쓰인 대로 매일 밤 같은 순서대로 따라가야 한다. 이런 이유로 취침시간 단계를 적을 때는 가능한 구체적으로 써야 한다.

체크리스트 외에도, 우리는 취침시간 루틴을 나와 찰스뿐 아니라 베이비시터도 우리와 함께 일관적으로 수행할 수 있도록 계획을 짰다. 우리는 "취침시간"이라고 적힌 작은 그림 앨범에 단계를 순서대로 사진으로 찍어서 붙여 두었다. 그리고 나서 루카스에게 책장을 넘기도록 했다. 이에 루카스와 루카스를 도와주는 사람은 누구든지 같은 순서로 다음 단계를 보고 따라갈 수 있었다.

다음은 취침시간 체크리스트의 예시인데 자폐인 네 살 여자아이가 부모의 도움이나 촉구를 받지 않고 잠들 수 있도록 하는 것이 목표였다. 부모는 딸의 침실 문에 차단문을 설치했고 처음 며칠 동안은 딸이 잠들 때까지 방에 함께 있었다. 이제 아이는 자기 방에서 밤새 푹 통잠을 잔다.

취침시간 루틴 체크리스트의 샘플

아이의 과제 순서

__ 변기에 앉기.
__ 도움을 받아 목욕하기.
__ 화장실에서 잠옷 입기.
__ 머리 빗기.
__ 도움을 받아 양치하기.
__ 책장에서 세 권의 책을 선택하기.
__ 침대에 눕기.

부모의 과제 순서

__ 조명을 어둡게 하고 야간등 켜기.
__ 침대 옆에 앉아 세 권의 책 읽기.
__ 자장가 틀기.
__ 전등 끄기.
__ 잘 자라는 인사를 나누기.
__ 밤새 혼자 잠을 잤을 때 받을 수 있는 강화에 대해 상기시키기.
__ 문 닫기.

맥스의 취침시간 루틴 고치기

두 살짜리 맥스의 상담을 의뢰받았을 때, 맥스는 통제가 되지 않았으며, 말을 하지 않았고, 젖병에 심하게 집착했으며, 하루에도 여러 번 엄청난 탠트럼을 하고 있었다. 하지만 아직 자폐 진단을 받지 않은 상태였다.

넉 달 동안 맥스의 상담을 진행한 후, 아이는 고비를 넘긴 것처럼 보였으며 자폐 진단도 피할 수 있었다. 하지만 맥스는 5살이 되었어도 여전히 상담과 전문적 도움이 필요했다.

맥스에게는 당면 문제가 너무 많았기 때문에 세 살이 넘을 때까지 맥스의 엄마는 내게 수면 문제에 대해 말을 할 틈이 없었다. 그러던 어느 날 너무 지쳐 버린 엄마가 수면에 관한 이야기를 꺼냈다.

맥스에게는 초등학교 1학년인 누나가 있었고 맥스는 일주일에 세 번 유치원에 갔다. 맥스는 오후에 낮잠을 자고 밤에는 잠을 잘 자지 못했다. 또한 맥스는 침대에서 낮잠을 자지 않고 대신 소파에서 엄마가 자신이 잠들 때까지 꼭 자신과 붙어 있어야 한다고 고집을 부렸다. 맥스는 낮잠을 자려면 엄마의 엄지손가락을 만지는 것이 "필요했다." 그렇게 했을 때 맥스는 한두 시간 정도 낮잠을 자기도 했지만, 맥스의 엄마는 누나를 학교에서 데려오기 위해 맥스를 깨워야 할 때까지 소파에 인질로 잡혀 있어야 했다. 낮잠도 분명히 재앙이었지만, 밤에 잠잘 시간이 되면 상황은 더욱 악화되었다!

맥스는 결코 자기 침대에서 혼자 잠들거나 밤새 혼자 자지 못했다. 맥스는 거실의 소파에 누워 TV를 보며 잠들고 싶어 했다. 맥스가 잠이 들면 부모 중 한 명(대부분 아빠)이 맥스를 침실에 데려가 눕혔다. 맥스는 겨우 세 살이었지만 거의 22kg에 육박했기 때문에 덩치가 작은 엄마가 아이를 침실로 데려가기에는 너무 무거웠다. 어떨 때는 아이가 침대로 가는 동안 깨어나기도 했는데 이럴 때는 다시 잠이 들 때까지 맥스와 함께 침대에 누워 있어야만 했다. 맥스는 대부분의 경우 한밤중에 일어나 부모님의 침대에 기어들어와서 자거나, 아니면 부모 중 한 명이 맥스와 함께 누워야 잠들었다. 우리 가족처럼 맥스의 가족도 몇 년을 잠자리에서 야단법석을 겪어야 했다.

맥스의 수면 문제를 해결하고 아이의 가족을 돕기 위해, 우리는 맥스의 낮잠과 취침 루틴에 대한 평가부터 시작했다.(이 장의 뒷부분에 예시를 실어 놓았다.) 맥스는 두 살 반이 될 때까지 젖병에 집착하고 있었다. 이에 우리는 맥스가 젖병과 함께 잠이 드는 버릇을 없애기 위해 이 문제부터 해결하기로 했다.

평가를 하는 동안 나는 맥스의 부모가 아이들을 씻기고 나면, 맥스와 누나가 간식을 먹으러 주방으로 갔다가 TV를 보러 거실로 간다는 것을 알게 되었다. 내가 맥스의 부모에게 설명한 것은, 일단 목욕을 하면 아이들은 이를 닦고 잠옷을 입고 마지막 단계로 침대에 누워야 한다는 것이다. 이렇게 하면 TV 시청, 소파에서 잠들기, 위층으로 옮기기 등의 습관들을 막을 수 있다. 13-20kg에 달하는 아이를 소파에서 침대로 옮기는 것이 지금은 큰 문제가 아닐 수 있지만 이는 안전하지도 않으며 금세 불가능한 일이 될 것이다.

맥스 역시 피곤하면 밤에 잘 잤으므로 낮잠을 짧게 재우다가 아예 자지 않도록 유도하였다. 일단 맥스와 누나를 각자의 방에서 자도록 하고, 엄마가 방을 오가도록 조언했다. 엄마는 맥스에게 책 한두 권을 읽어 주고 난 뒤 이번에는 누나를 안고 책을 읽어 주고 몇 분 후 돌아오겠다고 말하도록 했다. 맥스는 어머니가 돌아올 때까지 침대에서 조용히 기다릴 수 있었다. 엄마가 돌아올 때쯤이면 맥스는 대개 잠이 들어 있었다.

맥스는 3살이 될 때까지 당시까지 배변 훈련을 받지 않았기 때문에 부모는 침실 문을 열어 두고 아이가 한밤중에 깨면 같이 깨어 맥스의 침실로 가서 기저귀를 갈아 주고 다시 잠을 잘 수 있도록 도와주었다. 맥스의 엄마는 아이와 함께 침대에 눕는 것을 더 이상 하지 않고 대신 아이가 자기 침대에서 혼자 잤을 때 아침에 받을 수 있는 보상을 떠올리도록 했다.

맥스가 새로운 루틴에 적응하는 데는 불과 1,2주 밖에 걸리지 않았고, 가족들은 모두 더 많은 잠을 잘 수 있게 되었다!

당신의 데이터를 수집하라

취침시간 루틴 체크리스트를 사용하거나 아니면 이에 추가해서 6장에서 논의했던 전용 달력을 사용하여 수면 데이터를 수집할 수 있다. 처음에는 둘 다 필요할 수 있다. 만약 아이가 맥스처럼 빠르게 반응한다면 달력에 낮잠이나 밤 수면 데이터를 적어 둘 수 있다. 간단한 데이터를 계속해서 수집하면 무엇이 효과가 있고 없는지 알 수 있다. 아이가 어떤 일을 성공적으로 수행할 수 있었는지, 아이가 몇 시에 잠을 자고 몇 시에 깨어나는지(만약 그렇게 했다면)와 다시 잠이 들었는지를 포함하여 각 일이 일어난 시간의 정보를 얻을 수 있다. 당신은 각자의 일을 수행하는 데 필요한 촉구도 기록해야 한다. 새로운 취침시간 루틴을 수립하고 있는 동안, 아이의 수면 보충제나 다른 약물 복용 문제(용량 포함), 낮잠을 잤다면 언제 잤는지와 얼마나 오래 잤는지, 밤에 깨어 있는지와, 깨어 있는 동안 무엇을 하는지, 밤에 깨어서 문제 행동이 발생하는지 그리고 당신이 느끼는 다른 중요한 문제가 있는지를 기록하라.

이러한 기록은 자세하게 쓸수록 더욱 좋다. 이 모든 것은 당신과 상담하는 모든 전문가들이 수면 계획을 조정할 뿐 아니라 아이의 개선 사항을 모니터링하는 데 도움이 된다.

예를 들어, 당신은 아이가 잠자리에 들기 직전에 텔레비전을 보면 너무 흥분한다고 판단할 수 있다. TV를 더 빨리 끄거나 취침 공간에서 전자제품을 모두 없애고 잠자기 전에 세 권의 책을 읽는 것처럼 더 차분한 일을 하는 것으로 바꿔야 할 수도 있다. 당신은 나중에 잠자리에 들거나 목욕시간 전에 간식을 먹지 못하게 하는 것이 아이에게 훨씬 좋다는 것을 알게 될 것이다. 아이들은 저마다 고유한 존재이므로, 개개의 아이들에 맞춰 무엇을 해야 할지 알아낼 때까지 계속 탐정처럼 자료를 수집해야 한다.

가장 중요한 것은 궁극적인 목표인 당신의 아이가 밤새도록 침대에서 잘 자고 있는지를 항상 확인하는 것이다. 가족 모두의 건강과 정신 건강을 위해 수면의 중요성을 결코 과소평가해선 안 된다. 필요한 경우 전문가의 도움을 받고 당신과 당신 아이에게 효과가 있는 계획을 발견할 때까지 포기하지 말자.

TAA 취침시간 루틴 체크리스트
메리 바베라

이름: 수지 (SC)   **연령:** 4

목표: 부모의 도움이나 촉구 없이 밤새 잠을 잘 수 있는 것

Key: I-독립 반응, V-언어 촉구, M-모델 촉구, PP-부분 촉구, F-전체 물리적 안내

취침시간 데이터	월요일 5/1	화요일 5/2	수요일 5/3	목요일 5/4	금요일 5/5	토요일 5/6	일요일 5/7

아이의 과제:

1. 변기에 앉기	I						
2. 목욕하기	PP						
3. 욕실에서 잠옷 입기	F						
4. 머리 빗기	M						
5. 양치하기	M						
6. 책장에서 책 세 권 골라오기	V						
7. 침대에 들어가기	I						
약을 먹은 시간	7:30						
투약한 약의 용량	X mg						
취침시간	8:00						

아이를 재운 후 부모가 한 일:

잠든 시간	8:20						
깨어난 시간	10:40 -11:05						
아침에 깨어난 시간	6:30						

주의할 점:
침실 문, 부모는 수지가 잠이 들 때까지 방의 의자에 앉아 있을 것.

TAA 취침시간 루틴 체크리스트
메리 바베라

이름:　　　　　　**연령:**

목표:

Key: I-독립 반응, V-언어 촉구, M-모델 촉구, PP-부분 촉구, F-전체 물리적 안내

취침시간 데이터	월요일	화요일	수요일	목요일	금요일	토요일	일요일

아이의 과제:

아이를 재운 후 부모가 한 일:

	월	화	수	목	금	토	일
잠든 시간							
깨어난 시간							
아침에 깨어난 시간							

주의할 점:

나는 당신이 모든 영역들이 얼마나 겹쳐지는지 깨닫기 바란다. 예를 들어, 고무젖꼭지가 아이들이 말하고 먹고 자는 것에 영향을 끼치는 것처럼 말이다.

12장에서 우리는 많은 가족들이 겪고 있는 문제이며 수면에 영향을 미치기도 하는 배변 훈련에 대해 살펴보려 한다. 당신의 아이가 밤낮으로 완벽하게 배변 훈련을 하지 않고, 손을 씻고 닦는 것을 포함하여 전체 욕실 루틴을 독립적으로 수행하고 있지 못하다면 다음 장을 건너뛰어서는 안 된다.

12

기저귀 떼기

전형적인 아이들은 대부분 5살이 되기 전에 배변 훈련을 끝내지만, 자폐나 다른 발달 지연이 있는 아이들은 그렇지 못한 경우가 많다. 나는 부모들에게 배변 훈련에 관한 설문조사를 한 적이 있는데, 그 결과 자폐 진단을 받은 5살 난 아이들 중 50%만 배변 훈련을 한 것으로 나타났다. 그리고 훈련을 마친 아이들 중 대다수는 여전히 화장실에 스스로 가기보다 배변 시간표에 따라 화장실에 가고 있었고, 배변 훈련이 되어 있지 않은 다른 아이들은 여전히 침대에 오줌을 싸거나 뒤처리에 어려움을 겪고 있었다.

당신은 아이들이 언제부터 배변 훈련을 시작해도 될지 궁금할 것이다. 그리고 발달이 지연된 아이가 배변 훈련을 시작할 때도 전형적인 아이들에게 필요한 선행조건들을 똑같이 적용해도 될지 궁금할 것이다. 아이가 다니는 어린이집이나 유치원에서 아이가 배변 훈련을 완벽히 해 오지 않으면 다음 해 상급반으로 올라가지 못할 수도 있다고 압박을 가해 올 수도 있다. 어쩌면 당신의 아이는 설사나 변비 같은 소화기 문제가 있을 수도 있는데, 이는 배변 훈련의 성공을 더욱 어렵게 만든다.

배변 훈련이 어려운 아이들(자폐를 포함해서)의 부모들은 온갖 종류의 어려움을 호소한다. 익숙하지 않은 화장실에 가는 것을 거부하는 아이들은 배변 훈련도 거부할 수 있다. 변을 보기 전에 옷을 모두 벗는 아이도 있으며 변비가 올 때까지 며칠 동안 배변을 참거나 변기에 앉는 것을 무서워하는 아이도 있다.

아이가 사회 통념상 배변을 혼자 해야 할 나이에 가리지 못한다면, 가족은 상당한 시간, 에너지 및 금전적 손실을 겪는다. 베이비시터를 구하고, 수영장에 가고, 비행기를 타고, 레스토랑을 방문하고, 사회 활동에 참여하고, 최소 제한적인 환경(the least restrictive environment. 미국 장애인교육법에 명시된 법적 용어로서, 장애 아동을 또래, 가정, 지역사회로부터 가능한 한 최소한으로 분리시켜야 한다는 개념이다.—역주)의 학교에 적응하는 데에도 영향을 미친다. 배변 문제는 아이가 본인에게 찍힌 사회적 낙인을 눈치채지 못한다 하더라도 사회 안으로 수용되는 것을 저해시킨다. 가족 모두가 불편함이나 당혹감을 느낄 수 있으며 특히 형제자매가 있을 경우 문제가 더욱 심각해진다. 솔직히 루카스가 다섯 살 무렵에 벌어진 배변 사고는 내 인생에서 가장 큰 스트레스를 유발한 사건이었으며 나를 극도로 당황하게 했다.

기저귀를 차는 기간이 길어지면 비용이 많이 들 뿐만 아니라 나이가 많고 덩치가 커져 버린 아이에게 맞는 기저귀를 찾기도 어렵다는 것은 두말할 필요도 없는 일이다. 심지어 어린이집에 추가 비용을 내야 할 수도 있다. 나는 페이스의 엄마로부터 페이스가 세 살까지 기저귀를 차고 있었기 때문에 유치원에 추가 비용을 지불했었다는 이야기를 듣고 이러한 사실을 알게 되었다. 어떤 부모는 내게 배변 훈련에 대해 이렇게 말했다. "배변 기술은 우리가 아들에게 가르쳐 준 것 중 가장 어렵지만 가장 중요한 삶의 기술이었습니다."

만약 아이가 세 살 혹은 그보다 나이가 많다면, 비록 성공하지 못했다 하더라도 아마 한 번쯤은 배변 훈련을 시도해 보았을 것이다. 당신의 잘못은 아니지만, 이러한 배변 훈련은 "잘못된 시작" 때문에 당신의 아이가 변기에 앉는 것을 잠재적으로 거부하도록 만들었을 수 있다. 그래서 이번 장에서의 목표는 최대한 스트레스를 받지 않는 배변 훈련 계획을 세우는 것이다. 당신은 이미 배변 훈련을 시도했다가 거의 포기했을 수도 있다. 그러나 지금부터 당신이 읽게 될 전략은 대부분의 경우 효과적이었다는 것을 유념하라.

언제 어떻게 배변 훈련을 시작하거나 다시 시작해야 할지 내가 해 왔던 방법을 알려 주겠다. 중요한 것은 유아용 변기에서 배변 훈련을 시작하고 유아용 변기를 페어링하는 것은 언제 시작해도 빠른 것이 아니며 어른용 변기에서 하는 배변 훈련은 언제 성공해도 너무 늦은 것이 아니라는 것이다.

진단평가: 당신의 아이는 유아용 변기 훈련을 할 준비가 되었는가?

전형적인 영유아에게 실시하는 배변 훈련 방법들을 읽어 보면, 아이가 배변 훈련을 할 준비가 되었는지 확인할 수 있는 선행 조건들을 알 수 있을 것이다. 통상적으로 말하자면, 전형적인 아이들의 경우에는 2시간 동안 기저귀가 마른 상태이고, 기저귀가 더러워졌을 때 불편한 기색을 보이며, 규칙적인 시간에 대변을 보면 배변 훈련을 할 준비가 된 것으로 간주한다. 이에 더해 아이들이 간단한 지시를 따를 수 있고, 바지를 위아래로 당겨서 입고 벗을 수 있으며, 속옷을 입거나 화장실에 가고 싶다고 요구할 수 있어야 한다.

나는 발달 지연이나 자폐 또는 ADHD 진단을 받은 아이들이 배변 훈련을 성공적으로 시작하기 전에 꼭 이런 단계에 도달할 필요는 없다는 것을 알아냈다. 당신은 가자가 처한 환경에 따라 언제 배변 훈련을 시작할지 결정해야 한다. 그러나 가장 중요한 선행 기술은 아이가 행복하게 앉아서 적절한 양의 강화제를 받으며 당신에게 무엇인가를 배울 수 있는 능력이다.

첫째, 아이의 생활연령(또는 실제 연령)보다는 발달연령을 고려하는 것이 중요하다. 3살짜리 아이가 9개월 된 아이의 전형적인 발달단계에 도달했다면, 배변 훈련을 하기 전에 다른 목표를 세워야 한다. 예를 들어, 학습용 테이블에 착석해서 한 단계 지시를 따르고, 도움을 받아 손을 씻는 법을 배워야 한다. 나는 발달 수준이 1세 이하인 3살짜리 아이에게 집중적인 배변 훈련을 실시하는 것을 권하지 않는다.

네다섯 살 아이가 언어적 능력이 거의 없고 전반적 기능은 18개월 수준에서 머무르고 있다면 아이가 나이가 들수록 다른 무엇보다 배변 훈련을 우선시해야 한다. 이 조언에 따라 당신은 당장 배변 훈련을 시작하고 싶겠지만, 나는 집중적인 배변 훈련을 시작하기 전에 이 책에서 계속 논의한 테이블과 초급 학습자 자료들을 페어링하는 작업을 먼저 할 것을 권한다. 나는 아이가 즐겁게 학습용 테이블로 달려가지 않는다면 변기에도 달려가지 않을 것이며, 저항할 수도 있다는 것을 발견했기 때문이다. 그래서 다시 말하지만, 배변 훈련을 시작하기 전에 당신이 아이를 가르치는 방법을 배우고 아이에게 어떤 종류의 강화가 필요한지 결정하는 것이 중요하다.

아이가 욕실과 화장실에 관심이 있거나 적어도 최소한 손 씻기와 옷 입기 같은 자조 기술에 협조적이라면 이는 매우 좋은 일이다. 아이가 배변을 하기 위해 움직이는가? 아니면 숨는가? 이것은 아기처럼 무의식적으로 배변을 하는 것이 아니고, 아이가 배변에 대해 인지한다는 뜻이다. 아이가 밤에 기저귀를 더럽히지 않고 규칙적으로 변을 본다면 배변 훈련에 매우 도움이 될 것이다.

만약 아이가 3살이 되지 않아 배변 훈련이 아직 당신의 계획에 정식으로 포함되지 않았더라도 12개월이나 18개월처럼 빠른 시기부터 배변 훈련의 기초를 닦는 것은 배변 훈련의 "적기"를 놓치지 않게 하여 향후 이어질 배변 훈련에 매우 도움이 될 것이다. 이 시기에는 아이를 하루에 한두 번씩 몇 분 동안 좋아하는 강화제를 주면서 변기에 앉혀 보면 좋다. 그러면 당신이 아이를 실제로 훈련시키기 시작했을 때, 아이는 화장실에 둔감해지고 작은 유아용 변기에 앉는 것을 좋은 것과 연관 짓게 될 것이다.

만약 당신의 아이가 2살이 되지 않았다면, 변기에 소변이나 대변을 보게 하거나 일반 기저귀를 벗기고 밴드형 팬티 기저귀나 속옷을 입히는 것을 추천하지는 않는다. 하지만 아이를 변기에 익숙하게 하는 것은 배변 훈련을 더 쉽게 시작하게 할 수 있다.

아이가 언어 능력 특히 맨드를 할 수 있으며 착석하여 학습하는 동안 간단한 지시 따르기가 가능하다면, 당신의 계획에 배변 훈련을 추가할 것을 권장한다.

선드버그의 체크리스트는 아이의 배변 기술이 지연되었는지, 당신의 배변 훈련이 전형적인 단계에 얼마나 근접하였는지를 결정하는 데 도움이 될 것이다.

선드버그의 자조 기술 체크리스트: 배변 부분

배변 – 준비 기술 – 24개월까지

☐ 강화제에 반응하기.
☐ 간단한 지시 따르기.
☐ 기저귀가 젖으면 불편해 하는 것처럼 보이기.
☐ 2시간 동안 마른 기저귀를 유지하기.
☐ 배변 간격이 일정하고 예측 가능한 경우.
☐ 바지 내리기.
☐ 바지 올리기.(도움을 받아도 됨.)
☐ 2분 동안 착석이 가능.

배변 – 36개월까지

화장실에 관한 단어, 신호, 펙스(Picture Exchange Communication System: PECS. 개인이 원하는 행동이나 물건에 대해서 원하는 그림 카드를 건네주었을 때 바로 교환해 주는 방식의 보완 대체 의사소통 방법.—역주) 배우기.(예: 유아용 변기, 쉬, 화장실에 가고 싶다는 신호.)

☐ 화장실에 가고 싶다는 맨드.
☐ 단추 풀기, 똑딱단추 풀기, 바지의 지퍼를 내리기.
☐ 변기에 앉기.
☐ 변기에서 소변 보기.
☐ 소변을 본 후 혼자 닦기.(여자아이)
☐ 변기에 대변을 보기.
☐ 대변을 본 후 휴지로 닦기.(도움을 받아도 됨.)
☐ 속옷을 올리기.
☐ 바지 올리기.
☐ 지퍼, 똑딱단추 또는 바지의 단추를 풀기.(도움을 받아도 됨.)
☐ 변기 물을 내리기.

- ☐ 손 씻기.(도움을 받아도 됨.)
- ☐ 손 말리기.

> **배변 – 48개월까지**

- ☐ 서서 변기 안으로 조준하기.(남자아이)
- ☐ 스스로 닦기.(여자아이의 경우 앞에서 뒤로 닦기.)
- ☐ 앞쪽에 있는 지퍼 내리기.
- ☐ 앞쪽에 있는 단추를 풀기.
- ☐ 앞쪽에 있는 똑딱단추 풀기.
- ☐ 배변 루틴의 한 부분으로 손을 씻고 말리기.
- ☐ 야간 배변을 훈련하기.(아직 실수할 수 있음.)

알다시피, 전형적인 아이들은 먼저 소변부터 유아용 변기에 보기 시작한다. 그 후 대변을 보고 야간 배변 훈련은 보통 나중에 시작한다.

당신의 진단평가 데이터 시스템

TurnAutismAround.com에서 다운받을 수 있는 TAA 배변 훈련 평가지를 사용해서 배변 훈련을 할 때마다 일어나는 일을 기록할 수 있다. 하루 동안 배뇨(쉬)와 배변(응가)을 하는 시간을 각각 기록하고 배변의 경우에는 일반 기저귀, 입히는 기저귀, 속옷 또는 변기(유아용 변기)에 했는지 등 배변 물품의 종류도 기록하라. 아이가 속옷을 착용하면 배변 관련 데이터를 줄이고 앞 장에서 다뤘던 달력 데이터 시스템 기록지에 그 외 발생하는 모든 실수들과 함께 기록할 수 있다.

우리는 대부분 자신만의 배변 패턴이 있으며, 아이의 배변 패턴을 아는 것은 당신의 중재를 평가하고 조정하는 데 도움이 된다. 예를 들어, 사람들이 가장 흔하게 대변을 보는 시간대는 아침에 잠에서 깬 직후와 식사 후 30분 이내이다. 이는 당신의 아이에게도 해당될 수도 있고 아닐 수도 있다. 특히 아이가 소화기나 식이에 문제가 있다면 말이다. 하지만 만약 아이가 저녁 식사를 하고 난 후 규칙적으로 대변을 본다면, 유아용 변기에서 소변 훈련을 마친 아이를 대변 훈련으로 옮겨 가고자 할 때 이를 이용할 수 있을 것이다.

아이들은 하루에 한두 번 대변을 보아야 한다. 그것보다 규칙적으로 더 많거나 적게 한다면, 당신은 아이의 식단을 점검해 보거나 의사에게 가서 의학적 문제가 있는지 확인해 보는 것이 좋다. 소아비뇨기과의사인 스티브 하지스(Steve Hodges)가 쓴 *It's No Accident*라는 책을 추천한다. 그는 야뇨증 때문에 자신의 병원을 찾은 아이들의 90%가 사실은 만성 변비도 동반하고 있었으며 이는 아이들의 식습관에서 비롯되었다는 것을 알게 되었다. 대변 보는 것을 꾹 눌러 참는 것은 낮 동안에 일어나는 실수의 원인 또한 될 수 있다. 이런 문제들은 발달 지연이 있는 아이들에게 매우 흔한 일일 수 있다. 왜냐하면 이런 아이들은 과일이나 채소처럼 섬유질이 풍부한 음식을 충분히 섭취하는 것을 거부하는 일이 잦기 때문이다.

하지스의 책을 읽을 때 주의할 점은 많은 부모들이 문제가 있다고 보고한 관장약의 복용을 권한다는 것이다. 당연히, 아이에게 보충제나 약을 먹이기 전에 아이를 평가하고 의사를 찾아가 상태를 확인해야 한다.

유아용 변기 훈련 계획 세우기

유아용 변기 훈련을 계획할 때에는, 적어도 2주 동안 집에서 많은 시간을 보내면서 아이와 함께 이런 기술을 연습해야 한다는 것을 미리 고려하길 바란다. 훈련 시작 후 3개월은 새로운 학교에 가거나 수술을 받거나 동생이 생기거나 새로운 집으로 이사를 하는 것처럼 가족의 삶에 큰 변화가 없어야 한다.

당신의 상세한 유아용 변기 훈련 계획에 따라, 당신은 유아용 변기 또는 화장실을 페어링할 필요가 있다.

유아용 변기와 화장실을 페어링하기

　첫 번째 목표는 화장실과 유아용 변기를 정적 강화제와 페어링하여 가능한 한 환경을 부드럽고 유혹적으로 만드는 것이다. 당신은 아이가 화장실에 가진 혐오감을 점점 둔감화시키는 것부터 시작할 필요가 있다. 우리는 다음 장에서 이 둔감화에 대해 더 많이 논의할 것이다. 하지만 현재 시점에서는 변기의 독특한 자극적인 몇몇 특성에 대해서부터 생각해 보자. 화장실은 보통 작고 단단한 물건들과 메아리치는 소리로 둘러싸여 있다. 변기의 물을 내릴 때는 요란한 소리도 난다. 아이가 화장실에 가는 것을 정말 싫어한다면, 아이가 그곳을 편안하게 느끼는 방법을 배워야 한다. 그래야만 아이가 작은 유아용 변기에서 일반 변기로 전환할 수 있으며 종국에는 집 밖에 있는 화장실에도 갈 수 있게 될 것이기 때문이다.

　둔감화란 태블릿처럼 강력한 강화제를 가지고 옷을 입은 채로 변기 위에 앉게 한다는 의미일 수 있다. 그러고 나서 천천히 기저귀만 입은 채로 변기에 앉는 것으로 바꿔 보고, 그다음에는 기저귀를 차지 않고 변기에 앉게 해 본다. 이 과정에서 화장실과 배변 루틴을 점진적이고 체계적으로 다시 페어링해 나가도록 한다. 당신의 목표는 아이가 화장실로 달려가는 것을 기뻐하거나—적어도 아이와 싸우지 않고 욕실에 데려가는 것이다.

당신이 사용하는 말

　배변 훈련 계획을 짤 때 유아용 변기나 변기, 쉬나 소변, 응가나 대변처럼 아이에게 어떤 말을 사용할지 선택하라. 당신의 선택을 계획에도 문서화시켜 두어라. 그런 다음 아이를 화장실에 누가 데려가더라도 같은 말을 사용하고 계획을 따르도록 하여 아이가 혼란스러워지지 않도록 일관성을 유지하라.

스케줄 짜기

배변 스케줄을 만들어 아이를 얼마나 자주 유아용 변기 앞으로 데려갈지 결정하라. 처음에는 30분 또는 60분 간격으로 타이머를 설정하여 한 시간에 1-2번 변기에 앉히는 것을 추천한다. 타이머가 울리면 "변기에 갈 시간이야."라고 하거나 "화장실 갈 시간이야." 하고 말하라. 그런 다음 아이가 변기에 앉으면 5분 후에 울리도록 타이머를 맞춰라. 아이가 배변이 급해서 화장실에 가고 싶다고 할 때 "변기"라고 말할 수 있도록 촉구하라. 만약 가능하다면, 아이에게 5분 동안 가장 좋아하는 장난감, 전자제품, 책을 가지고 변기에 앉도록 해라.

자료와 강화제

아이의 체구가 아직 작다면, 유아용 변기가 필요하다. 일반 변기를 사용한다면 나는 분리형 유아용 변기 커버는 배변 훈련 시 소변이 사방으로 튀는 것을 막지 못하므로 소변 튐 방지가드가 내장된 변기 커버를 구입할 것을 추천한다. 내가 만났던 아이들 한 명은 유아용 변기 의자에 앉아 소변을 볼 때마다 소변을 바닥에 흘리곤 했다. 이에 아이의 부모는 일반 변기에 유아용 변기 커버를 설치한 후 아이를 직접 변기 위에 앉힌 후에야 배변 훈련에 성공했다. 여기에 더해서 당신은 아이가 발을 편안하게 두거나 무릎을 들어 올릴 수 있도록 발 받침대가 필요할 수도 있다. 발 받침대는 아이가 기저귀를 차고서 대변을 보기 위해 서 있거나 쪼그리고 앉도록 연습할 때 도움이 된다.

일단 훈련을 시작하면, 아이가 스스로 위아래로 끌어올리고 내릴 수 있는 기저귀로 전환하는 것이 가장 좋다. 아이가 소변을 보았을 때 색깔이 변하는 기저귀를 차면 언제 기저귀가 젖었는지 알 수 있으므로 좋다. 대부분의 행동분석전문가들은 아이들에게 곧장 속옷을 입힐 것을 추천하지만, 수십 년간 엄마, 간호사 그리고 행동분석전문가로서 배변 훈련을 전문으로 해 온 나는 보통 좀 더 점진적으로 접근할 것을 추천한다. 밴드형 팬티 기저귀는 당신이나 아이가 느낄 큰 혼란과 함께 잠재적으로 느낄지도 모를 당황스러움까지 피하도록 도와줄 것이다. 또한 아이에게 속옷을 입히기로 결정했다면, 밴드형 팬티 기저귀를 속옷 겉에 입혀서 주변이 엉망이 되는 것을 피할 수 있다.

당신의 스케줄대로 아이를 변기에 앉히고 앉아 있는 시간을 기록하려면 타이머가 필요하다. 스케줄표와 데이터 기록지를 쉽게 찾을 수 있는 곳에 두고 가급적 2주간 클립보드(clipboard. 위에 달린 집게에 종이를 끼워 메모하는 서류철.—역주)에 보관하며, 펜이나 연필을 클립보드에 부착하여 항상 쉽게 쓸 수 있도록 한다.

어떤 기술이든 향상시키려면 강화가 필요하다. 알아낸 아이의 선호도를 바탕으로 화장실에 가는 것과 변기 훈련을 할 때 사용할 강화제를 선택하라. 이런 선호물 중 몇 가지를 선택해서, 배변할 때만 사용할 수 있도록 따로 보관하라. 나는 당신의 아이가 화장실에서 성공적인 시간을 보낸 후에 선택할 수 있는 강화제를 모은 "화장실 가방"을 만들라고 제안한다.

선택한 강화제가 당신이 통제할 수 있으면서, 가질 수 있고, 아이에게 즉각적으로 높은 동기부여가 되는 것들인지 확인하라. 예를 들어, 대부분의 아이들은 몇 분 후에 스티커나 사탕을 주기로 한 약속에는 즉시 반응하지 않는다. "우와!"나 "잘했어!"라는 단순한 칭찬도 충분하지 않다. 어떤 부모들은 아이가 변기에 앉아 있는 동안 태블릿을 보도록 하는 것이 효과적이라는 것을 알아내기도 했다. 그런 다음 아이가 변기에 소변을 보게 하려 할 때에는 비눗방울이나 작은 사탕 조각 같은 것들을 추가적인 강화제로 사용할 수 있다. 하지만 아이가 미소짓거나 웃는 것으로 강화제의 효과를 판단하지는 마라. 강화제가 효과가 있는지 확인하는 유일한 방법은 그것이 원하는 행동을 할 수 있게 하는가 하는 것이다.

다음 목록은 태블릿, 비눗방울 그리고 작은 사탕 조각 외에도 강화제로 쓸 수 있는 것들이다.

1. 주스 100mL, 과일 한 조각, 작은 막대 아이스크림. 만약 이것들이 당신 아이에게 강화제가 된다면, 훌륭한 선택이 될 수 있다. 왜냐하면 이것들은 아이의 음수량을 늘릴 수 있기 때문이다.(뒤에서 수분 섭취에 관해 우리는 더 알게 될 것이다.)

2. 화장실 사용에 관한 동영상과 책. 어떤 동영상에는 인형과 작은 변기가 함께 포함되어 나오기도 한다. 이런 특별한 배변 훈련에 관한 자료들은 아이에게 화장실에서 어떤 일을 하는지 보여 주는 데 도움이 된다. 당신은 책뿐만 아니라 아이의 인형이나 동물 인형들을 사용하여 시범을 보일 수 있다.

3. 수용 언어 능력이 좋은 아이들에게는 핸드폰 애플리케이션을 쓸 수도 있다. 어떤 애플리케이션에서는 아이의 이름을 입력하면 그 이름이 쓰인 셔츠를 입은 아이가 배변 훈련 과정을 단계적으로 진행하여 성공적으로 끝내는 동영상을 제공한다. 이 동영상도 좋은 시범이 될 수 있다.

4. 변기 위에 앉아서 시범을 보일 수 있는 손위 아이가 있다면 사진이나 동영상을 찍어서 아이에게 배변 훈련 받는 모습을 보여 주어라.(물론 사진이나 비디오에 중요한 부위는 보이지 않도록 주의하라.)

5. 창의적인 부모가 되자. 우산을 좋아하는 어떤 아이의 부모는 소변을 보기 위한 강화제로 화장실에서 우산을 빙빙 돌리기도 했다.

유아용 변기 중재들

만약 당신의 아이가 매우 어려서 정식으로 배변 훈련을 받을 준비가 되어 있지 않다면, 나는 보통 아침에 깼을 때와 자러 가기 직전에 아이를 유아용 변기에 앉히는 것을 추천한다. 이는 아이가 유아용 변기에 앉는 것에 익숙해지도록 하면서 아이가 변기에 쉬를 할 수 있는지 보기 위해서이다.

또한, 기저귀를 더 자주 갈아서 가능한 한 건조한 상태를 유지하도록 하라. 이렇게 하면 아이는 마른 상태에 익숙해지고 젖은 기저귀에 불편함을 느끼기 시작할 것이다. 아이가 충분히 이해가 가능한 언어 기술이 있다면, 젖은 종이 타월과 마른 종이 타월을 보여 주면서 두 개의 차이점을 가르쳐 줄 수 있다. 그런 다음 젖은 기저귀를 갈 때 "너 많이 젖었구나."라고 말하라. 이것은 아이에게 소변으로 젖는 것이 언제인지 알게 하고 변기와 연관시켜 준다. 이런 과정을 진행할 때 미소를 짓거나 웃어서는 안 된다. 기저귀를 갈 때 익살스러운 분위기를 보여서도 안 된다.

젖거나 더러워진 기저귀를 차고 있지는 않은지 한두 시간마다 확인하라. 만약 아이가 2시간 동안 기저귀가 젖은 채로 있는지 마른 채로 있는지 모르겠다면 2시간마다 기저귀를 갈거나 그 빈도로 기저귀를 확인하라.

음료를 더 많이 마시게 해서 배변 연습을 더 자주 할 수 있게 만들고 실수를 했을 때 그 부분에 대해 더 많이 인식하게끔 하라.(그러나, 나는 아이가 속옷에 소변을 보거나 대변을 본 경우에만 실수로 간주한다는 것을 참고하라. 아이가 일반적 기저귀나 밴드형 팬티 기저귀에 배변을 한다면 그것은 실수가 아니다.)

나는 아이에게 하루에 8잔에서 10잔 정도를 꾸준히 마시게 하기 위해 시간당 5-80mL의 물이나 다른 음료수를 마시게 할 것을 추천한다. 한 번에 많은 양을 마시는 것보다 하루 종일 일정한 양을 꾸준히 마시게 하라. 아이의 방광은 한 번에 많은 양의 액체를 담을 수 없으며 매일 액체를 8-10잔 이상 더 많이 마시는 것은 건강에 좋지 않을 수 있다. 당신은 또한 과도한 수분 섭취가 아이의 루틴의 일부가 되는 것을 바라지 않을 것이다.

남자아이들이 소변을 볼 때도 변기에 앉도록 훈련시키도록 한다. 그렇지 않으면 실제 변기에서 배변 훈련을 시킬 때 아이를 앉히느라 어려움을 겪을 수 있다. 일단 아이가 실제 변기에서 능숙하게 대변을 볼 수 있게 되면, 서서 소변을 보는 법을 가르칠 수 있다.

아이는 당신이 유아용 변기 의자에 담긴 아이의 소변을 커다란 변기에 버리고 물을 내리는 것을 구경하는 것을 좋아할 수도 있다. 이것은 아이가 유아용 변기를 졸업하고 일반 화장실에 갈 수 있도록 준비하는 데 도움을 준다. 만약 아이가 일반 기저귀나 팬티형 기저귀에 너무 무르지 않은 대변을 보았다면, 아이를 화장실로 데려가서 대변을 변기에 떨어뜨리는 것을 보여 주는 것도 좋다. "응가(또는 무엇이든 당신이 부르기로 결정한 것으로 부르며)는 변기로 가야 해. 변기에 물을 내려. 안녕 응가야!"라고 말해라. 이렇게 해서 대변과 소변이 어디로 가야 하는지 아이에게 알려 줄 수 있다.

처음에는, 아이가 앉아서 소변이나 대변을 보려고 시도할 때마다 바로 강화제를 주도록 한다. 그러다가, 아이가 앉아서 소변을 보게 되면 더 많은 강화제를 준다. 그리고 아이가 앉아서 응가를 한다면 훨씬 더 많은 강화제를 주어야 한다. 이것을 **차별 강화**라고 부른다. 더 어려운 과제를 했을 때 더 많은 강화를 제공한다는 뜻이다. 이는 아이들에게 특정 기술을 가르치는 강력한 전략이다.

아이가 완전히 훈련을 마칠 때까지는 자고 있을 때 일반형이거나 밴드형 팬티 기저귀를 차고 있는 것이 좋다. 아이가 낮 동안 속옷을 입고 있다면, 배변 실수로 옷을 버리는 것을 막기 위해 밴드형 팬티 기저귀나 방수 바지를 입히는 것을 선택할 수도 있다. 당신은 안 좋은 세균이 있을지도 모를 아이의 체액 때문에 집안이 더럽혀지는 것을 피하고 싶을 것이다. 내 내담자 중 한 명은 아이가 배변 실수를 했을 때 너무 엉망이 되는 것을 피하고자 딸이 자주 앉는 의자 밑에 저렴한 샤워 커튼을 깔았다. 이런 여러 대처법들이 있지만 가장 좋은 것은 깨어 있는 동안 아이가 속옷을 입게 해서 젖은 속옷의 불편함을 인식하고 화장실에 가자고 요구하도록 아이의 전환을 유도하는 것이다. 만약 당신의 아이가 속옷을 입는 것을 거부한다면, 아이가 가장 좋아하는 캐릭터가 있는 디자인을 찾아보아라.

아이가 배변 실수를 하거나 변기에 소변이나 대변을 보지 못했다고 해서 벌을 주지는 말자. 만약 아이가 화장실을 부정적인 것과 연관시킨다면, 훈련은 좀 더 오래 걸리게 되며 성공으로 가는 시간을 더 연장하게 될 뿐이다.

배변을 완벽히 해냈을 때만 강화를 주기보다 새로운 **행동**이라면 어떤 것이든 강화하라. 아이가 기저귀를 차고 소파 뒤에 숨어서 대변을 보다가 화장실에 가서 대변을 본다면, 올바른 방향으로 나아가는 단계이므로 보상을 해 주어야 한다.

독립을 격려하기

아이가 자신의 바지를 위아래로 당기고, 스스로 닦고, 손을 씻도록 격려해 주어라. 만약 아이가 바지를 스스로 입으려 한다면 단추, 똑딱단추, 지퍼나 벨트가 있는 옷들은 아이들이 다루기 어려우므로 고무줄 바지를 입히도록 하자. 아이가 바지를 쉽게 올리고 내릴 수 있게 고무줄이 너무 꽉 조이지 않도록 해야 한다. 만약 옷이 너무 딱 맞다면, 아이가 이 단계를 해내기 어려워진다.

아이가 성공하기 시작하면, 체계적으로 배변 스케줄을 줄여 나가도록 한다. 아이가 연속해서 3일 동안 속옷에 배변 실수를 하지 않는다면 30분마다 변기에 앉기로 한 일정을 한 시간마다 앉는 것으로 바꿀 수 있다. 아이가 성공을 더 많이 거두고 변기에 가는 시간 사이에 속옷을 마른 채로 유지할 수 있다면, 한 시간 반 간격으로 일정을 줄였다가 두 시간마다 가는 것으로 줄여 나간다. 간격이 2시간을 넘지 않고 아이가 화장실에 스스로 가기 시작하며, 약간의 실수를 하더라도 변기를 성공적으로 이용하게 될 때까지 여분의 음료를 계속 마시게 하라.

아이가 단어, 기호, 그림으로 화장실에 가기를 요구하기 시작하면, 일정을 3-4시간마다 가는 것으로 완전히 줄이거나 크게 줄여 나갈 수 있다. 변기를 독립적으로 사용하거나 변기에 가고 싶다고 요구하게 되면 강화를 제공하고, 화장실에 지속적으로 스스로 가게 될 때까지 강화를 단계적으로 줄여 나가라.

아이가 배변 실수를 더 이상 일으키지는 않지만 화장실에 가기를 요구하지 않는다면 어떻게 해야 할까? 당신은 배변 스케줄을 보며 아이에게 계속 언제 화장실에 가야 할지 알려 주는 일이 고정적인 일상이 되는 것은 싫을 것이다.(잠자러 가는 시간이나 차를 타러 갈 때 미리 다녀오라고 알려 주는 것을 제외하고는.) 독립적으로 배변을 하기 위해서는 아이들이 스스로 화장실에 갈 수 있도록 방광이나 장이 가득 차서 화장실에 가고 싶다는 느낌을 알게끔 해야 한다.

아이가 화장실에 스스로 가도록 하기 위해서 이렇게 해 보자. 화장실에 들어가거나 유아용 변기나 화장실에 가기 전에 잠깐 멈추고 이렇게 말해 보자. "어디로 가야 해?" 필요하다면 아이가 이렇게 말하도록 촉구를 제공한다. "화장실" 또는 "○○(유아용 변기에 그려진 캐릭터 이름)".

물론 아이가 작은 유아용 변기를 사용하고 있다면, 결국에는 일반 화장실로 옮겨 가야 할 것이다.

대변 훈련과 닦기 중재들

어떤 부모들은 아이들이 방광 조절 훈련을 마친 후 기저귀 사용을 중단하게 되면서 대변 훈련으로 주변이 더 지저분해지는 문제 상황을 맞게 된다. 가장 좋은 방법은 변기에 있을 때 대변 훈련에 맞는 **딱 맞는** 강화제를 주는 것이다. 따라서 대변 실수가 계속된다면, 우선 아이가 선호하는 물건으로 충분히 강화를 받고 있는지 확인해 보자.

변기에 소변을 보는 것과 동시에 변이 나오기 시작할 수도 있다. 만약 그렇다면, 강화와 칭찬을 더욱 많이 해 주자.

아이가 대변 훈련을 받은 후 대변 보기를 참는다면 강화를 더 늘려야 한다. 만약 아이가 대변을 누고 싶어서 기저귀를 달라고 한다면 "좋아, 기저귀 줄게. 하지만 먼저 변기에 5분 앉아 있어. 타이머를 맞춰 놓을게. 여기 태블릿 보고 있으렴. 그러고 나면 기저귀 줄게."라고 말할 수 있다. 아니면 기저귀를 차고 화장실에 있어야 한다고 말할 수 있다. "응가는 화장실에서만 하는 거야." 기저귀에 대변을 보면서 변기에 앉게 하거나 변기 위에 쪼그리고 앉도록 해야 한다. 이것은 화장실과 대변 보기를 페어링하는 것이다.

엉덩이를 닦는 것을 가르치는 것 역시 어려운 일이다. 이 분야의 전문가이자 부모로서, 나는 이것이 큰 문제임을 잘 안다. 따라서 배변 훈련 과정을 시작할 때부터 모든 단계에서 닦는 방법을 가르쳐라. 여기 아이들의 닦는 과정을 나눠 보았다.

- 화장지 5-6칸을 가져와서 둘둘 말거나 접어라.
- 앞에서 뒤로 닦는다.
- 휴지가 깨끗한지 더러운지 확인한다.

- 더러워진 휴지를 변기에 버린다.
- 휴지에 변이 묻어나지 않을 때까지 반복한다.
- 물을 내리고 손을 씻어라.

물론 아이가 스스로 할 수 있을 때까지 휴지를 받아 닦고, 물을 내리고, 손을 씻는 과정을 아이의 손을 잡고 같이 해 준다. 인내심을 가져라. 이해력이 부족한 유아나 아이들에게 "깨끗해질 때까지 닦는다."라는 추상적인 개념을 가르치는 것은 어려운 일이다. 아이가 언제 닦아야 할지 구별하지 못한다면 아이가 화장지를 무릎까지 끌어당겨서, 찢고, 접어서 앞에서 뒤로 엉덩이를 닦는 것을 하나의 루틴으로 해서 3번 반복하는 것도 해결 방법이 될 수 있다. 이렇게 하면, 아이는 화장실 루틴을 독립적으로 수행할 수 있고 목욕시간까지 "충분히 깨끗하게" 지낼 수 있다.

당신은 아이가 완전히 옷을 입고 유아용 변기에 앉아 있는 동안 화장지를 잡아당겨서 접어서 닦는 과정의 일부를 연습하게 해서 뒤를 닦는 기술을 배우도록 도울 수 있다.

대부분의 전문가들은 여자아이들은 대장균이 질이나 요도로 들어가지 않도록 앞에서 뒤로 닦을 것을 추천한다. 남자아이들은 그런 신체적 구조상의 문제가 없기 때문에 다리 사이로 손을 넣어 뒤에서 앞으로 닦는 것이 더 쉬울 수도 있다.

손 씻기 중재들

손 씻기는 배변 훈련을 계획하기 전부터 일찌감치 가르쳐야 할 정말 중요한 기술이다. 이 기술은 배변 훈련 중에 더욱 중요해지므로 매번 화장실 루틴의 일부로 만들어야 한다.

아이가 아직 독립적으로 손 씻는 법을 배우지 않았다면 계획을 세워서 가르쳐야 한다. 발 받침대는 아이가 세면대에 닿을 수 있도록 해 줄 것이다. 당신은 뒤에 서서 아이에게 촉구를 제공하며 아이의 손을 진행 과정에 따라 움직이도록 잡아 줄 수 있다. 각 단계를 수행할 수 있는지 평가하고, 능숙해지게 되면 손을 잡아 주는 것을 줄여 준다.

과제의 단계를 쪼개어 제시해 주면서, 멈추지 말고 매 단계를 시작하라. 전체적으로 하나의 행동이 되도록 물 흘러가듯 자연스럽게 이어지게 가르쳐야 한다. 지시 사항을 반복해서 말해 주면서, 다음과 같이 가급적 짧은 단어를 써라.

- 소매 걷어.
- 물을 틀어.
- 손 적셔.
- 비누칠해.
- 손 문질러.
- 물로 손 씻어.
- 물을 잠가.
- 손 닦아.

아마도 물 온도를 조절하는 것이 전체 과정 중 가장 어려울 수 있기 때문에, 당신의 도움을 가장 많이 필요로 할 수 있다. 안전에 관한 장에서 논의한 바와 같이, 온수기의 온도를 조절하거나 아이가 화상을 입지 않도록 온도 조절 수도꼭지를 설치할 수 있다.

같은 종류의 고형 비누나 액체 비누를 사용하고, 일관성을 갖게 하기 위해 각 세면대 위 같은 장소에 그것들을 둔다. 만약 당신의 아이가 손을 끌어 알려 주는 물리적인 손 씻기 촉구에 거부반응을 보인다면, 각 단계를 보여 주는 것이 최선이다. 9장에서 논의했던 비디오 모델링을 사용해서, 손 씻는 부모의 모습을 비디오로 만들어 아이에게 보여 주며 따라 하도록 도와준다.

아이가 어린이집이나 유치원에 다니고 있다면 세면대와 비누가 다를 것이므로 촉구를 더 많이 제공해야 한다는 사실을 유념해라.

밤 기저귀 떼기 훈련과 배변 실수를 하고 난 후 대처 방법

깨끗하게 마른 상태로 밤을 보낸다는 것은 많은 아이들에게 특별한 도전이다. 낮 훈련을 진행하면서 밤에는 아이에게 일반형이나 밴드형 팬티 기저귀를 계속 채워 준다. 아이가 5일 이상 계속 밤 기저귀가 마른 채로 일어났다면, 초반에는 배변 실수를 좀 할 수 있음을 유념하면서 팬티를 입혀 보자.

만약 밤중에 계속 소변 실수를 한다면, 잠자리에 들기 2시간 전부터는 음료를 마시는 것을 제한하거나 아예 마시지 못하도록 하는 것이 낫다. 그 시간 동안 많이 목말라 한다면, 물 한 모금 정도만 허락해 준다.

아이가 밤중에 일어나면 화장실로 데려가고, 아이가 아침에 일어났을 때 즉시 같은 화장실로 아이를 데려간다. 또한 주말에도 규칙적인 취침시간과 기상시간은 밤 기저귀 떼기 훈련을 유지하는 데 도움이 된다.

당신의 아이가 성공적으로 방광과 대장을 조절하게 된 후에도, 밤낮을 가리지 않고 배변 실수는 이따금 일어날 수 있다. 첫 번째로 해야 할 일은 잠재적인 원인인 의학적인 문제, 음식의 변화, 약물의 변화를 배제하는 것이다. 그런 다음 더 많은 강화를 제공하고 문제의 원인을 평가할 수 있도록 데이터 수집을 계속하라.

아이가 유치원이나 여름 캠프같이 갑작스럽게 새로운 환경에 놓일 때 실수가 발생하는 것은 드문 일이 아니다. 아이의 일상이 갑작스럽게 바뀌었고, 아이는 새로운 환경의 화장실에 익숙하지 않다. 아이가 새로운 장소에서 화장실에 가겠다고 요구할 기회를 주고, 특히 새로운 환경이나 새로운 활동 보조인을 맞는 동안은 더 자주 의사소통을 유지하도록 하라.

배변 훈련은 다른 행동과 마찬가지로 행동의 일종이다. 모든 영역에서 아이의 나이, 능력 수준 및 필요에 따라 계획을 세워라. 당신이 배변 훈련을 시작하거나 다시 시작하게 되었다면, 긍정적으로 생각하고 인내하라. 계획을 따르고 데이터를 조금씩 쌓아 간다면, 성공으로 가는 길이 보일 것이다.

이 장에서 우리는 화장실 안에 있는 변기에 거부감을 느끼는 아이들을 위해 욕실이나 변기를 둔감하게 하는 방법을 논의했다. 다음 장에서는 병원과 치과에 가는 것을 둔감하게 하는 방법뿐 아니라 아이들이 약을 먹거나 목욕을 하거나, 문제 행동 없이 머리를 자르는 방법에 대해 알아볼 것이다.

13

일반 병원, 치과 그리고 미용실 방문을 둔감화시키기

내가 만났던 두 살짜리 맥스는 앞에서도 몇 번 언급했던 것처럼 끝까지 자폐 진단을 받지 않았다. 하지만 맥스는 치료를 시작할 무렵부터 엄마를 때리고, 비명을 지르고, 하루 온종일 울어 대기 시작했다. 어디를 가든지 하다못해 집 앞 가게마저도 맥스를 데려가려면 엄마는 애를 먹어야 했다.

그러던 중 격식을 갖춘 행사에 참석할 예정이 생긴 이 가족은, 맥스의 머리카락을 자르기로 결단을 내렸다. 맥스의 엄마는 내게 같이 가서 도와 달라고 요청했다.

맥스의 엄마는 맥스와 나를 데리고 예약도 미리 잡지 않고 아이들을 위한 미용실을 찾아보지도 않은 채 그냥 집에서 가장 가까운 미용실을 찾아갔다.(이것이 미용실 방문과 관련하여 초기에 저질렀던 두 가지 실수였다.) 맥스는 미용실에 들어가자마자 울기 시작했고 계속해서 비명을 지르며 몸부림을 치는 바람에, 미용사는 머리를 잘 자를 수 없었다. 이윽고 전조등을 비춘 사슴처럼 얼어붙은 신참 미용사와 함께 상황은 종료돼 버렸다. 이 경험은 모두에게 끔찍한 기억으로 남았다.

미용실, 일반 병원, 치과를 방문하는 것은 전형적인 아이의 부모에게도 매우 힘든 일이기 때문에 뒤로 미뤄지고는 한다. 그러나 발달 지연이나 자폐가 있는 아이들은 감각과

의사소통에 문제가 있기 때문에 종종 이런 상황에서 더욱 큰 어려움을 겪는다. 다행히도, 이런 경험을 둔감하게 만들 방법이 있다.

둔감화란 어렵게 들릴 수도 있지만, 이전에 혐오스러웠던 상황에서 아이가 평온하고 편안하게 지낼 수 있도록 환경, 활동 또는 사람을 강화하여 새로 페어링을 하거나 이전 페어링을 다시 바꾼다는 멋진 용어일 뿐이다. 아이에게 편안한 환경에서 머리를 자르고, 의사 선생님을 만나러 가거나 다른 활동에 필요한 기술을 연습할 충분한 기회를 제공하는 것은 중요하다. 목욕하거나 미스터 포테이토 헤드 장난감을 가지고 노는 것과 같은 모든 활동 역시 페어링을 해제하면 혐오적으로 될 수 있다. 이에 이 장에서 우리가 논의할 기술은 다양한 상황에서 효과를 거둘 수 있다.

감각적 문제는 여러 가지 방식으로 나타날 수 있다. 자폐나 발달 지연이 있는 아이 중에는 밝은 빛을 싫어하는 것처럼 시각 자극에 과민반응을 보이는 아이가 있는 반면, 어떤 아이들은 소리에 과민반응을 하여 각종 소음이 들리면 힘들어한다. 루카스는 큰 소리가 들리면 문제를 일으켰기 때문에 종종 소음을 차단하기 위해 헤드폰을 끼면서 자랐다. 이런 경우 아이가 헤드폰의 느낌을 좋아하지 않는다면 헤드폰을 비디오나 아이가 좋아하는 다른 어떤 것과 페어링해야 한다.

옷의 상표를 거슬려 하고 부드러운 옷감 이외에는 입기 힘들어하는 등 촉감에 과민반응하는 아이들도 있고, 어떤 아이들은 맛, 질감, 온도 및 음식의 색깔에 힘들어하기도 한다.

아이가 무엇을 힘들어하든 간에, 아이가 특정한 촉감의 옷만 입고, 하루 종일 헤드폰을 쓰고, 평생 음식 섭취를 심각하게 제한받는 것이 우리의 목표는 아닐 것이다. 당신은 아이가 매일 직면하게 될 일상적으로 느끼는 감각을 더 잘 견디는 법을 가르쳐 주고 싶을 것이다.

그렇다 하더라도, 나는 동시에 모든 유형의 외부 자극에 아이를 둔감화시키는 것은 추천하고 싶지 않다. 그러나 나는 일단 한 가지 유형의 단계에서 둔감해지면, 다음 단계를 덜 싫어하는 경향이 있다는 것을 알게 되었다.

감각적인 차이에 더해, 발달 지연이 있는 아이들은 언어장애도 있기 마련이므로 종종 자기들이 **왜** 목욕을 해야 하는지, 왜 귀를 검사해야 하고, 이를 닦아야 하는지 이유를 이해하지 못한다. 아이들에게 이 중 어떤 것들은 고통스러울 수도 있으며, 그럴 때 겁난다고 어른들에게 말하지 못하는 아이들은 더욱 더 나쁜 상황에 빠져들게 된다. 이런 상황 속의 많은 아이들은 낯선 곳에 잘 다녀오면 받을 수 있다고 약속된 강화나 스티커, 막대 사탕에 더 이상 신경을 쓰지 않는다.

이 장에서 다뤄지는 기술이 지금까지 알려지지 않았기에, 부모와 치료자는 전통적으로 어린아이를 붙들고 귀를 검사하고 약을 억지로 먹이는 의료 절차들을 수행해 왔다. 이런 절차들은 아이들에게 공격받는다는 느낌을 들게 하여, 반격을 유발시켰다. 이러한 방식의 방문들은 또한 아이들이 손톱을 깎고 안약을 넣는 일들을 할 때 더욱 심한 탠트럼을 하게끔 한다. 나는 아이들을 이렇게 억압하는 방식은 비윤리적이라고 생각하며 긴급한 일이 아니라면 권하지 않는다.

나는 또한 지난 충격적인 경험의 여파로 아이가 자고 있는 동안 머리를 자르거나 그 외 아이가 거부감을 느끼는 일을 아이 모르는 새 하려는 부모를 알고 있다. 내가 행동분석전문가가 되어 지금 소개할 전략을 알기 전에는 나 역시 루카스가 자는 동안 손톱을 깎으려고 했다. 하지만 대부분의 이런 일들은 아이가 자는 상태에서는 할 수 없다는 것을 나는 깨닫게 되었다. 다행히도 목욕시간, 음식 혐오, 손톱 깎기 및 미용실-가정에서 자주 연습할 수 있는 것들-을 리페어링을 이용해 둔감화하면 아이는 어려운 절차를 참아 낼 수 있게 된다. 또한 이런 둔감화는 대화를 이끌어 내고 탠트럼을 줄일 수 있다.

목욕물을 더 따뜻하게 해 달라고 말하거나 미용사가 머리를 자를 때 귀 주변에서 윙윙거리는 바리캉을 사용하지 말아 달라고 차분하게 말할 수 있는 아이들은 의사소통이 더 잘 되며 문제 행동 또한 줄어들어 더 행복할 것이다.

따라서 누가 봐도 절대적인 응급 상황이 아니라면 아이가 자고 있거나 아이를 억누르고 있는 동안 어떤 일을 끝내는 것을 추천하지 않는다. 그 전략으로는 시간이 지나, 아이가 나이가 들면 아이를 붙들기 위해 3-4명의 사람이 필요하게 될 수도 있고, 그 모든 사람들이 다칠 수도 있다. 그렇기 때문에 이런 둔감화 과정을 배우는 것은 매우 중요하다!

당신의 평가와 계획

이미 이 책을 다 읽어 가고 있는 당신은, 지금쯤이면 어떤 행동을 늘리거나 줄이기 위한 첫 번째 단계가 진단평가라는 것을 잘 이해하고 있을 것이다.

혐오스러운 사건, 절차, 항목, 상황을 평가하면 어떤 것이 문제 행동을 일으키는 진짜 원인인지, 즉 아이가 무엇을 참기 힘들어하는지 파악할 수 있다. 예를 들어, 병원에서 아이가 진료실에 들어갈 때 힘들어하는가? 아니면 몸무게나 키를 잴 때까지는 괜찮은가? 그것도 아니라면 아마도 아이가 탠트럼을 시작하는 것은 진료실에 들어가거나 청진기로 아이를 진찰할 때부터일 것이다.

만약 아이가 의사나 치과의사를 방문한 지 오래되었다면, 문제 행동이 보통 어느 단계에서 시작되었는지 기억을 더듬어야 할 수도 있다. 아이의 문제 행동을 유발하는 절차가 이루어지는 장소와 단계뿐 아니라 그 시간과 행동이 아이에게 어떻게 보이는지를 정확히 파악하기 위해 최선을 다하라.

그런 다음 과제(task)를 분석하라. 머리를 자르거나 목욕을 하거나 병원이나 치과 진료실에 들어가는 것처럼 의료적 서비스이거나 아닌 것들의 절차를 쪼개는 것이다. 이러한 쪼개기를 사용하면서 활동의 어떤 부분이 가장 많은 문제를 일으키는지 추가로 평가할 것이다. 평가 단계를 거치는 동안, 당신은 아이가 기피했던 장소, 활동이나 사람, 혹은 그러한 문제 행동에 관련되는 사람들을 파악하게 될 것이다. 당신은 또한 과제 분석을 계획 세우기와 둔감화 연습 세션에 이용할 수 있다.(TurnAutismAround.com에서 전자 양식을 다운받을 수 있다.)

모든 기피 사건을 동시에 해결할 수는 없으니, 가장 스트레스를 많이 받는 사건을 하나 골라라. 이런 둔감화 방법의 요령을 습득하면 평생 당신의 아이들 모두에게 다양한 상황에서 적용할 수 있다. 여기서는 한 예로 먼저 머리 자르기에 대한 샘플 과제 분석, 평가, 계획과 중재에 대해 살펴보겠다.

머리 자르기를 더 잘하게 만들기

대부분의 아이들은 일반 병원이나 치과보다 미용실을 더 자주 가기 때문에 이런 방문에 어려움을 겪으면 큰 문제가 될 수 있다. 당신의 아이는 다음과 같은 미용실의 온갖 물건들을 싫어할 수 있다. 가위, 이발사가 가까이 다가오는 것, 스프레이로 뿌려 대는 물, 미용 가운, 또는 아이의 목에 떨어지는 가려운 머리카락.

미용실이나 이발소에 갈 계획을 세우기 전에 성공적으로 머리를 자르기 위해 아이가 해야 할 단계에 대해 과제 분석을 끝내도록 하라.

- 미용실에 들어가기.
- 의자에 앉기.
- 미용실 가운 입기.
- 머리에 물 뿌리기.
- 가위로 머리 자르기.
- 전기 바리캉으로 목 뒤와 귀 옆 머리 자르기.
- 솔로 얼굴과 목을 털어 냄.
- 미용 가운을 벗겨 냄.
- 부모가 돈을 내는 동안 기다리기.
- 미용실에서 나오기.
- 아이는 매우 선호하는 강화제를 받음.

일단 당신이 이렇게 각 단계의 개요를 그리면, 누가 가정에서 머리 자르기 연습 세션을 주도할지와 누가 머리 자르는 척을 해 줄지 결정해야 한다. 예를 들어, 아이는 주방에 차려진 가짜 미용실에 들어가서 특별 의자에 앉는다. 다음으로 당신은 아이에게 가운을 입히고, 따뜻한 물을 넣은 스프레이로 머리카락을 적시고, 머리카락을 자르는 척을 하면서 가위나 이발기를 사용한다.

당신의 궁극적인 목표는 아이가 비명을 지르거나 울지 않고 머리를 자르도록 하는 것이다. 그러나 아이가 미용 가운 입는 것을 참기 어려워한다면, 첫 번째 목표는 각 연습 세션에서 몇 분씩 더 가운을 입는 것을 참아 내는 것으로 정할 수도 있다.

단계를 매우 천천히 진행해야 할 수도 있다. 예를 들어, 아이를 "미용" 의자에 앉히고 가짜 망토나 수건을 둘러 준 후 이것을 참도록 한다. 그런 다음 과제 분석에 따른 두 번째 단계를 잘 수행해 냈다면, 짧은 동영상을 보거나 좋아하는 것을 먹도록 강화를 제공하라. 그런 다음에는 가짜 가위나 전혀 날카롭지 않은 어린이용 가위를 보여 주거나 아이의 머리에 따뜻한 물을 뿌리는 연습을 할 수도 있다. 아이가 그 두 번째 단계에서 세 번째 단계로 더 나아갈 준비가 될 때까지 두 번째 단계를 한 후에 멈추는 것도 괜찮다.

미용실을 운영하는 나의 친구는 보통 스프레이 병에 담긴 물의 온도가 21도인 반면 우리 몸의 체온은 36.5도라고 지적했다. 그러므로 루카스가 그랬던 것처럼 너무 차가워서 놀라는 아이들이 있을 수 있다. 그래서 우리는 루카스의 머리를 자르기 위한 단계 중 하나로 아이의 머리에 물을 뿌리기 전에 스프레이 병에 새로이 따뜻한 물을 채워 주었는데, 이렇게 하자 아이가 훨씬 더 잘 참았다.

이 절차의 핵심은 천천히 진행하고, 재미있게 만들고, 성공적일 때는 잠시 멈추는 것이다. 물론 아이가 즉시 또는 가까운 시기에 병원에 가야 한다면 **너무** 느리게 단계를 진행할 수는 없을 것이다. 하지만 아이를 차근차근 준비시킬 수 있다면 성공할 확률은 훨씬 더 높아진다.

당신이 과정을 너무 빨리 진행해서 아이가 울게 된다면, 부정적 강화로 이어지기 때문에 울면서 세션을 끝내지 않도록 하라. 6장에서 설명한 쉬, 이름 대고 건네주기 과정을 이용하여 울음을 멈추게 하고 쉬운 단계에서 과정을 완료한다.

아이가 가정에서 전체 과제를 문제없이 앉아서 수행할 수 있게 되면, 당신과 비슷한 방식으로 해 줄 수 있는, 아이들에게 친절한 미용실을 찾아보도록 하자. 일단 마음에 드는 미용실을 찾으면 계속 그곳을 가는 것이 좋다. 맥스의 경우처럼 약속이나 계획 없이 미용실에 가는 것은 좋은 생각이 아니다.

당신은 또한 당신의 아이가 매번 같은 미용사를 만날 수 있을지 확인해야 하며, 미용실이 덜 바쁠 때 가면 아이가 받는 감각 자극이 줄어들므로 되도록 바쁜 시간을 피해 예약하는 것이 좋다.

둔감화 연습이 많이 필요한 어떤 아이들은, 심지어 머리를 자르지 않는데도 미용실에 몇 번씩 들리기도 한다. 그냥 문을 열고 들어가서 대기실에 몇 번 앉아 있다 집에 가는 것만으로도 강화제를 받아야 한다. 그러고 나서 당신이 아이를 미용실 의자에 앉히고 머리에 물을 뿌려 보는 것도 좋다. 미용실 주인이 미용실에 가정에서 쓰던 연습 용품들을 가져와서 미용사의 참관이나 도움 속에서 연습할 수 있게 해 주는지 확인해 보아라.

수용 언어 기술을 가진 일부 아이에게 효과가 있는 기술 중 하나는 아이에게 가게 될 미용실의 사진을 찍어서 미리 보여 주는 것이다. 우리는 루카스를 위해 동생 스펜서를 모델로 한 사진책을 만들었다. 우리는 루카스에게 책을 보여 주며 말했다. "너는 미용실 안에 들어갈 거야. 미셸이 거기 있을 거야. 너는 의자에 가서 앉을 거야. 다음으로 너는 미용 가운을 입을 거야. 미셸은 너의 머리에 따뜻한 물을 뿌릴 거야. 그러고 나서 너의 머리를 짧게 잘라 줄 거야."

또 머리 자르기의 단계를 설명하는 기존 서적을 이용한다거나 전형적인 발달을 하는 형제, 친척 또는 친구들이 같은 미용실에 가서 머리를 찍는 모습을 찍어서 비디오 모델링을 시도해 볼 수도 있다. 또한 한 발 더 나아가 유튜브에서 관련 동영상을 검색해서 보여 주는 방식으로 아이에게 피를 뽑거나, 병원에 가거나, 엑스레이를 찍는 등의 모든 종류의 활동을 준비시킬 수 있다.

각 연습 세션이 끝날 때와 특히 아이가 실제로 미용실에 다녀오는 과정을 무사히 완수했다면 즉시 강화를 제공하라. 만약 아이가 놀이터에 가는 것이나 특별한 음식을 좋아한다면 그 강화와 머리 자르기를 페어링시켜라.

ABC 차트나 아니면 아이의 달력 시스템에 데이터를 보관하면서 연습 세션에서 진행 상황이나 장애물들을 문서로 만들어야 함을 기억하라. 자폐 외에 심각한 의학적 문제가 있는 어떤 아이의 경우, 우리는 병원 진료실에 가는 아이의 행동을 1에서 10까지의 척도로 평가하였다. 10은 매우 뛰어난 것으로 평가하였으며 의사의 유형도 기록하였다. 아이의 행동 척도는 횟수를 거듭하면서 점점 급격히 향상되었다.

아이에게 약 먹는 방법 가르치기

아이가 약을 먹어야 한다면 무엇을 해야 할까? 루카스가 아기였을 때, 우리는 맛있는 향이 나는 액상 약을 아이의 입에 직접 넣을 수 있었으며, 한두 방울에 불과한 소량이었기 때문에, 아이는 보통 아무 문제 없이 약을 먹을 수 있었다. 하지만 나이가 들어 가면서 액상 약의 복용량은 더 많아졌고 관리하기도 훨씬 어려워졌다.

루카스는 자폐 진단을 받았던 세 살 무렵 매우 편식이 심했고 저체중이었기 때문에 의사들은 루카스에게 매일 종합비타민과 보충제를 먹여야 한다고 나에게 권고했다. 또 때때로, 아이가 아플 때 우리는 항생제나 다른 약도 먹여야 했다.

어떤 부모들은 주스에 약을 섞지만, 루카스는 주스를 전혀 좋아하지 않았다. 그리고 비타민이나 약의 맛을 물에 위장시키는 것은 불가능했다. 또한 주스는 아이가 컵에 담긴 주스를 다 마시려면 시간이 걸리기 때문에 복용 시점을 결정할 때 문제가 될 수 있다. 으깬 알약은 바닥에 가라앉기도 하는데, 이것 역시 아이가 실제로 약을 얼마나 복용했는지 알기 어렵게 만든다.

그래서 우리는 사과 소스에 알약을 으깬 뒤 숟가락으로 루카스에게 먹여 보았다. 우리는 먼저 한 숟가락을 먹인 뒤 선호하는 강화제를 주었고, 그다음에는 비타민이나 약이

들어 있는 사과 소스를 한 숟갈 더 주었다. 하지만 맛이 좋지 않을 때도있었기 때문에 루카스는 그 맛에 거부감을 느꼈다.

아이가 5살이 되었을 때, 나는 다른 행동분석전문가에게 조언을 구했다. 알약을 으깨면 사과 소스에서 그 맛과 냄새가 나기 때문에 그녀는 우리가 아이에게 알약 삼키는 법을 가르쳐야 한다고 말했다.

일반적으로, 유아용 알약은 매우 작기 때문에, 사과 소스처럼 좋아하는 음식에 알약을 숨기고 한 숟갈에 삼키게 할 수 있다. 이것은 루카스에게도 효과적이어서 알약이 사과 소스와 함께 넘어가는 것을 아이가 알아채지 못했다.

당신의 아이가 뚜껑이 없는 컵으로 물 한 모금을 삼킬 수 있다면, 당신은 아이에게 쌀알 한 알갱이, 오르조 파스타(orzo pasta. 한 입 크기의 쌀알 모양의 파스타.—역주) 한 알 또는 당신이 찾아낼 수 있는 가장 작은 콩을 삼키는 것으로 연습을 시작해도 좋다.(나는 작은 박하사탕이나 다른 사탕을 사용하는 것은 권하지 않는다. 왜냐하면 그것들은 아이의 씹기를 촉진할 수 있는 강한 맛이 있기 때문이다) "엄마가 물 한 모금 크게 삼키는 거 봐!"라고 말한 뒤 직접 밥이나 콩을 가져다가 모델링(또는 비디오 모델링)을 해 볼 수 있다. 다음으로는 "엄마가 이 쌀알을 혀 위에 올려놓는 것 봐!"라고 말하면서 쌀 한 알을 먹고 물을 한 모금 마신다. 그런 다음 아이에게 흉내를 내게 한 다음 강화를 주도록 하라.

물론 아이가 심각한 의학적 문제, 삼키는 것을 어려워하거나 약물 복용에 관한 문제 행동이 있다면 전문가의 도움을 받는 것이 좋다. 이 책 전반에 걸쳐 언급했듯이, 내가 주는 모든 정보들은 정보 목적으로만 제공되며 의학적 조언으로 간주해서는 안 된다.

일반 병원과 치과 방문하기

치과와 일반 병원을 가는 것이나 안약을 넣거나 혈액 검사를 참아 내는 것처럼 침습적(invasive. 주사, 수술 등 몸을 통과하며 들어가는 의료 행위를 말한다.—역주)인 의료 절차에 둔감하게 만드는 것은 미용실에 가는 것보다 어려울 수 있다. 아이가 검사하는 동안 비디오를 보는 것이 불가능한 경우 우리는 병원에 갔을 때 어떤 일이 벌어질지 항상 예측할 수 없으며 아이에게 진료실에 들어가는 연습을 늘상 시켜 놓을 수도 없다. 어떤 과정은 통증을 유발하거나 불편을 야기할 수도 있다. 그러나 할 수 있는 범위까지 과제 분석을 작성해서 병원 또는 치과에 가는 연습을 하라. 예를 들어, 아이가 이비인후과 방문을 예약한 상태라면, 장난감 이경(耳鏡. 귀를 관찰하기 위해 귀 안에 넣는 도구.—역주) 또는 비싸지 않은 실제 이경을 사서 집에서 연습을 해 볼 수 있다.

긴급한 상황이 아니라면, 아이가 이 과정에서 꼭 울음을 참아야 할 필요는 없다. 사실 피를 뽑고 주사를 맞는 것은 전형적인 아이들조차도 우는 일이기 때문에, 그런 경험으로부터 아이들을 완전히 둔감하게 만드는 것은 어렵다.

치과에 가는 것은 자폐나 발달 지연이 있는 아이들에게 특히 문제가 될 수 있으며, 이런 검사는 1년에 한두 번만 일어나는 일이므로 연습하기가 더 어렵다. 만약 당신의 아이가 이미 치과에 가 본 적이 있다면, 지난번 기억들을 최대한 되살려 평가를 시작해 보자. 차를 타고 치과에 도착해서, 치과 건물을 보았을 때, 두 사람이 걸어 들어갔을 때, 의자에 기대어 앉았을 때, 치과의사가 들어 왔을 때 또는 치과의사가 작은 거울을 아이의 입안에 넣었을 때 중 언제부터 울기 시작했는가?

만약 당신의 아이가 이미 칫솔질을 어려워한다면, 그 활동을 둔감하게 만드는 것부터 시작해야 한다. 아이가 치약과 칫솔 중 무엇에 더 민감한가? 다른 치약을 시도해 보거나 익숙해질 때까지 한 방울만 맛보게 할 수도 있다. 칫솔을 아이에게 가깝게 갖다 대고 입 밖에서 칫솔질 동작을 하는 것부터 시작해야 할 수도 있다. 칫솔을 입안에 넣을 때, 처음에는 이 한두 개만 닦는 것으로 시작할 수도 있다.

아이가 이 과정에서 어떤 것을 해내든 각 연습 세션을 마치고 나면 강화를 제공하고, 입안의 칫솔을 참아 낼 수 있는 시간을 늘릴 수 있도록 계속 노력해라.

또한 아이에게 당신이 어떻게 이 닦는지를 보여 주거나 책이나 비디오 전략을 시도해서 다른 사람이 이 닦는 것을 보게 하는 것도 좋다.

치과에서 일어나는 일에 대해 아이를 둔감하게 할 준비가 되었다면, 근처 약국이나 온라인에서 치석 제거를 위한 작은 거울과 치석 제거기가 있는 치과 세트를 구매할 것을 강력히 추천한다. 물론 아이의 이를 실제로 긁어내는 것은 아니며, 일단 아이가 이런 도구들로 이를 두드리거나 문지르는 것을 참아 낼 수만 있게 하려는 것이다.(이런 도구들이 너무 날카롭지 않은지 확인하자.) 나는 이런 일들을 루카스와 했다. 루카스는 우리 집 거실 안락의자에 앉아 있었고, 나는 "우리 치과 가는 연습하자!"라고 말했다. 나는 안락의자를 뒤로 젖히고 치과용 턱받이를 흉내 내기 위해 루카스에게 주방용 타월을 둘러 주었다.

아이가 집에서 치과를 가는 경험에 둔감해지도록 만들 때, 아이와 함께 연습 세션을 진행하는 동안 병원에 방문해 검사 의자에 앉아 볼 수 있는지 치과의사에게 요청해 보라. 다시 한 번 말하지만, 사람이 적을 때 예약할 것을 추천한다.

정식 간호사, 자폐 아이를 키우는 엄마이자 아이들의 옹호자로서의 내 경험에 따르면, 아이가 만약 이에 문제가 생겨서 이에 난 구멍을 메워야 한다면, 흰색의 레진으로 채울 것을 추천한다. 은 충전재에는 수은이 들어 있으므로 어린이와 성인 모두에게 흰색 레진이 더 건강하다.

자폐와 지적장애가 있는 일부 어린이와 성인은 침습적인 치과치료를 견디기 힘들다는 것을 기억하라. 루카스는 여전히 소아치과의사(성인이 된 장애인도 전문으로 진료하는)를 방문하는데도 치아에 대해서 아주 간단한 검사만을 제외하고 더 본격적인 진료를 하려면 마취를 해야 한다.

전략의 성패 여부를 계속 평가하라. 그런 다음 계획을 수정하기 위해 재평가를 수행하라.

어떤 것이든 페어링과 리페어링을 하기 위한 일반적인 팁

다행스럽게도 당신이 과제 분석이 도움이 된다는 정보를 알고 있다 해도, 하루 종일 사소한 활동에 대한 둔감화 문제로 어려움을 겪고 있을 수도 있다. 지난 20년간 나는 우리 아들을 돌보아 왔고 내가 상담했던 모든 대상자들과 온라인으로 상담을 요청했던 사람들이 손톱 깎기, 새로운 음식을 먹는 일, 다른 컵으로 음료를 마시는 일, 다른 침대에 익숙해지거나 베이비시터를 바꾸는 것 등 특정 부분에서 어려움을 겪는 것을 보았다. 어떤 아이들은 갑자기 목욕시간을 싫어하게 되거나 갑자기 미스터 포테이토 헤드 같은 장난감들을 싫어하게 되기도 한다. 책 전반에 걸쳐 페어링을 위한 팁을 설명하는 동안, 나는 당신의 아이가 갑자기 울거나 다른 문제 행동을 하게 만드는 활동이나 목욕시간을 다시 페어링하는 방법을 알려 주어야 함을 깨달았다.

엘리나(8장과 9장에서 이야기했던)가 막 생후 26개월이 되었을 때의 일이다. 엄마인 미셸이 우리 온라인 커뮤니티에 올린 게시글에 따르면 엘리나가 갑자기 목욕시간 내내 비명을 지르기 시작했다고 한다. 미셸은 너무 스트레스를 받은 나머지, 며칠 동안 젖은 스펀지로 가볍게 몸만 닦는 것으로 엘리나의 목욕을 대신했다. 나는 미셸에게 엘리나가 욕조가 싫어질 만한 계기가 있었는지 물었다. 물이 너무 뜨거웠나? 엘리나가 수영장에 들어가 물벼락을 맞았는가? 진료실에서 귀를 검진받는 동안 꼼짝도 하지 못하게 해서일까? 아니나 다를까, 미셸은 일주일 전 MRI를 찍을 때 엘리나에게 진정제를 투여하기 위해 꽉 붙잡고 움직이지 못하도록 했다고 말했다. 내가 지적하기 전까지 그녀는 병원에서 진료를 받기 위해 했던 신체적 구속이 목욕시간에 문제를 일으킬 수 있다는 것을 깨닫지 못했다.

몇 주 후, 온라인 커뮤니티의 조언에 따라 미셸은 모든 상황을 완전히 뒤집을 수 있었고 엘리나는 목욕을 먼저 요구하게 되었다! "엘리나는 내가 욕조에 물을 다 채우는 것도 기다리지 못해요. 목욕이 끝나도 나가기 싫어해서 '그럼 조금만 더 노는 거야.'라고 말하게 됐어요!"라고 미셸은 전했다.

미셸이 목욕시간을 리페어링하는 데 사용한 전략은 다음과 같다.

- 물이 **없는** 욕조에서 좋아하는 장난감을 가지고 놀고, 옷을 입은 상태에서, 점점 옷을 벗는다.
- 목욕 장난감(자석 물고기와 낚싯대, 목욕 크레용, 거품 나는 입욕제, 물을 붓는 컵 등)을 모으거나 새로 구입하는 것을 고려해 본다.
- 욕조에 따뜻한 물을 채우고, 아이가 욕조 밖에 서서 장난감을 가지고 놀기 위해 물속으로 손을 뻗도록 격려하라.
- 아이가 아주 잠깐 몇 초 동안 물속에 발을 넣도록 격려하고, 아이가 원할 때마다 안전하게 욕조에서 나올 수 있도록 허락해 주거나 도와준다.
- 점진적으로, 아이가 더 오랫동안 서서 장난감으로 놀고, 발과 배에 물을 붓고, 스펀지를 사용하여 씻도록 하라.
- 욕조에 앉아 있는 것을 권하라.(이 상황은 아이가 욕조 장난감을 가지고 놀다 자연스럽게 발생할 수 있다.)

이 과정은 모두 완벽히 이루어지지 않았으며, 미셸은 엘리나에게 칭얼거림과 같은 몇 가지 문제 행동이 있었다고 보고했다. 엘리나는 엄마가 너무 빨리 밀어붙이면 "싫어."라고 말했다. 하지만 사소한 문제 행동이었기에, 미셸은 잠깐 물러나며 이렇게 말해 주었다. "오늘 꼭 욕조에 앉아야 하는 거 아냐, 하지만 내일 또 해 보자." 아니면 "엄마가 팔이랑 발 어디를 먼저 씻겨 줄까?"라고 아이에게 선택할 수 있게 해 주었다.

나는, 둔감화와 페어링에 대한 이 정보들이 나중에 발생할 수 있는 상황뿐 아니라 현재 일어나고 있는 안 좋은 상황을 예방하고 해결하는 데 도움이 되었으면 한다.

만약 이 장에서 나온 모든 것들을 다 해내기 어렵다면, 다음의 두 가지만 기억하라. (1) 응급상황이 아니라면 아이를 붙들거나 전문가들이 아이를 구속하는 것을 허용하지 마라. (2) 어떤 사람이나 장소, 대상, 절차 또는 활동도 시간, 연습과 인내심만 있다면 페어링하거나 리페어링할 수 있다.

이제 마지막 장으로 넘어가서 해결책의 일부가 될 수 있는 전문가, 학교, 기관을 찾는 방법을 다룰 때가 왔다. 우리는 당신이 아이와 온 가족을 평생 옹호할 수 있는 "선장 자리"에 안착할 방법에 대해서도 논의할 것이다. 그리고 나는 당신과 당신 아이가 앞으로 몇 년 동안 계속해서 커다란 발전을 이룰 수 있도록 하기 위해 지금 당장 취할 수 있는 TAA 접근법의 네 가지 주요 단계를 간추려서 알려 줄 것이다.

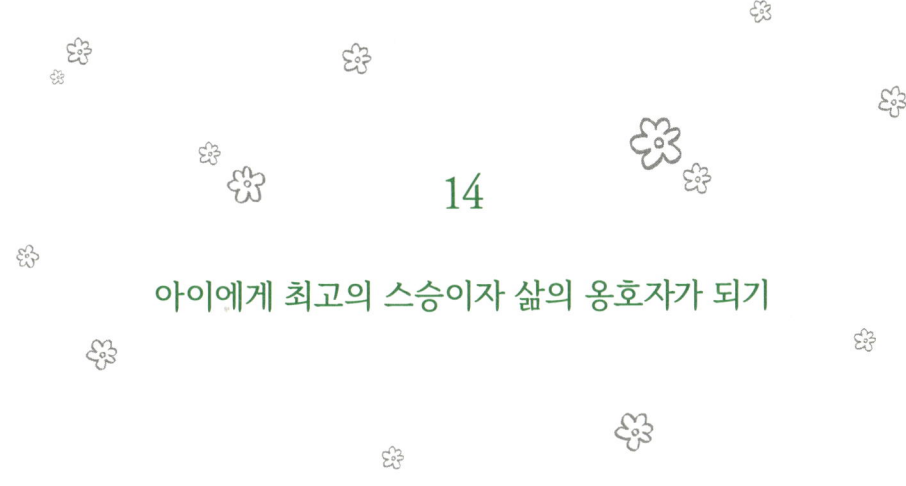

14

아이에게 최고의 스승이자 삶의 옹호자가 되기

나는 당신이 이 마지막 장까지 읽게 된 것이 정말 기쁘다! 나는 이제 당신이 걱정은 덜어 내고 자폐나 자폐의 징후를 보이는 아이에게 새로운 길로 나아갈 수 있다는 자심감을 가지기를 바란다.

당신이 이 책을 단숨에 읽었든 아니면 시간을 들여 천천히 읽었든 간에, 나는 당신이 이제 이전과는 다른 사람이 되지 않았을까 생각한다. 책 첫머리에서 당신이 자문했던 질문들, **우리 아이가 그저 고집이 센 아이일까, 아니면 늦된 것일까? 아니면 ADHD나 자폐의 징후일까?** 등의 질문들은 이제 당신에게 더 이상 중요하지 않을 수도 있다.

사실, 이 책의 첫 페이지에서부터 가장 중요한 질문은 이것이다. **진단과 상관없이 내가 직접 우리 아이를 도울 방법이 있을까?**

그리고 이제 당신은 당신이 할 수 있는 것이 많다는 것을 안다!

하지만 당신에게 또 다른 문제가 생길 수도 있다. 너무 많은 정보에 압도되거나 실행해야 할 전략이 너무 많을 수도 있다. 당신은 아마 자폐의 바다에서 항해해 나가야 하는 새로 임명된 "배의 선장"으로서 엄청난 압박감을 느끼고 있을 것이다.

당신이 모든 문제를 혼자 해결할 수는 없으며, 배를 조정하고 거친 바다를 항해하는 동안 당신 자신과 가족 모두를 돌봐야 한다. 그리고 **무엇보다 시간이 관건이라는 것**을 알고 있다. 그럼, 어떻게 이 모든 것을 해 나갈 수 있을까?

필요한 도움 받기

아이가 새로운 기술을 배우도록 하기 위해 밤낮으로 TAA 접근법을 사용할 수 있으며 또 사용해야 한다. 하지만 아이의 지연 정도가 경미하고, 발달을 빠르게 따라잡는 경우가 아니라면, 아마도 당신은 누군가의 도움이 필요할 것이다.

이 책과 TAA 온라인 프로그램은 부모들에게 아이들과 함께 매일 15분 동안의 테이블 활동을 하도록 권장하지만 다른 자폐 아동 관련 연구들에서는 자폐 아동은 일주일에 적어도 20시간의 집중적인 ABA 치료가 필요하고, 일부 아동은 일주일에 40시간이 필요하다고 한다.

비록 현재 당신의 아이가 받는 치료 세션이 이상적이지 않더라도, 마음을 가다듬고 상황을 개선하도록 노력해 보자. 아이의 현재 또는 미래에 만날 전문가들은 모두 좋은 사람들이며, 다년간의 교육과 경험을 가진 사람들이다. 당신과 같은 마음으로, 그들은 당신의 아이가 성공하기를 원한다. 그러므로 그들과 함께 협력하고, TAA 접근법이 당신의 아이에게 어떤 도움을 주고 있는지 공유해야 한다.

일부 의료 서비스 제공자, 자폐 전문가 그리고 심지어 가족과 친구들조차도 당신의 아이가 ABA 치료와 TAA 접근법의 효과를 보기에는 "너무 고기능", "너무 저기능", "너무 나이가 많아." "너무 어려."라고 당신에게 충고할지도 모른다. 하지만 그건 사실이 아니다. 당신의 아이가 자연스럽게 대화를 나누지 않고, 어떤 부분에서든 어려움이 있다면, 아이에게는 ABA 치료와 TAA 접근법이 도움이 된다.

나는 항상 지연이 있는 모든 아이들에게 ABA와 언어치료를 추천하고는 했다. 전문가에게 받는 것이라면 어떤 종류의 치료라도 받지 않는 것보다는 받는 것이 항상 더 낫다고 생각했기 때문이다. 하지만 지난 몇 년 동안 수백 명의 아이들을 직접 중재하며, 80개국 이상의 수천 명의 가족과 전문가들을 훈련시킨 후로 나의 입장은 바뀌었다.

예를 들어, 세라는 자폐 진단을 받고 집중적인 ABA 치료를 받으러 대기하고 있던 두 살배기 아들 코너를 돕기 위해 TAA 온라인 프로그램에 참여했었다. 프로그램에 참여한 지 2주 만에 코너는 테이블 활동 시간을 사랑하게 되었고, "사과"라는 첫 단어를 말했다.

몇 달 후, 코너의 가족은 하루에 4시간 동안 ABA 치료를 받을 수 있게 되었다. 그들은 코너가 더 많이 더 빠르게 배울 것이라는 기대에 들떠 있었지만, 그들이 만난 ABA 치료센터의 국제행동분석전문가는 첫 만남에서 ABA 치료는 아이가 테이블에 앉아서 하기 힘든 "일"을 하도록 요구할 것이기 때문에 처음에는 아이가 많이 울 거라고 경고를 했다. 게다가, 그 국제행동분석전문가는 TAA 진단평가지나 코너가 2달 만에 이뤄 낸 놀라운 발전이 담긴 비디오를 검토하는 데 관심이 없었다.

세라는 계속해서 국제행동분석전문가에게 코너의 사전—사후 비디오를 봐 달라고 요청했다. 그녀는 코너가 ABA 치료 중에 테이블에 앉아 있는 동안 울지 않도록 아이가 익숙한 초급 학습자 활동과 학습자료를 사용하기를 바라며 국제행동분석전문가를 설득하였다. 그녀의 노력은 결실을 맺어 그들은 코너에게 매우 성공적이었던 TAA 접근법의 전략을 배우고 ABA 치료 커리큘럼과 통합하여 성과를 거두었다.

하지만 많은 가정들은 함께 협력할 의사가 있는 전문가들을 곧바로 찾지 못하고 있다. 그리고 켈시(10장 참조.—역주)와 같은 부모들과 다른 많은 부모들은 전문가나 환경 또는 프로그램이 도움이 되지 않다는 것이 명백해지면 그들을 멀리해야 한다.

결론적으로, 나는 이제 **아이에게 도움이 되지 않는 치료는 받는 것보다 받지 않는 게 낫다**고 믿는다. 그렇다면 당신은 제대로 된 도움을 주는 사람을 찾는 어려움에서 벗어나 이제는 제대로 된 도움을 알아야 한다는 새로운 어려움에 직면하게 될 것이다. 그러나 지금은 당신이 어떻게 당신의 아이를 참여시키고 가르쳐야 하는지를 알게 되었으므로 불안을 떨쳐도 된다. 또한, 당신은 "치료를 받지 않는" 방법만 가지고 있지는 않을 것이다. 그러므로 당신은 집에서 아이를 가르치면서, 당신을 배의 선장이자 아이와 관련된 전문가팀의 중요한 일원으로 인정하여 당신이 알고 있는 아이에 대한 정보들을 같이 치료에 적용해 줄 적절한 전문가들을 찾을 수 있는 시간적 여유를 가질 수 있다.

전문가 외에 아이를 최대한 안전하게 보호하고 각종 활동을 할 수 있게 도와주는 다른 비전문가도 필요하다. 엄두가 나지 않을 수도 있지만, 모든 아이들-특히 자폐가 있는 아이들-은 깨어 있는 시간의 대부분을 활동에 참여해야 하며, 이 시간은 대략 일주일에 100시간 정도이다. 당연히, 당신은 그것을 혼자 할 수 없다. 우리 아들들이 어렸을 때, 나는 행동분석전문가로 일하고, 박사학위를 따고, 첫 책을 쓰는 동안 루카스와 스펜서를 돌봐 줄 수 있는 "엄마 도우미", 유모, 베이비시터들을 몇 년 동안 고용했었다. 또한 남편과 부모님 그리고 언니와 친구들의 도움도 받았다.

루카스의 치료 프로그램 비용을 지불하는 보험사의 규정 때문에, 아이가 지하실에서 일주일에 40시간씩 ABA 치료를 받는 동안 가족 중 누군가는 집에 있어야 했다. 한 번은 내가 약속이 있어서 루카스가 치료를 받고 있을 동안 친정아버지가 스펜서를 위층에서 돌보시게 되었다. 내가 집에 돌아왔을 때, 아버지는 내가 거의 "가택 연금" 상태인 것 같다며 농담을 하셨다. 나도 가끔은 그렇게 느껴질 때가 있다.

그래서 만약 당신이 가족이나 친구들로부터 도움을 받을 수 있거나 혹은 도우미를 고용할 수 있는 경제적 여유가 있다면, 나는 이 모든 사람들의 도움을 받을 것을 강력히 추천한다. 하지만 당신이 최고 수준의 도우미를 고용할 수 있는 여유가 있다고 해도, 당신은 여전히 양질의 서비스를 요구하는 법을 배워야 하고 아이의 치료 계획에서 큰 역할을 해야 될 것이다.

고기능 대 저기능

"고기능" 또는 "저기능"이라고 말하는 것은 일반적으로 너무 주관적이어서 도움이 되지 않는다. 당신이 6-8명의 자폐 아동을 가르치는 교사라고 가정해 보자. 그리고 당신이 학생들을 가장 고기능인 아이에서 가장 저기능인 아이까지 순서를 매겨야 한다고 치자. 이 작업을 수행하기 위해 당신은 꽤 고민해야 할 것이다. 문제 행동을 기준으로 평가할 것인가? 학업 능력 및 언어로 평가할 것인가? 사회적 능력으로 평가할 것인가?

나는 아이를 "고기능"이라고 부름으로써 아이의 문제를 줄이고 싶어 하는 부모들과 전문가들을 보아 왔다. 하지만 겉으로 보기에 전형적인 아이처럼 보일수록, 아이들은 어떤 지원도 필요하지 않은 것처럼 보이기 때문에 치료 지원 시스템과 학교 내에서 아이를 옹호하기 위해 더 많이 노력해야 할 것이다. 따라서 아이를 "고기능"이라 불리게 하고 싶을지 모르지만, 그렇다고 아이에게 지원이 필요하다는 사실이 바뀌지는 않는다.

그렇게 이름이 붙여진 많은 아이들은 일반 교육 제도 아래에서 교육받고, 운전을 배우고, 대학에 가거나 어쩌면 결혼까지 가능할 정도로 충분히 높은 기능을 가지고 있을 수는 있다. 하지만 고기능 자폐는 불안이 더 높고 우울증도 더 심하며 기타 다른 문제를 동반하기도 한다.

사람들이 저기능이라는 용어를 사용할 때, 그들은 보통 지적장애가 있고 말을 거의 하지 않거나 아예 안 하는 아이들을 가리킨다. 하지만 대학에 진학하고 차를 운전하는 것과 지속적인 지원 및 감독이 필요한 것 사이에는 광범위한 범주가 있다. 고기능이라고 불리는 어떤 아이들은 타인과 충분히 대화가 가능하지만, 불안이나 우울증으로 직업을 가질 수 없다. 저기능으로 불리는 다른 아이들은 성장하여 일을 하며 월급을 받고 약간의 지원만을 받으면서 행복하게 산다.

결론은 아이의 지연 또는 자폐 진단이 "심각한" 수준이거나 "경미한" 수준인지 여부에 관계없이 아이에게 가능한 한 많은 교육과 치료를 제공해야 한다는 것이다. 충분한 중재를 받지 못하는 경미한 지연이나 자폐 진단을 받은 아동들이 심각한 지연이나 진단을 받은 아동보다 장기적으로 볼 때 더 많은 문제가 나타날 수 있다. 훗날 과거를 돌이켜

> 보며 아이에게 필요한 치료와 교육을 너무 적게 시켰다고 후회하기보다는 지금 충분한 중재를 제공하는 편이 더 나을 것이다.

삶을 옹호하기

옹호는 평생 동안 필요한 기술이다. 전형적인 발달을 하는 우리 아들 스펜서의 경우에도 나는 어떻게 하면 아이에게 더 나은 스승이 되고, 아이를 옹호할 수 있을지 끊임없이 배워 왔다. 나는 "단지 부모 역할만" 한다는 것은 있을 수 없으며 우리가 될 수 있는 최고의 부모는 아이의 스승이자 옹호자의 역할도 맡는다는 의미임을 지난 몇 년 동안 깨닫게 되었다.

세라처럼, ABA를 옹호하면서 다른 이들이 TAA 접근법도 사용할 수 있도록 하는 것이 당신이 다음으로 넘어야 할 산일 수도 있을 것이다. 운이 좋다면 당신은 아이가 필요로 하는 지원과 교육을 받을 수 있도록 옹호할 필요가 없을 수도 있지만, 아마도 대부분 그래야 할 가능성이 높다.

가혹한 진실은 내가 자폐의 세계에 뛰어든 지 20여 년이 지났지만, 지연과 자폐의 조기경고신호를 보이는 대부분의 어린아이들이 여전히 변화를 일으키기에 충분한 지원을 받지 못하고 있다는 것이다. 양질의 ABA 프로그램을 가정이나 병원 또는 학교에 제공하는 단체가 거의 없다. 이것이 내가 이 책을 쓰는 데 온 힘을 쏟은 주요 이유이다.

그렇다면, 만약 당신이 사는 지역에서 국제행동분석전문가나 다른 자폐 전문가를 찾지 못하거나, TAA 접근법을 받아들이지 못하는 사람을 만난다면 어떻게 해야 할까? 수용력이 떨어지는 국제행동분석전문가, 교사, 언어재활사, 감각통합치료사, 학교 관리자 등이 있다면 당신이 실시한 진단평가, 계획서, 언어 샘플, 동영상 등을 공유해 가정에서 당신이 아이를 가르친 것이 성공적이었음을 보여 주기를 바란다. 만약 그들이 당신이 이루어 낸 성공을 증명하는 데이터와 동영상을 본다면, 그들은 마음을 바꿀지도 모른다.

당신은 아이(그리고 지연과 자폐가 있는 다른 아이들)에게 필요한 프로그램들을 개발하기 위해 유치원과 보험회사 또는 교육청을 설득해야 할 수도 있다. 전혀 해 보지 않은 도전이라는 것은 의심할 여지가 없지만, 아이의 미래가 달린 일이다.

당신이 어느 나라에 살고 있든, 아이의 치료비를 지원해 주는 모든 기관이나 단체는 기초선과 지속적인 데이터, 계획 및 목표가 필요하다는 것을 기억해야 한다. 또한 그들은 진전 상황을 계속해서 추적하고 정보를 요구할 것이다. 그러므로 당신이 집에서 아이를 직접 가르친다고 하더라도 이와 같은 일을 해야 한다.

아이의 요구, 진단평가, 중재, 진행 상황 및 지금까지 받은 서비스에 대해 체계적이고 꼼꼼하게 지속적으로 기록해 나가야 함을 절대 잊어서는 안 된다. 이 모든 서류들은 3공 바인더에 부분별로 정리하여 보관하라. 만일 당신이 아이를 옹호해야 할 때가 생긴다면 이 서류들은 당신의 의견에 힘을 실어 주는 최고의 무기가 될 것이다. 잘 정리된 바인더는 정보로서 중요할 뿐만 아니라, 그것을 보는 모든 사람들에게 당신의 의견에 대한 신뢰도를 높여 줄 것이다.

또한 아이의 중재와 교육에 대해 논의하기 위해 회의에 참석해야 하며 참석할 방법을 찾아내야 한다. 가능하다면, 각 회의에 당신을 지원해 줄 수 있는 사람을 데려가는 것을 추천한다. 만약 당신의 의견과 충돌되는 상황이라면, 당신은 당신의 편이 그곳에 함께 있다는 것 자체에 감사할 것이다. 또한, 함께한 사람이 회의 중에 메모를 한다면, 후속 조치에 도움이 될 것이다.

하지만 항상 기억해야 한다. **옹호하는 것은 싸우는 것이 아니다.** "그들과 맞서는 우리"가 되어서는 안 된다. 모든 사람들은 개개의 아이들이 자신의 잠재력을 최대한 발휘할 수 있도록 함께 노력해야 한다. 옹호는 또한 단지 막연히 개인적인 생각을 표현하는 것뿐이어서는 안 된다. 아이의 강점과 요구, 아이의 진전 상황과 관련된 자료 그리고 가족의 우선순위를 바탕으로 어떻게 아이를 다음 단계로 끌어올릴 것인가에 관한 것 등 자세한 정보가 담긴 것이어야 한다.

경우에 따라서는 독립적인 평가나 현재의 갈등 상황을 중재할 수 있는 외부 사람이 필요할 수도 있다. 그들은 서로의 의견이 일치하지 않는 지점을 더 잘 파악하고 어떻게 하면 우리가 올바른 방향으로 나아갈 수 있는지 우리에게 알려 줄 것이다.

물론 전문적인 옹호전문가들도 있다. 만약 당신이 선택의 여지가 있다면 전문가를 만나 보는 것도 추천한다. 나는 내가 살고 있는 지역의 정신건강협회에서 무료로 지원하는 옹호전문가를 찾을 수 있었지만, 당신의 지역에 그런 제도가 없다 하더라도 경제적 여건이 허락된다면, 돈을 지불하고 도움을 받을 수 있는 옹호전문가와 변호사들을 찾을 수도 있을 것이다. 또한 옹호하는 법, 즉 아이의 권리, 필요, 요구, 의견 등을 적절히 표현하는 것을 배울 수 있는 온라인 또는 지역 내 옹호 워크숍이 열릴 수도 있다.

다른 한편으로는 친구, 가족과 친척 그리고 마음이 맞는 전문가들로부터 가능한 한 많은 지원을 받아라. 당신의 좌절감과 걱정을 털어놓기 위해서라도 도움을 요청하는 법을 배워야 한다. 당신의 지도 방법에 의문을 제기하는 사람이 있다면, 그들에게 이 책을 읽어 달라고 요청해 보는 것도 좋다.

자폐나 지연이 있는 아이들의 부모들을 위한 온라인이나 지역 지원 단체를 찾는 것도 도움이 된다. 그러한 단체는 정서적 지지와 함께 많은 정보와 자원을 얻는 원천이 될 것이다. 특히 당신이 특정 분야와 관련하여 아이를 옹호해야 하는 경우, 이전에 같은 문제들을 겪었을지 모르는 다른 부모들로부터 많은 것을 배울 수 있다.

하지만 옹호를 멈춰도 되는 명확한 "다음 단계"란 없다. 한 걸음 한 걸음 쉼 없이 앞으로 나아가야 하며, 필요한 것을 해내는 당신의 능력에 자신감을 가져야 한다. 이제 당신은 당신의 옹호 여정에 도움이 될 많은 정보들로 무장되어 있다.

TAA 접근법의 네 가지 단계

TAA 접근법은 어떤 문제가 있거나 그 문제가 어느 영역에 속하는지와 상관없이 적용할 수 있는 네 가지 단계로 구성되어 있다. 그래서 당신이 아이에게 말하는 것을 가르치고 싶든, 우는 것을 줄이고 싶든, 아이가 자기의 침대에서 자도록 하고 싶든, 병원 진료를 더 쉽게 받게 하고 싶든, 당신은 동일한 과정을 따르게 될 것이다. 네 가지 주요 단계를 간단히 요약하면 다음과 같다.

1. 진단평가

문제를 해결하기 위한 첫 번째 단계는 진단평가이며, TAA 진단평가지는 첫 평가나 재평가에 최적화되어 있다. 책 전반에 걸쳐 계속해서 강조하고 있지만, 진단평가부터 시작하는 것은 굉장히 중요하다. 또한 책에서 소개한 추가 평가뿐만 아니라 최근에 진행한 의료 및 치료 평가서와 보고서를 활용할 수 있다. 진단평가를 완료하고 검토를 마친 후에 아이의 발달 수준을 또래의 발달단계와 비교하여 발달에 차이가 있는지 확인하는 것이다.(모든 양식 및 자료의 전자 사본은 TurnAutismAround.com에서 확인할 수 있다.)

당신이나 아이를 담당하는 팀의 전문가들은 달랑 한 장짜리 진단평가를 완료할 필요가 없다고 생각할 수도 있다. 특히 아이의 발달 과정을 기록한 수십 장의 보고서가 이미 있는 경우라면 말이다. 하지만 당신이나 전문가가 TAA 접근법을 실행하기 전에, 여러 영역에서 아이의 강점과 요구를 전체적으로 빠르게 볼 수 있는 한 장으로 된 보고서를 가지고 있다는 것은 중요하다. 이 진단평가는 고무젖꼭지 떼기, 수면 문제 그리고 말을 기능적으로 사용하지 못하는 것과 같이 여러 발달 영역에 걸쳐 해결해야 할 문제들을 한눈에 알아볼 수 있게 도와준다. 이 단계를 거치지 않고는 TAA 접근법을 효과적으로 구현할 수 없다.

의학적 문제나 아이의 발달에 문제가 있는 경우 담당 의사와 상담하기 바란다. 또한 언어재활사, 발달 전문 소아청소년과의사 또는 기타 치료 지원 관련 전문가의 평가를 받아야 할 수도 있다. 안타깝게도, 이러한 경우 치료를 받기 위해 대기를 걸고 기다려야 하며, 우리가 앞서 논의한 옹호 전략 중 일부를 사용해야 할 수도 있다.

2. 계획하기

다음 단계는 5장에서 논의된 TAA 계획서를 작성하거나 업데이트하는 것이다. 진단평가와 계획이 유기적으로 연결되지 않은 경우가 상당히 흔하기 때문에 이미 시행되고 있는 모든 조기 개입 또는 ABA 치료 계획 또는 목표 등이 TAA 진단평가에 근거하는지 확인해야 한다.

예를 들어, ABA 클리닉에서 언어 행동 분석을 적용한 ABA 프로그램을 사용하고 브이비맵 진단평가를 완료한 후 그 비용에 대해 보험 승인까지 받은 경우를 보자. 그러나 그들의 계획과 목표에는 눈 맞춤을 개선하고, 문장의 길이를 늘이는 데 과도하게 집중하고, 너무 어려운 추상적인 개념의 언어를 가르치는 것이 포함되어 있다. 따라서 TAA 계획과 목표가 TAA 진단평가에 근거하는지 확인해야 한다.

3. 가르치기

하루 종일 가능한 한 계속해서 아이의 참여를 이끌어 내고 유지하는 것이 중요하다. 당신은 아이에게 긍정적인 태도를 보여야 하며 문제 행동을 예방하는 데 하루 중 95%의 시간을 할애해야 한다. 가르쳐야 할 내용과 활동 그리고 사용할 학습자료를 선택하는 데 있어 TAA 계획과 목표를 사용한다.

4. 진전도평가

당신이 현재 아이에게 무엇을 가르치고 있으며 아이가 어떠한 진전을 보이는지에 대한 데이터를 수집한다. 수집한 데이터를 기반으로 매일 진행하는 교육 내용을 수정한다. 또한 TAA 진단평가지 및 계획서를 정기적으로 업데이트하라. 아이가 더 많은 발전을 이뤄 낼수록 이러한 양식을 더 자주-아마도 몇 개월마다-업데이트해야 한다. 6장에서 논의한 달력 데이터 시스템을 사용하여 의료 및 행동 문제를 모니터링하고 ABC 데이터를 계속해서 수집하여 주요 문제 행동을 추적하고 그것들을 어떻게 예방할 수 있을지 분석할 수 있다.

아이의 행복과 가족의 행복이 가장 중요하다.

자폐나 자폐의 징후가 있는 아이들은 그들이 필요로 하는 집중적인 조기 행동 개입 서비스를 거의 받지 못한다. 대신에, 그들은 종종 발달의 가장 중요한 시기에 일주일에 한 시간에서 세 시간 정도 여러 치료를 선택, 조합하여 받는다. 진단을 받은 아이의 수가 증가함에 따라, 조기 개입 기관과 학교는 지연과 자폐가 있는 아이들의 복잡하고 다양한 요구를 충족시키기 위해 고전하는 중이다. 그렇기 때문에 당신은 부모로서 가능한 한 많이 알아야 하고 당신의 아이를 옹호해야 한다. 당신만큼 아이를 잘 아는 사람도 없고, 당신만큼 아이가 성공하는 것을 보고 싶어 하는 사람도 없다.

우리 아이들에게는 무턱대고 기다릴 시간이 없다. 1장에서 언급한 것처럼 어려운 문제 행동을 제때에 해결하고 언어와 사회성을 따라잡는 것이 진단명보다 훨씬 더 중요하다. **당신은(나처럼) 아이의 현재 모습을 부인하고(내가 그러했듯이) 기다릴 시간적 여유가 없다.**

하지만 나는 당신이 후회로 가득 차 괴로워하지 않기를 간절히 바란다. 스스로 실수했다고 느끼면 자책하기 쉽다. 아이가 계속해서 퇴행하는 동안 아무것도 안 하고, 소극적으로 진료 대기만 걸어 놓고 "기다려 봐."라고 한 다른 사람들의 말을 따랐다고 당신을 자책할 때가 아니다. 당신의 아이가 유아였을 때, 당신에게 거짓된 안도감을 주고, 지연이 보이지 않는다고 말한 의사나 언어재활사에게 화를 내는 것은 도움이 되지 않는다. 그리고 1-2년 전에 영화 대사를 줄줄 외우는 스크립팅이 자폐의 "일부분"으로 없앨 수 없다고 말한 ABA 치료사를 떠올리는 것은 도움이 되지 않는다.

이 책에 소개된 내용들은 당신이 이미 겪었던 일이나 당신이 들은 이야기였을 수도 있지만, 그럼에도 불구하고 자폐의 초기 징후 중 일부를 뒤바꿀 수 있는 당신이 가진 힘을 보여 주었다고 생각한다. 당신은 아이가 자폐 진단을 받든 안 받든 간에 아이에게 의사소통하는 법을 가르치고, 배변 훈련을 시키며, 밤새 자기 침대에서 자게 하고, 가족과 함께 식사하게 하며, 병원과 미용실에 데려갈 수 있다.

그러나 아이가 진단을 받았거나 받으려고 한다면, 그 누구도 당신의 아이가 앞으로 어떻게 될지 미래를 보여 주는 마녀의 수정 구슬을 가지고 있지는 않다는 것을 기억해야 한다. 예를 들어, 두 살배기 아이가 8살이나 18살에 어떻게 될지 예측하는 것은 불가능하다. 우리가 **예측할 수 있는 것은**, 당신이 조기에 집중적인 중재를 한다면 아이의 삶의 질이 향상될 수 있다는 것이다.

20년 전, 나는 모든 것을 빨리 고칠 수 있고, "정상적인" 삶으로 돌아갈 수 있다고 생각했다. 나는 루카스가 당연히 회복할 것이라고 단순하게 생각했고, 훗날 하게 될 루카스의 회복 축하 파티를 상상하기도 했다. 그러나 나는 "정상적인" 삶을 사는 사람은 아무도 없다는 것을 깨달았다. 그리고 확실히 "완벽한" 삶이란 존재하지 않는다.

당신의 아이에게도 한 번뿐인 인생이듯이 당신과 가족 모두에게도 그러하다. 인생은 순간에 결과가 나타나는 단거리 경주가 아닌 길고 긴 마라톤이 될 것이다. 나는 삶이 생각지도 못한 뒤틀림과 반전이 많은 롤러코스터를 타고 달리는 마라톤과 같다는 말을 자주 한다. 그러하니 당신의 몸을 챙기는 것을 잊지 말아야 한다.

아직 내 말이 믿기지 않을 수도 있지만, 자폐(또는 자폐의 징후)를 보이는 아이에게 새로운 세계로 인도하는 선장의 역할에 발을 들여놓으면 아이의 삶이 긍정적인 방향으로 바뀔 뿐만 아니라 당신의 삶 또한 더 나아질 될 것이다.

이 책은 아이가 배우고 성장함에 따라 다시 읽어야 할 장이나 부분이 있기 때문에 다른 사람에게 빌려주거나 줘 버리고 싶은 그런 종류의 책이 아니다. 이 책을 통해 당신은 당신이 빠진 절망의 구덩이에서 벗어나거나 당신 앞에 놓인 산을 넘어가는 방법을 조금씩 알아 가게 되었을 것이다. 이제 생각이 명확하게 정리되어 당신이 두려움을 덜어 냈길 바란다.

그러나 이 책을 읽는 것만으로는 결코 충분하지 않을 것이다. 당신은 앞으로 계속해서 당신 앞에 놓여 있는 산을 오르고 배움을 멈추지 않는 평생 학습자가 되어야 한다. 그리고 나는 계속해서 당신의 가이드로서 당신의 옆에 있을 것이다. 내 소명은 전 세계에 있는 자폐 아이를 둔 수백만 가족에게 새로운 길로 나아갈 수 있도록 이끌어 주는 것이다.

　삶의 여정에서 루카스와 루카스의 전형적인 발달을 하는 형제인 스펜서 그리고 나머지 가족들은 두 아이 모두에 대한 나의 목표를 변함없이 견지시켰다. 그리고 그 목표는 두 아이가 **가능한 한 안전하고 독립적이며 행복하게** 자신의 잠재력을 최대한 발휘하는 것이다. 그것이 모든 아이들에게 바라는 나의 목표이자 가장 간절한 바람이다.

감사의 글

지난 몇 년 동안 나는 전 세계 80여 개국 이상의 회원들이 가입한 온라인 교육 과정과 커뮤니티를 활성화하는 데 온 힘을 쏟느라 또 다른 책을 쓸 계획이 없었다. 그런데 자폐 유아의 부모를 대상으로 하는 과정에서 부모들이 이뤄 낸 놀라운 진전(일부는 며칠 또는 몇 주 내에)을 보고 가능한 한 빨리 Turn Autism Around 접근법을 소개해야 한다는 깨달음에 이 책을 써냈다.

이러한 단계별 접근법을 개발하는 동안 나를 믿고 자녀를(직접 또는 온라인으로) 도울 수 있게 기회를 주신 모든 부모님께 감사드린다. 특히 다른 사람들을 돕기 위해 자신의 이야기를 이 책에 공유할 수 있도록 허락해 주신 어머니들에게 감사드린다. "그들이 내게 배운 만큼 나 또한 그들에게서 배웠다."라는 말이 진부하게 들릴지 모르지만, 우리의 인연은 서로의 인생에 새로운 길을 열어 준 운명적 만남이라고 진심으로 믿는다. 처음부터 지금까지 끊임없이 지지해준 모든 부모님과 전문가들에게 항상 감사드린다.

마법 같은 두랑고(Durango)의 상호협력 멘토링을 통해 보다 깊이 생각하고, 넓게 보는 힘을 길러 준 온라인 마케팅 멘토인 제프 워커(Jeff Walker)를 포함하여 이 책을 시작할 수 있도록 지지해 준 이들에게 진심으로 감사하다. 그들은 내가 두 번째 책을 쓸 수 있는 씨앗을 뿌려 주었다. 제프와 론치 클럽(Jeff and Launch Club) 회원들 그리고 동료 작가들, 앤 세이버니(Ann Sheybani), 월트 햄프턴(Walt Hampton), 이리나 리(Irina Lee) 및 우나 덩컨(Oonagh Duncan)은 그들의 탁월한 재능과 인맥을 활용하여 책을 순조롭게 출간할 수 있도록 힘써 주었다.

아름다운 서문을 쓰는 수고를 마다하지 않은 템플 그랜딘(Temple Grandin) 박사와 책을 끝까지 쓸 수 있도록 도와준 멜라니 보토(Melanie Votaw)에게 감사의 인사를 전한다!

초안을 읽고 소중한 의견을 내주신 카라 렌닝거(Kara Renninger), 캐시 헨리(Kathy Henry), 마리 린치(Marie Lynch), 래이철 스미스(Rachel Smith), 켈시 제너럴(Kelsey General), 제나 페틱(Jenna Pethick), 여러분의 탁월한 조언에 감사드린다!

내 책을 믿고, 내가 고안한 접근법을 보다 많은 사람들에게 알려야 한다는 책임감을 가지고 임해 준 에이전트 루신다 블루멘펠드(Lucinda Blumenfeld)에게 감사하며, 편집자 멜로디 가이(Melody Guy), 리드 트레이시(Reid Tracy), 패티 기프트(Patty Gift) 그리고 헤이 하우스(Hay House) 팀 모두에게 출간 과정이 순조롭도록 도움을 주신 데 대해 감사드린다.

마지막으로, 내가 열정을 다해 일할 수 있도록 아낌없는 격려를 해 주고, 삶의 여정 속에서 매 순간 내 곁에 있어 준 남편 찰스와 두 아들 루카스와 스펜서에게 감사하고 싶다.

용어 해설

강화/강화제(Reinforcement/Reinforcer)
좋은 행동이 미래에 발생할 가능성을 높이기 위해 사용하는 음식, 장난감, 다른 물건, 행동, 관심, 칭찬 같은 것들.

공동 관심(Joint attention)
타인과 관심을 공유하고 있다는 인식을 가지고 같은 사물이나 활동에 공동으로 집중하는 것을 의미하는 중요한 사회적 기술.

과독증(Hyperlexia)
발달 연령과 기능 언어 수준에서 예상하는 것보다 매우 뛰어난 문자나 단어를 읽는 능력. 문자와 숫자에 엄청난 매력을 느낀다.

둔감화(Desensitization)
아이가 이전에 겪었던 싫어하는 상황을 침착하고 편안해질 수 있도록 상황, 활동 또는 사람을 강화와 페어링하거나 리페어링하는 것.

매칭 기술(Matching skills)
동일하거나 유사한 항목이나 사진을 일치시키는 능력.

맨드(Mand)
사물, 행동, 주의 또는 정보를 요구하는 것. 동기는 맨드의 선행 조건이며, 그 결과는 직접적 강화이다. 맨드는 스키너의 『언어 행동 분석』에서 정의된 네 가지 기본적 언어 작동 행동 중 가장 중요한 요소이다.

모방 기술(Imitation skills)
다른 사람의 행동과 움직임을 모방하거나 흉내내는 것.

무오류 학습(Errorless teaching)
아이가 항상 정반응을 할 수 있게 하기 위한 교수 전략. 모든 실수는 지시를 내리거나 질문을 한 직후에 촉구를 제공함으로써 방지한다.

복합 통제(Multiple control)
두 개 이상의 작동 행동들(맨드, 택트, 에코익)을 결합하여 학습을 증진시키는 것. 복합 통제는 아동이 단어를 말할 때 부분적으로 맨드, 택트, 에코익이 되도록 하는 방식으로 TAA 접근법에서 초급 학습자 활동에 광범위하게 사용한다.

불쑥 튀어나오는 말(Pop out words)
아이들이 가끔씩 말하지만 요구하면 하지 않는 말.

비디오 모델링(Video modeling)
비디오를 활용하여 비디오 속 모델이 수행한 행동을 찍어서 보여 주어 이를 모방하도록 하는 증거기반의 전략.

수용 언어(Receptive language)
다른 사람의 말을 이해하고 인식하는 능력.

스크립팅(Scripting)
영화에 나온 단어나 구 또는 대사를 의미를 이해하지 않고 반복해서 말하는 것. "지연 반향어"라고도 한다.

스키너(Skinner, B.F.)
실험 행동 분석의 창시자이자 1957년 출간된 『언어 행동 분석』의 저자.

언어재활사(SLP)
구어, 언어, 의사소통, 삼킴, 청각장애가 있는 사람들을 평가하고 치료하도록 훈련된 치료 관련 전문가.

에코익(Echoic)
다른 사람이 하는 말을 반복하는 것을 말한다. 즉시 할 수도 있고 지연될 수도 있다. 스키너가 『언어 행동 분석』에서 정의한 네 가지 기본적인 언어 작동 행동 중 하나.

에코익 통제(Echoic control)
대상물이나 사진이 없는 상태에서 어린이가 단어 또는 구문을 반복해서 말하도록 하는 능력. 예를 들어 아이에게 "공이라고 말해."라고 하면 "공"이라고 따라 말하는 것이다.

이식증(Pica)
아이들이 비누, 흙, 돌, 대변처럼 먹을 수 없는 것들을 먹는 의학적이고 잠재적으로 생명을 위협하는 상태. 이식증은 의료진과 즉각적인 협업이 필요하다.

인트라버벌(Intraverbal)
대화 중 빈 칸을 채워 말하거나 "의문사" 질문에 대답하는 능력. 시각이나 다른 자극 없이 다른 사람의 언어적 행동에 반응하는 것. 스키너의 『언어 행동 분석』에서 정의된 네 가지 기본적 언어 작동 행동 중 하나.

일반화(Generalization)
다른 자료 또는 다른 사람에게 다른 방식이나 다른 조건에서 기술을 수행하며 시간이 지나서도 그 기술을 계속 수행할 수 있는 것. 예를 들어, 아이가 고양이 사진을 보고 이름 대기를 배운 후, 살아 있는 고양이를 보고 "고양이"라고 말하는 것이다.

자기 자극(Stimming)
일반적으로 반복적인 동작을 하거나(손뼉치기, 흔들기 등), 소리를 내거나("언어 자극"이라고도 한다.) 과거에 들었던 대사를 반복하는("스크립팅"이라고도 한다.) 자기 자극 행동이다.

자폐 또는 ASD(Autism Spectrum Disorder)
자폐범주성장애. 사회적 상호 작용과 의사소통의 결함, 반복적이거나 제한적인 상동적 행동을 주요 특징으로 하는 발달 장애. 증상의 종류와 심각성의 범위가 매우 다양하므로 "범주성" 장애로 부른다.

자해 행동(SIB, Self-Injurious Behavior)
주먹으로 반복해서 자기 머리를 때리거나 몸을 긁는 행위처럼 스스로를 다치게 하는 문제 행동. 자해 행동은 의료 전문가와 즉시 협업해야 한다.

작동 행동(Operant)
선행 사건 및 결과에 따라 정의된 용어. 예를 들어, 맨드의 선행 사건은 동기이고, 어떤 항목을 요구한 결과는 그것을 받는 것이다. 네 가지 기본적인 언어 작동 행동은 맨드, 택트, 에코익, 인트라버벌이다.

작업 치료(Occupational Therapy)
개인의 일상에 필요한 운동 기술과 감각처리장애의 조절을 중재하고 팀과 함께 식이, 몸단장, 옷 입기, 화장실 훈련 등을 포함하여 개인의 일상생활 활동을 증진시키는 치료의 한 종류.

전이 시도(Transfer trial)
신체 부위를 수용적으로 인식하다가 같은 신체 부위를 택트하게 되는 것처럼, 촉구를 용암시키거나 한 작동 행동에서 다른 작동 행동으로 기술을 전이시키는 과정.

조건 변별(Conditional discrimination)
화장지와 종이 타월의 이름 대기를 하거나 "누구"나 "어디"를 묻는 질문에 대답하기를 하는 것처럼 유사한 것들을 변별하는 능력.

지연반향어(Delayed echolalia)
과거에 들은 단어나 구를 반복하거나 영화의 대사처럼 말하는 것. "스크립팅" 또는 "자기 자극"이라고도 한다.

촉구(Prompt)
아이가 올바른 반응을 보일 수 있도록 도와주는 힌트나 신호를 말한다. 신체적(동작을 통해 아이에게 부드럽게 도움을 주는), 제스쳐(그 영역을 가리키는), 모방("머리 만져"라고 말하며 머리를 만지는), 언어(명확하게 하거나 상기시키기 위해 단어를 추가하는) 촉구를 포함한다.

택트(Tact)
사물, 사진, 형용사, 위치, 냄새, 맛, 소리, 느낌을 명명하는 것. 스키너의 『언어 행동 분석』에서 정의된 네 가지 언어 작동 행동 중 하나.

퇴행(Regression)
자폐나 지연이 있는 아이들이 이전에 가지고 있던 기술이나 언어를 상실하는 것.

페어링(Pairing)
아이에게 이미 형성된 강화제(좋아하는 것)을 활용하여 새로운 사람, 어려운 자료나 과제, 모르는 환경을 더욱 긍정적으로 강화하도록 진행하는 과정.

표현 언어(Expressive language)
제스쳐, 단어 및 문장을 사용하여 원하는 것이나 필요한 것을 말하고 궁극적으로 생각과 의견을 다른 사람과 소통하는 것. 4개의 기초적 언어 작동 행동(맨드,택트, 에코익, 인트라버벌)으로 구성된다.

ABA(Applied Behavior Analysis)
응용 행동 분석. 사회적으로 중요한 행동을 변화시키는 과학. 자폐범주성장애 아이들의 언어와 학습 기술을 향상시키고 문제 행동을 줄이기 위한 행동 프로그램.

ADHD(Attention Deficit Hyperactivity Disorder)
주의력 결핍 과잉행동장애. 신경발달장애로, 보통 학습이나 발달을 방해하는 부주의나 과잉 행동, 충동적인 행동으로 특징을 갖고 있다.

BCBA or BCBA-D(A Board Certified Behavior Analyst)
공인된 행동분석전문가로서 교육 및 임상 경험 요건을 충족하여 인증 시험에 합격해야 한다. BCBA는 석사 학위, BCBA-D는 박사 학위를 가지고 있다.

M-CHAT(Modified Checklist for Autism in Toddlers)
유아 자폐 검사표. 16개월에서 30개월 사이의 유아를 위해 검증된 발달 선별 검사 도구. 발달 및 자폐 평가를 추가적으로 받아야 할 필요가 있는 아이들을 식별하기 위해 만들어졌다.

STAT(Screening Tool for Autism in Toddlers)
웬디 스톤 박사에 의해 개발된 상호반응적인 자폐 선별 검사도구. 사회적 의사소통 기술과 자폐 위험을 측정하는 12가지 활동을 포함하고 있다.

VB-MAPP(Verbal Behavior Milestones Assessment and Placement Program)
스키너의 『언어 행동 분석』 책의 개요인 언어 행동 분석에 기반하여 마크 선드버그가 개발한 심층 평가 및 커리큘럼 가이드.

참고 문헌

American Psychiatric Association, Diagnostic and Statistical Manual of Mental Disorders, 5th Edition: DSM-5, American Psychiatric Publishing, Washington, D.C., 2013.

Barbera, Mary, The Verbal Behavior Approach: How to Teach Children with Autism and Related Disorders, Jessica Kingsley, London, 2007.

Hodges, Steve J., M.D., It's No Accident: Breakthrough Solutions to Your Child's Wetting, Constipation, UTis, and Other Potty Problems, Lyons Press, Guilford, CT, 2012.

Maurice, Catherine, Let Me Hear Your Voice: A Family's Triumph Over Autism, Knopf, New York, 1993.

Skinner, B.F. Verbal Behavior, Appleton-Century-Crofts, New York, 1957.

Sundberg, Mark L., VB-MAPP: Verbal Behavior Milestones Assessment and Placement Program, AVB Press, Concord, CA, 2008.

Williams, Keith E., and Laura. Seiverling. Broccoli Boot Camp: Basic Training for Parents of Selective Eaters. Bethesda, MD: Woodbine House, 2018.

Williams, Keith E., and Richard M. Fox, Treating Eating Problems of Children with Autism Spectrum Disorders and Developmental Disabilities, Pro-Ed, Austin, 2007.

Wirth, Kristen, How to Get Your Child to Go to Sleep and Stay Asleep, FriesenPress, Victoria, 2014.

주석

1장

1 Centers for Disease Control and Prevention, "Increase in Developmental Disabilities Among Children in the United States", 11 accessed July 28, 2020.
https://www.cdc.gov/ncbddd/developmentaldisabilities/features/increase-in-developmental-disabilities.html.

2 A. Klin and W. Jones, "An Agenda for 21st Century Neurodevelopmental Medicine: Lessons from Autism", *Revista de Neurologia 66*, S01(March 2018): S3-S15.

3 A. Klin et al., "Affording Autism an Early Brain Development Re-definition", *Development&Psychopathology*: 1-15.
https://doi.org/10.1017/S0954579420000802.

4 *Ibid*. A. Klin, "Recent Advances in Research and Community Solutions Focused on Early Development of Social Responding in Infants and Toddlers with Autism", *11 National Autism Conference*, August 3, 2020.
https://sched.co/cYfb.

5 O.I. Lovaas, "Behavioral Treatment and Normal Educational and Intellectual Functioning in Young Autistic Children", *Journal of Consulting & Clinical Psychology 55*, 1987, pp.3-9.

6 M. Sarris, "'Recovery' by the Numbers: How Often Do Children Lose an Autism Diagnosis", Interactive Autism Network at Kennedy Krieger Network, last modified January 27, 2016, Turn Autism Around 210.

https://iancommunity.org/ssc/recovery-numbers-how-often-do-children-lose-autism-diagnosis.

7 M.J. Maenner et al., "Prevalence of Autism Spectrum Disorder Among Children Aged 8 Years-Autism and Developmental Disabilities Monitoring Network, 11 Sites, United States, 2014111. *MMWR Surveillance Summaries 69*, SS-4, March 2020, pp.1-12.

https://doi.org/10.15585/mmwr.ss6706al.

8 N.M. McDonald et al., "Developmental Trajectories of Infants with Mulitiplex Family Risk for Autism: A Baby Siblings Research Consortium Study", *JAMA Neurology 77*, no.1, January 2020, pp.73-81.

https://doi.org/10.1001/jamaneurol.2019.3341.

2장

9 S. Deweerdt, "Regression Marks One in Five Autism Cases, Large Study Finds", *Spectrum News*, last modified August 17, 2016.

https://www.spectrumnews.org/news/regression-marks-one-five-autism-cases-large-study-finds/.

3장

10 "Study Confirms: Autism Wandering Common and Scary", *Autism Speaks,* last modified August 20, 2018.

https://www.autismspeaks.org/news/study-confirms-autism-wandering-common-scary.

9장

11 M. L. Barbera and R. M. Kubina Jr., "Using Transfer Procedures to Teach Tacts to a Child with Autism", *The Analysis of Verbal Behavior 21*, no.1, December 2005, pp.155-161.

https://doi.org/10.1007/BF03393017.

10장

12 K.A. Schreck, K. Williams, and A. F. Smith, "A Comparison of Eating Behaviors Between Children With and Without Autism. *11 Journal of Autism and Developmental Disorders 34*, no.4, August 2004, pp.433-438.

https://doi.org/10. 1023/b:jadd.000003 7 419. 78531.86.

13 S.D. Mayes and H. Zickgraf, "Atypical Eating Behaviors in Children and Adolescents with Autism, ADHD, Other Disorders, and Typical Development", *Research in Autism Spectrum Disorders 64*, 2019, pp.76-83.

https://doi.org/10.1016/j.rasd.2019.04.002.

우리 아이와 함께하는
엄마표 ABA